Internationales Privatrecht, Urheberrecht und Internet

Europäische Hochschulschriften
Publications Universitaires Européennes
European University Studies

Reihe II
Rechtswissenschaft

Série II Series II
Droit
Law

Bd./Vol. 4101

PETER LANG
Frankfurt am Main · Berlin · Bern · Bruxelles · New York · Oxford · Wien

Philipp D. Bollacher

Internationales Privatrecht, Urheberrecht und Internet

Das auf länderübergreifende Sachverhalte anwendbare Recht

PETER LANG
Europäischer Verlag der Wissenschaften

Bibliografische Information Der Deutschen Bibliothek
Die Deutsche Bibliothek verzeichnet diese Publikation in der Deutschen Nationalbibliografie; detaillierte bibliografische Daten sind im Internet über <http://dnb.ddb.de> abrufbar.

Zugl.: Tübingen, Univ., Diss., 2004

D 21
ISSN 0531-7312
ISBN 3-631-53443-4

www.peterlang.de

Meinen Eltern, Gabi und Papa,
meinen Brüdern, Florian und Felix

Vorwort

Diese Arbeit wurde im Sommersemester 2004 von der Juristischen Fakultät der Eberhard-Karls-Universität Tübingen als Dissertation angenommen. Sie befindet sich auf dem Stand von April 2004, Rechtsprechung und Literatur wurden bis September 2004 berücksichtigt.

Mein Dank gilt zunächst meinem Doktorvater Prof. Dr. Wernhard Möschel für die Betreuung der Arbeit. Prof. Dr. Fritjof Haft danke ich für die freundliche und zügige Erstellung des Zweitgutachtens. Auch bei den Mitarbeitern des Lehrstuhls von Prof. Dr. Möschel in Tübingen möchte ich mich bedanken. Sie alle haben zu dem ausgesprochen angenehmen Arbeitsklima beigetragen, das meine Arbeit am Lehrstuhl und auch die an meiner Dissertation stets fördernd begleitet hat.

Mein persönlicher Dank ist an meine Familie gerichtet, der diese Arbeit gewidmet ist. Er richtet sich zudem an alle meine Freunde, die es geschafft haben, dass auch in der nichtjuristischen Zeit während dieser Arbeit Spaß und Abwechslung nie zu kurz kamen. Hoffentlich wird dies auch weiterhin so bleiben.

Auch wenn diese knappen Zeilen meine Empfindungen nur andeuten können, möchte ich dennoch einer Person ganz besonders danken, die mich die gesamte Zeit nicht nur ertragen sondern durch ihr positives Wesen stets unterstützt und durch ihre fröhliche Art immer ermuntert hat: Britta, ohne Dich wäre ich sicher nicht so, wie ich jetzt bin.

Inhaltsübersicht

Inhaltsverzeichnis

1. KAPITEL – EINFÜHRUNG

A. EINLEITUNG

Das Internet verbindet zum einen einzelne lokale Netzwerke und stellt zum anderen mittlerweile selbst ein einheitliches weltumspannendes Netzwerk dar. Es hat in den letzten Jahren in vielen Bereichen eine überwältigende Akzeptanz gefunden und ist heute weder aus den gesellschaftlichen noch aus den wirtschaftlichen Strukturen wegzudenken. Auch in Deutschland gehört das Internet inzwischen zum geschäftlichen und privaten Alltag.

Die rasante Ausbreitung des Internet hat auch Einfluss auf die Entwicklung des geltenden Rechts. Im Urheberrecht wurden durch die verstärkte Internetnutzung neue Rechtsfragen aufgeworfen. Im Mittelpunkt der Diskussion bezüglich des materiellen Urheberrechts steht vor allem die Eingliederung der neuen digitalen Nutzungsmöglichkeiten in das geltende Urheberrecht und die rechtliche Handhabung der neuen Multimediatauglichkeit der einzelnen Werke.

Das Internet steht aber auch als Symbol für die Internationalisierung. Urheberrechtliche Sachverhalte, die einen Internetbezug aufweisen, erstrecken sich regelmäßig nicht mehr auf ein Land, sondern sind international und berühren mehrere Länder. Mit steigender Internetnutzung gewinnt somit auch das Internationale Privatrecht auf dem Gebiet des Urheberrechts (Internationales Urheberrecht) Bedeutung. Da es ein weltweit einheitliches Urheberrecht nicht gibt und auch in absehbarer Zeit kaum geben wird, liegt der Schwerpunkt des Internationalen Urheberrechts im Kollisionsrecht und damit in der Frage, welche Rechtsordnung auf einen länderübergreifenden Sachverhalt anzuwenden ist. Die Bedeutung des Internationalen Urheberrechts wird besonders deutlich, wenn man sich vergegenwärtigt, dass zwischen den einzelnen Urheberrechtsordnungen mitunter erhebliche materiellrechtliche Unterschiede bestehen.

Im Internationalen Urheberrecht herrscht seit geraumer Zeit ein territoriales Verständnis, nach dem eine materielle Urheberrechtsordnung nur räumlich begrenzt für das jeweilige Inland Anwendung findet. Die kollisionsrechtliche Anknüpfung erfolgt an dem Land, für welches Schutz begehrt wird (Schutzlandprinzip). Damit wird jedoch der zunehmenden länderübergreifenden Verflechtung wirtschaftlicher und gesellschaftlicher Strukturen und insbesondere der Grenzenlosigkeit und Globalität des Internet eine Territorialität der rechtlichen Betrachtung entgegengesetzt, die infolge des diametralen Unterschieds aber zu zahlreichen Problemen führt. Dennoch spricht sich in Deutschland eine breite Mehrheit dafür aus, allgemeine neue und auch die internettypischen Schwierigkeiten, materiell- und kollisionsrechtlich in das herkömmliche System des nationalen und Internationalen Urheberrechts einzugliedern. Auch international ist diese Tendenz zu erkennen.

Diese Arbeit nimmt sich nun der Frage an, ob im Internationalen Urheberrecht im Allgemeinen und bei internetbezogenen Sachverhalten im Besonderen nicht eine Neuorientierung angezeigt ist. Zu fragen ist, ob das territoriale Verständnis in der heutigen Zeit angesichts der weltweiten wirtschaftlichen und medialen Verflechtung noch aufrecht erhalten werden kann oder ob es nicht zugunsten eines universellen Verständnisses aufgegeben werden sollte. Ein universelles Verständnis hätte kollisionsrechtlich den Vorteil, dass die Anknüpfung an das Ursprungsland möglich und dadurch international einheitlich nur eine Rechtsordnung zur Anwendung berufen wäre.

B. Gang der Darstellung

Die Arbeit ist im Wesentlichen in drei Teile gegliedert.

In Kapitel 2 wird zunächst die in Deutschland geltende und praktizierte Rechtslage erläutert. Nach einer knappen Darstellung der Grundlagen wird die Kollisionsnorm Schutzlandprinzip vorgestellt und insbesondere auf deren dogmatische Legitimation eingegangen. Darauf folgt die Erörterung des auf Urheberrechtsverletzungen und Urheberrechtsverträge anwendbaren Rechts sowie die Darstellung des urheberrechtsbezogenen Internationalen Zivilverfahrensrecht, insbesondere der internationalen Zuständigkeit.

An diesen deskriptiven Teil schließt sich mit der kritischen Würdigung eine normative Untersuchung an. In ihr wird auf das dargestellte geltende Recht eingegangen. Zudem werden die Anwendungsschwierigkeiten bei Internetsachverhalten eingehend erörtert. Das gefundene Ergebnis wird aufzeigen, dass die vom Schutzlandprinzip ausgehende lex lata vor allem bei internetbezogenen Sachverhalten, aber auch allgemein, deutliche Mängel aufweist.

Kapitel 3 der Arbeit befasst sich mit diversen Lösungsvorschlägen, die diese Mängel beheben oder zumindest minimieren wollen. Sie reichen von lediglich punktuellen Veränderungen des geltenden Rechts, über alternative Kollisionsnormen bis hin zu internetspezifischen Ansätzen.

Im Kapitel 4 wird als eigener Lösungsvorschlag eine Kollisionsnorm herausgearbeitet, die vom Ursprungslandprinzip ausgeht und das Universalitätsprinzip voraussetzt.

Ein abschließender Ausblick fasst die Ergebnisse dieser Untersuchung zusammen und wagt eine zukunftsorientierte Schlussfolgerung.

2. Kapitel – Das geltende Recht

A. Grundlagen

Im folgenden Abschnitt werden die Grundlagen des geltenden Rechts behandelt.

In einem ersten Schritt werden die Rechtsquellen des Internationalen Urheberrechts dargestellt. Sie sind vielschichtig und erstrecken sich auf zahlreiche Staatsverträge, Rechtsakte der EU sowie Festsetzungen des autonomen deutschen Rechts (I., 1.). Auch die Besonderheiten des Internet[1] sind Gegenstand von Staatsverträgen und von Rechtsakten der EU (I., 2.).

In einem zweiten Schritt werden dann die Rechtsgrundlagen erläutert, die für die dieser Arbeit zu Grunde liegende Fragestellung des Internationalen Privatrechts relevant sind. Im Rahmen der Suche nach dem anwendbaren Recht ist somit zunächst zu klären, ob die internationalen Konventionen Einheitsrecht kodifizieren, das grundsätzlich unabhängig von Raum und Person bei internationalen Sachverhalten anzuwenden ist (II., 1.). Ist dies nicht gegeben, muss nach einer Kollisionsnorm gesucht werden, die ihrerseits entweder in den Konventionen oder im autonomen deutschen Recht liegen kann (II., 2.).

I. Rechtsquellen

1. Internationales Urheberrecht

a. Internationale Abkommen

Bereits vor über 100 Jahren begannen die einzelnen Staaten, sich auf dem Gebiet des Urheberrechts abzusprechen und übereinstimmende oder zumindest entsprechende Regelungen zu verabschieden. In folge dieser Zusammenarbeit wurden zahlreiche bi- und multilaterale Abkommen mit unterschiedlichen Teilnehmerstaaten abgeschlossen und teilweise mehrfach revidiert. Welche Konvention gilt, kann nicht allgemein, sondern nur für den jeweiligen Staat festgestellt werden. Die folgende Darstellung beschränkt sich deswegen auf die bedeutendsten Abkommen.

Für das deutsche Recht muss noch klargestellt werden, dass diese Abkommen nicht durch deren Unterzeichnung selbst, sondern erst mit Ratifizie-

---

[1] „Das Internet" wird in dieser Arbeit sehr weit gefasst und als länderübergreifendes Datennetz verstanden, das die einzelnen Internet-Dienste wie zum Beispiel e-Mail, Telnet, World Wide Web (zu diesen: *Luckey*, Internationale Urheberrechtsverletzungen, S. 24 ff.) erfasst.

rung durch die deutsche Legislative zu geltendem Recht werden (Art. 59 Abs. 2 GG). Für die im folgenden dargestellten Verträge trifft dies jeweils zu. Sie stellen deshalb geltendes deutsches Recht dar[2].

aa. Die Revidierte Berner Übereinkunft

Die älteste und bedeutendste multilaterale Konvention ist die Berner Übereinkunft vom 9. September 1886 zum Schutz von Werken der Literatur und Kunst[3]. Die Erstfassung wurde mehrfach geändert[4], zuletzt am 24. Juli 1971 in Paris[5]. Diese Fassung wird allgemein als die Revidierte Berner Übereinkunft bezeichnet (RBÜ).

Die RBÜ regelt nicht das gesamte Internationale Urheberrecht, sondern nur einzelne Aspekte. Sie enthält neben der Formfreiheit des Schutzes zwei wesentliche Grundsätze für den Urheberschutz. Nach dem Grundsatz der Inländergleichbehandlung (Art. 5 Abs. 1 RBÜ) genießen alle Urheber von Werken im Sinne des Art. 2 RBÜ in den Verbandsstaaten den Schutz, den diese den Inländern gewähren. Außerdem erhalten die Urheber gewisse Mindestrechte (Grundsatz der besonderen Rechte), welche sie neben dem gewährten Inländerschutz geltend machen können (Art. 5 Abs. 1 a.E. RBÜ).

bb. Das Welturheberrechtsabkommen

Die zweite große Konvention ist das Welturheberrechtsabkommen vom 6. September 1952[6], das zuletzt am 24. Juli 1971 in Paris revidiert wurde[7]. Auch das Welturheberrechtsabkommen (WUA) regelt nur einzelne Aspekte. Es begnügt sich im Wesentlichen mit der Festsetzung des Grundsatzes der Inländergleichbehandlung (Art. II WUA), sonstige Mindestrechte sind nicht festgesetzt.

Die Bedeutung des WUA ist jedoch dadurch stark gemindert, dass heute fast alle Mitgliedstaaten auch der Berner Union angehören und die Regeln

---

[2] Eine umfangreiche Auflistung der für Deutschland geltenden Abkommen findet sich bei Schricker-*Katzenberger*, vor §§ 120 ff. Rn. 13-74.

[3] RGBL. 1887, S. 493

[4] Die Texte der verschiedenen Fassungen sind bei *Mestmäcker/Schulze*, Band 3, Anhang B 1d-2b, und *Dittrich*, Urheberrecht, II. A. 3c, abgedruckt. Eine Aufzählung der Mitgliedstaaten und der im Verhältnis zu Deutschland anwendbaren Fassung findet sich bei Schricker-*Katzenberger*, vor §§ 120 ff. Rn. 45 (Stand 22.9.1998).

[5] BGBl. 1973 Teil 2, S. 1069

[6] BGBl. 1955 Teil 2, S. 101

[7] BGBl. 1973 Teil 2, S. 1111; wird im folgenden vom WUA gesprochen, so ist diese Pariser Fassung gemeint.

der RBÜ vom WUA unberührt bleiben (Art. XVII WUA). Neben der RBÜ verbleibt dem WUA daher kein eigener relevanter Regelungsbereich.

cc. Weitere Abkommen

Die RBÜ und das WUA sind zwar die bedeutendsten, nicht aber die einzigen Abkommen auf dem Gebiet des Urheberrechts. Hervorzuheben sind insbesondere zwei weitere Abkommen: Zum einen das Übereinkommen über handelsbezogene Aspekte der Rechte des geistigen Eigentums (TRIPS-Übereinkommen[8]), das Bestandteil des Übereinkommens zur Errichtung der Welthandelsorganisation (WTO) ist. Es enthält wie die RBÜ den Grundsatz der Inländergleichbehandlung (Art. 3 TRIPS), gewisse Mindestrechte (Art. 9 Abs. 1 TRIPS i.V.m. Art. 1-21 RBÜ) und als Besonderheit eine Meistbegünstigtenklausel (Art. 4 TRIPS). Da durch das TRIPS-Abkommen die wesentlichen Regelungen der RBÜ nicht beeinträchtigt werden sollen (vgl. Art. 2 und 9 TRIPS), bleibt das TRIPS-Abkommen in seiner Bedeutung hinter der RBÜ zurück.

Der Urheberrechtsvertrag (WCT[9]) der World Intellectual Property Organisation (WIPO) und der WIPO-Vertrag über Darbietungen und Tonträger (WPPT[10]) wurden, wie in der jeweiligen Präambel verdeutlicht, wegen der veränderten Anforderungen durch die Fortentwicklung der Informations- und Kommunikationstechnik geschlossen. Beide enthalten den Grundsatz der Inländergleichbehandlung und den Schutz gewisser Mindestrechte.

Neben diesen multilateralen gibt es noch bilaterale Verträge[11]. Diese dürfen jedoch der RBÜ (Art. 20) nicht widersprechen und auch das WUA hat Vorrang vor älteren Abkommen (Art. XIX), wenn die Vertragsparteien Mitgliedstaaten einer dieser Konventionen sind. Lediglich wenn dies nicht der Fall ist, sind sie entscheidungserheblich. Dies wird angesichts der großen Mitgliederzahl der RBÜ und des WUA und der Tatsache, dass die führenden Kulturnationen[12] diesen beigetreten sind, nur selten vorkommen[13]. Wegen

---

[8] BGBl. 1994 Teil 2, S. 1565 (englische Fassung) und 1730 (deutsche Fassung); umfassend zum TRIPS-Abkommen, *Duggal*, S. 64 ff.

[9] Übersetzung abgedruckt in: ABl. EG 2000, L 89, 8; umfassend *Duggal*, S. 136 ff.

[10] Übersetzung abgedruckt in: ABl. EG 2000, L 89, 15

[11] *Peinze*, S. 22, und Schricker-*Katzenberger*, vor §§ 120 ff. Rn. 70. jeweils m.w.N.

[12] Fromm/Nordemann-*Nordemann*, § 121 Rn. 1

ihrer geringen Bedeutung wird in dieser Untersuchung von einer Darstellung abgesehen.

b. Europäisches Gemeinschaftsrecht

Im Gemeinschaftsrecht[14] gibt es heute unter anderem zwei Grünbücher[15] und sieben Richtlinien[16], die sich mit dem Urheberrecht in der Gemeinschaft befassen. Gegenstand dieser Reglungen ist jeweils die Harmonisierung einzelner Aspekte der nationalen Urheberrechte. Fernziel dieser Harmonisierungspolitik ist letztlich die Schaffung einer einheitlichen europäischen Gesamtregelung des Urheberrechts[17]. Wie bei Staatsverträgen bedarf es bei Richtlinien einer Umsetzung in deutsches Recht, die auch jeweils erfolgt ist[18].

---

[13] Die RBÜ haben 133 unterzeichnet (Schricker-*Katzenberger*, vor § 120 Rn. 45, der die für jedes Land geltende Fassung aufzählt), das WUA 95. Vom deutschen Auswärtigen Amt werden zur Zeit knapp 200 Staaten völkerrechtlich anerkannt. Ein Aufzählung der vom deutschen Auswärtigen Amt anerkannten Staaten findet sich unter: http://www.auswaertigesamt.de/www/de/infoservice/download/pdf/publikationen/staatennamen.pdf.

[14] Zur Entwicklung des Urheberrechts in Europa: *Schippan*, S. 49 ff.; *Kröger*, Informationsfreiheit, S. 23 ff.

[15] Grünbuch über das Urheberrecht und die technologische Herausforderung - Urheberrechtsfragen, die sofortiges Handeln erfordern, KOM (88), 172; Grünbuch über das Urheberrecht und verwandte Schutzrechte in der Informationsgesellschaft, KOM (95), 382. Dazu: Mitteilung „Initiativen zum Grünbuch über das Urheberrecht" (*follow-up-paper*) vom 20.11.1996, KOM (96), 588 und *von Lewinski*, GRUR Int. 1995, 831 ff.

[16] Richtlinie 2001/29/EG des Europäischen Parlaments und des Rates vom 22. Mai 2001 zur Harmonisierung bestimmter Aspekte des Urheberrechts und der verwandten Schutzrechte in der Informationsgesellschaft, Richtlinie 2001/84/EG des Europäischen Parlaments und des Rates vom 27. September 2001 über das Folgerecht des Urhebers des Originals eines Kunstwerks, Richtlinie 96/9/EG des Europaeischen Parlaments und des Rates vom 11. März 1996 über den rechtlichen Schutz von Datenbanken, Richtlinie 93/98/EWG des Rates vom 29. Oktober 1993 zur Harmonisierung der Schutzdauer des Urheberrechts und bestimmter verwandter Schutzrechte, Richtlinie 93/83/EWG des Rates vom 27. September 1993 zur Koordinierung bestimmter urheber- und leistungsschutzrechtlicher Vorschriften betreffend Satellitenrundfunk und Kabelweiterverbreitung, Richtlinie 92/100/EWG des Rates vom 19. November 1992 zum Vermietrecht und Verleihrecht sowie zu bestimmten dem Urheberrecht verwandten Schutzrechten im Bereich des geistigen Eigentums, Richtlinie 91/250/EWG des Rates vom 14. Mai 1991 über den Rechtsschutz von Computerprogrammen.

[17] Schricker-*ders.*, Einl. Rn. 47; *Flechsig/Klett*, ZUM 2002, 732, 738

[18] Zu den jeweiligen deutschen Umsetzungsgesetzen: *Rehbinder*, Urheberrecht, Rn. 36.

c. Autonomes deutsches Recht

Schließlich kommt dem autonomen deutschen Recht große Bedeutung zu. Da im EGBGB eine spezielle urheberrechtliche Regelung nicht besteht, ist in erster Linie das UrhG einschlägig. Neben den Regelungen, die im Rahmen der Transformation internationaler Abkommen festgesetzt worden sind, sind insbesondere die fremdenrechtlichen Regelungen der §§ 120-123 UrhG bedeutsam. Sie regeln den persönlichen Anwendungsbereich des UrhG. Danach gilt das UrhG zunächst für deutsche Staatsangehörige (§ 120 Abs. 1 UrhG), dann für diesen gleichgestellte Ausländer (§ 120 Abs. 2 UrhG) und schließlich für Werke anderer Staatsangehöriger, die in Deutschland erstmals erschienen sind (§ 121 Abs. 1-3 UrhG). Ausländische Urheber anderer Werke können sich auf das UrhG nicht berufen, sondern sind auf den von den Konventionen gewährten Schutz beschränkt (§ 121 Abs. 4 UrhG).

2. „INTERNETRECHT"

Zum Internet gibt es keine speziellen Rechtsquellen. Es gibt kein „Internetgesetzbuch", in welchem die Rechtsfragen, Rechtsverhältnisse und Verhaltensregeln der Internetnutzer umfassend geregelt werden. Das Internet wird in Deutschland nicht als eigenes Rechtsgebiet angesehen. Es wird vielmehr sowohl im Sachrecht als auch im Kollisionsrecht der Ansatz verfolgt, die Rechtsfragen des Internet als Modalität der herkömmlichen Rechtsgebiete zu regeln. Ob dies der großen praktischen Relevanz des Internet gerecht wird, wird noch zu untersuchen sein[19].

Das Internet hat somit zwar keine eigene Rechtsquelle, es ist jedoch mittelbar Gegenstand zahlreicher nationaler und internationaler Rechtsakte auf verschiedenen Sachgebieten[20]. Da diese Untersuchung urheberrechtlicher Art ist, wird auf Regelungen anderer Rechtsgebiete nicht eingegangen werden. Die wesentlichen das Urheberrecht betreffenden Regelungen (RBÜ und WUA) wurden bereits erwähnt.

---

[19] Siehe unten Kapitel 3, C.

[20] Beispielhaft seien hier genannt die Richtlinie über den elektronischen Geschäftsverkehr, ABl. EG 2000, L 178, S. 1 und die Fernabsatzrichtlinie, ABl. EG 1997, L 144, S. 19, die bereits durch die §§ 312b-f BGB in deutsches Recht umgesetzt worden ist.

II. Existenz einer niedergeschriebenen Kollisionsnorm?

1. Kein internationales Einheitsrecht

Die internationalen Bestimmungen enthalten neben allgemeinen Begriffsbestimmungen gewisse Mindestrechte und den Grundsatz der Inländergleichbehandlung. Sie zielen also darauf ab, die einzelnen nationalen Urheberrechtsordnungen anzugleichen, ohne deren jeweiligen Anwendungsbereich zu berühren. Sie sollen mithin nicht das inländische Recht als unmittelbar anwendbares internationales Recht verdrängen, sondern durch Modifizierungen die einzelnen inländischen Rechte harmonisieren.

Das in den Staatsverträgen geregelte Recht ist damit kein internationales Einheitsrecht. Dieses gibt es im Internationalen Urheberrecht nicht.

2. Existenz einer niedergeschriebenen Kollisionsnorm?

Mangels Einheitsrechts stellt sich im Internationalen Urheberrecht die Frage, welche der zahlreichen einzelnen nationalen Urheberrechtsordnungen bei einem Sachverhalt mit Auslandsberührung anwendbar ist. Zur Beantwortung erforderlich ist eine Kollisionsnorm. Diese kann entweder im autonomen deutschen Internationalen Privatrecht (a)[21] oder in den internationalen Abkommen (b) festgesetzt sein.

a. Deutsches autonomes Internationales Privatrecht

Im EGBGB ist weder eine spezielle Kollisionsnorm für Immaterialgüterrechte (Immaterialgüterrechtsstatut) noch für Urheberrechte (Urheberstatut) festgesetzt. Im UrhG fehlen sie ebenso. Auch die §§ 120-123 UrhG weisen keinen kollisionsrechtlichen Gehalt auf.

Die §§ 120-123 UrhG sind fremdenrechtliche Regelungen, die lediglich den persönlichen Anwendungsbereich des deutschen UrhG festlegen. Fremdenrecht kommt generell kein kollisionsrechtlicher Gehalt zu[22]. Denn bevor man sich mit dem Anwendungsbereich eines Gesetzes befassen kann, muss

---

[21] Das deutsche autonome internationale Privatrecht kommt nur zur Anwendung, wenn keine staatsvertraglichen Regelungen existieren (Art. 3 Abs. 2 S. 1 EGBGB). Insofern sind staatsvertragliche immer den autonomen Kollisionsnormen vorrangig. Diese Arbeit ignoriert dies nicht. Sie möchte jedoch die insoweit eindeutigen Ergebnisse des autonomen Rechts vorwegnehmen, um die Bedeutung des Streites auf Konventionsebene zu verdeutlichen.

[22] *Von Hoffmann*, IPR, S. 8; *Hausmann*, FS-Schwarz, S. 49; *Ulmer*, in: Holl/Klinke (Hrsg.), IPR, S. 258; *T. Weber*, S. 3

es nach den internationalprivatrechtlichen Vorschriften überhaupt anwendbar sein. Das Kollisionsrecht ist somit vorgeschaltet und vom Anwendungsbereich eines nationalen Gesetzes zu trennen. Die §§ 120-123 UrhG setzen die Anwendbarkeit deutschen Rechts bereits voraus und lassen das Kollisionsrecht somit unberührt.

Andere nationale Regelungen kommen nicht in Betracht. Im deutschen autonomen Internationalen Privatrecht fehlt es daher an einer ausdrücklich normierten Kollisionsnorm für das Urheberrecht.

b. Internationale Abkommen

Als einzige Regelung der internationalen Konventionen, die einen kollisionsrechtlichen Gehalt aufweisen könnte, kommt Art. 5 Abs. 2 S. 2 RBÜ in Betracht. Er wird von einer Ansicht auch tatsächlich als Kollisionsnorm verstanden[23], was von der Gegenansicht aber bestritten wird[24]. Welcher Ansicht der Vorzug zu geben ist, ist durch Auslegung zu ermitteln.

aa. Wider ein kollisionsrechtliches Verständnis

Gegen den kollisionsrechtlichen Charakter der Vorschrift spricht zunächst ihr Wortlaut. Man muss nämlich den Wortlaut in zweierlei Hinsicht verlassen, um zu dem von der kollisionsrechtlichen Ansicht gewünschten Regelungsgehalt der vermeintlich normierten Kollisionsnorm zu gelangen. Zunächst wäre die Wendung „in dem der Schutz beansprucht wird" durch die Formulierung „für den Schutz beansprucht wird" zu ersetzen[25]. Sonst verwiese die Kollisionsnorm auf das materielle Recht des Gerichtsstands (lex fori) und nicht auf das Schutzland. Dann müsste die Beschränkung der Verweisung auf den „Umfang des Schutzes" und die „zustehenden Rechtsbehelfe" zu Gunsten einer umfassenden Verweisung aufgegeben werden. Die insoweit unvollständige Kollisionsnorm wäre zu erweitern[26].

Es muss zumindest stark bezweifelt werden, ob diese Erweiterung nicht die Grenze der Auslegung überschreitet und somit unzulässig ist. Denn der Wortlaut ist bezüglich beider Formulierungen eindeutig. Zudem ist festzustellen, dass die Formulierung „Land, in dem Schutz" nicht ausschließlich in

---

[23] MüKo-*Kreuzer*, Nach Art. 38 Anh. II Rn. 8 „herrschende Meinung"; *Ulmer*, Gutachten, Nr. 15; *Spoendlin*, UFITA 107 (1988), S. 18 ff.; *Peinze*, S. 126 m.w.N.; *Knörzer*, S. 38

[24] *Neuhaus*, RabelsZ 40 (1976), S. 193; *Schack*, Urheberrecht, Rn. 891-893

[25] *Ulmer*, Gutachten, Nr. 16

[26] Ulmer, Gutachten, Nr. 16

Art. 5 Abs. 2 RBÜ, sondern auch in zahlreichen anderen Artikeln[27] verwendet wird und ein Redaktionsfehler daher ausscheidet.

Auch kann hinsichtlich des Wortlauts nicht rechtfertigend angeführt werden, dass Art. 5 RBÜ in einer Zeit in die RBÜ aufgenommen worden sei, in welcher ein anderes Verständnis im Internationalen Urheberrecht geherrscht habe und in welcher nicht immer strikt zwischen Gerichtsstand und anwendbarem Recht getrennt worden sei[28]. Denn dieses Verständnis hat sich seitdem gewandelt und es wäre ein Leichtes gewesen, diese Klarstellungen in einer der Revisionen der RBÜ nachzuholen, wenn über einen vom Wortlaut abweichenden Inhalt der RBÜ bei den Verbandsländern ein Konsens bestanden hätte. Der Wortlaut spricht daher gegen einen kollisionsrechtlichen Gehalt.

Weiter kann auch die systematische Stellung innerhalb der RBÜ gegen den kollisionsrechtlichen Gehalt angeführt werden, die mit dem Bedeutungsgehalt einer urheberrechtlichen Kollisionsnorm unvereinbar ist. Während die Kollisionsnorm zentrale Regelung und Ausgangspunkt für das Internationale Urheberrecht wäre, steht Art. 5 Abs. 2 S. 2 RBÜ in der Übereinkunft nicht an zentraler Stelle. Weder die Positionierung des Art. 5 in der RBÜ noch die Positionierung der vermeintlichen Kollisionsnorm innerhalb des Art. 5 lassen darauf schließen, dass die Vertragspartner mit ihrer Aussage eine für das Internationale Urheberrecht grundlegende Kollisionsnorm schaffen wollten. *Die* Kollisionsnorm des Urheberrechts wäre wohl kaum an einer so unbedeutenden und unauffälligen Position platziert worden, denn auch aus der Systematik muss sich einerseits die Unterschiedlichkeit der Regelungsebene im Vergleich zu den sachrechtlichen Festsetzungen der RBÜ, andererseits die große Bedeutung einer solchen Regelung für das Internationale Urheberrecht ergeben. Bei einer kollisionsrechtlichen Deutung würden sich die systematische Stellung und die potentielle Bedeutung widersprechen.

Erhebliche Zweifel am Bestehen eines kollisionsrechtlichen Regelungsgehalts dieser Vorschrift ergeben sich auch, wenn man sich Art. 5 Abs. 3 RBÜ und dessen Verhältnis zu Abs. 2 S. 2 vor Augen führt. Denn Abs. 3 verweist in derselben Weise auf das Ursprungsland, wie Abs. 2 S. 2 auf das Land verweist, in dem Schutz begehrt wird. Beide stehen im selben Artikel und folgen zudem unmittelbar aufeinander, was einen gewissen Zusammenhang indiziert und für eine Parallelität der Regelungen spricht. Konsequen-

---

[27] Art. 6bis Abs. 2, 3, 7 Abs. 8, 10 bis, 14bis, Abs. 2a, 2c, 14ter, 18 Abs. 2 RBÜ

[28] *Ulmer*, in: Holl/Klinke (Hrsg.), IPR, S. 260

terweise müsste man auch in Abs. 3 eine Kollisionsnorm normiert sehen[29]. Es gäbe dann aber nicht nur eine, sondern zwei urheberrechtliche Kollisionsnormen. Das Internationale Urheberrecht wäre mithin in das Schutzland- und das Ursprungslandprinzip aufgeteilt. Warum Abs. 3 trotz der bestehenden Parallelität nach der herrschenden Ansicht kollisionsrechtlich unbedeutend bleibt, während Abs. 2 S. 2 zur Zentralnorm des Internationalen Urheberrechts gehoben wird, ist bisher nicht schlüssig erläutert worden.

Auch die Systematik spricht somit gegen einen kollisionsrechtlichen Gehalt des Art. 5 Abs. 2 S. 2 RBÜ.

Schließlich spricht auch Satz 2 (am Ende) gegen den kollisionsrechtlichen Charakter dieser Norm: Art. 5 Abs. 2 S. 2 RBÜ gilt nur unter dem Vorbehalt, dass die RBÜ nichts anderes bestimmt. Zwar ist ein solcher Vorbehalt grundsätzlich auch bei Kollisionsnormen möglich. Er setzt aber voraus, dass die „anderen Bestimmungen" auch kollisionsrechtlichen Charakter haben. Denn Sachnormen können den Anwendungsbereich von Kollisionsnormen nicht begrenzen, da sie, um Rechtswirkung entfalten zu können, erst von einer Kollisionsnorm für anwendbar erklärt werden müssen. Möchte man dieser Vorschrift einen kollisionsrechtlichen Gehalt zusprechen, muss man davon ausgehen, dass in der RBÜ weitere Kollisionsnormen festgesetzt sind, die vom Schutzland abweichende Anknüpfungen vorsehen. Beides wird von den oben genannten Autoren aber nicht vertreten, denn es werden weder in den Mindestrechten noch im Fremdenrecht der RBÜ Kollisionsnormen gesehen. Würde man Art. 5 Abs. 2 S. 2 RBÜ einen kollisionsrechtlichen Gehalt zumessen, den anderen Festsetzungen der RBÜ jedoch nicht, so käme dem 2. Halbsatz letztlich keine Bedeutung zu. Auch dies spricht gegen einen kollisionsrechtlichen Gehalt der Norm.

bb. Für ein sachrechtliches Verständnis

Während sich mit einem kollisionsrechtlichen Verständnis Ungereimtheiten und systematische Bedenken ergeben, stellen sich keine solchen Probleme, wenn man von einem sachrechtlichen Verständnis des Art. 5 Abs. 2 S. 2 RBÜ ausgeht.

Die RBÜ ist dann eine Konvention mit nur sachrechtlichen Regelungen. Sowohl der Grundsatz der Inländergleichbehandlung als auch die Gewährung von Mindestrechten, die den wesentlichen Bedeutungsgehalt der RBÜ ausmachen, stellen fremdenrechtliche Regelungen dar. Fremdenrecht ist Sachrecht. Wenn auch Art. 5 Abs. 2 S. 2 RBÜ Sachrecht darstellt, dann ist in

---

[29] So schon *Schack*, Anknüpfung, Nr. 32 f.

der RBÜ insgesamt eine Konvention mit rein sachrechtlichen Festsetzungen zu sehen.

Auch das Verhältnis von Abs. 2 zu Abs. 3 lässt sich schlüssig darlegen: Beiden Absätzen kommt eine klarstellende Funktion zu[30], was schon das einleitende „infolgedessen" zeigt. Sie beschreiben die unterschiedlichen Schutzrechtslagen im Ursprungsland und in jedem anderen Mitgliedsland. Dies ergibt sich, wenn man Art. 5 Abs. 1 RBÜ heranzieht. Demnach gelten der Grundsatz der Inländergleichbehandlung und die Mindestrechte für alle Mitgliedstaaten mit Ausnahme des Ursprungslandes. Im Ursprungsland gilt nur das innerstaatliche Recht, das auf innerstaatliche Sachverhalte und Inländer anzuwenden ist, nicht dagegen die in der RBÜ normierten Rechte. Abs. 3 S. 2 schwächt dies ab, indem er auch für das Ursprungsland einen eigenen Inländergleichbehandlungsgrundsatz aufstellt. Für alle anderen Mitgliedsländer hingegen gilt das Recht des Ursprungslandes nicht, sondern es ist ausschließlich das des Schutzlandes heranzuziehen. Diese Rechtslage ergibt sich bereits aus Art. 5 Abs. 1, Abs. 2 S. 1 und Abs. 3 S. 2 RBÜ. Sowohl Abs. 3 S. 1 als auch Abs. 2 S. 2 fassen diese Konsequenzen zusammen und dienen damit lediglich der Klarstellung.

Aus der rein sachrechtlichen Sichtweise ist schließlich auch die unbedeutende und dezentrale systematische Stellung verständlich. Eine Klarstellung muss gerade da getroffen werden, wo sie vonnöten ist. Einer Hervorhebung durch eine exponierte Stellung bedarf sie nicht.

cc. Zwischenergebnis

Gegen einen kollisionsrechtlichen Gehalt sprechen grammatikalische und systematische Argumente, für ein sachrechtliches Verständnis spricht indes die homogene Handhabung und die schlüssige Einpassung in das System der RBÜ. Art. 5 Abs. 2 S. 2 RBÜ stellt somit keine Kollisionsnorm dar.

Die gegenteilige Auffassung scheint vielmehr aus dem Bedürfnis erwachsen zu sein, das Internationale Urheberrecht aus einer ausdrücklich normierten Rechtsgrundlage herleiten zu können. Mag dies in gewisser Hinsicht sogar verständlich sein, so kann hier der Zweck dennoch nicht die Mittel heiligen und die bestehenden Bedenken können so nicht zerschlagen werden.

In Art. 5 Abs. 2 S. 2 RBÜ, in der RBÜ insgesamt sowie in anderen internationalen Abkommen ist somit keine ausdrückliche Kollisionsnorm des Urheberrechts festgesetzt.

---

[30] So für Abs. 3 auch *Knörzer*, S 39, der jedoch in Art. 5 Abs. 2 S. 2 RBÜ eine Kollisionsnorm erblickt.

3. Ergebnis: Keine niedergeschriebene Kollisionsnorm

Es kann somit an dieser Stelle festgehalten werden, dass es im Internationalen Urheberrecht weder Einheitsrecht noch eine ausdrücklich positivierte Kollisionsnorm gibt. Während Ersteres internationale Geltung beansprucht, bezieht sich Letzteres nur auf das deutsche Internationale Urheberrecht. Andere Nationen, etwa die Schweiz in Art. 110 IPRG [CH] oder Österreich in § 34 IPRG [AUT], haben im autonomen Privatrecht ein Immaterialgüterrechtsstatut normiert.

B. Darstellung der aktuellen Rechtslage

Auf den ersten Blick könnte man mangels positiver Regelungen eine erhebliche Rechtsunsicherheit und Unklarheit über die anzuwendende Kollisionsnorm im Internationalen Urheberrecht vermuten, die den Gesetzgeber zum Tätigwerden veranlassen müsste. Dieser ist jedoch bis heute nicht aktiv geworden und hat zudem jüngst ausdrücklich auf ein Tätigwerden verzichtet[31]. Der Gesetzgeber geht insoweit zutreffend davon aus, dass für den Rechtsanwender im Internationalen Urheberrecht keine Rechtsunsicherheit besteht, weil im deutschen Recht über die anzuwendende Kollisionsnorm nahezu vollständige Einigkeit besteht:

Seit langem geht die herrschende Meinung von einem territorialen Verständnis der nationalen Urheberrechte und von der kollisionsrechtlichen Anknüpfung an das Schutzland aus. Im Internationalen Urheberrecht ist somit das Schutzlandprinzip vorherrschend. Es wird, wie noch gezeigt wird, sowohl von den Gerichten in ständiger Rechtsprechung vertreten als auch von der großen Mehrheit in der wissenschaftlichen Literatur. Das Schutzlandprinzip ist mittlerweile als Gewohnheitsrecht anerkannt. Es ist damit das in Deutschland geltende Recht. Dieses Schutzlandprinzip wird im folgenden Abschnitt in seinen Einzelheiten vorgestellt.

I. Die Kollisionsnorm Schutzlandprinzip

Das Schutzlandprinzip ist eine Kollisionsnorm. Sie dient dazu, bei Sachverhalten mit Auslandsberührung die anwendbare Rechtsordnung zu finden (Art. 3 Abs. 1 S. 1 EGBGB). Wie jede Kollisionsnorm besteht sie aus einem Anknüpfungsgegenstand und einem Anknüpfungsmoment. Ein Anknüpfungsgegenstand ist ein materiellrechtlich geprägter Systembegriff, der dazu dient, bestimmte Sachverhalte unter eine Kollisionsnorm zu qualifizieren.

---

[31] Begründung des Regierungsentwurfes, BT-Drs. 14/343, S. 10

Das Anknüpfungsmoment ist eine besondere Beziehung des Sachverhalts zu einem Land, welche für die Bestimmung der anwendbaren Rechtsordnung maßgebend ist.

„Rechtsfolge" dieser Anknüpfung ist die Verweisung auf eine anwendbare Rechtsordnung. Im deutschen Internationalen Privatrecht stellt sie grundsätzlich eine Gesamt- oder IPR-Verweisung[32] dar (Art. 4 Abs. 1 Satz 2 EGBGB), das heißt einen Verweis nicht auf das Sachrecht, sondern auf das Internationale Privatrecht dieser Rechtsordnung.

1. Das Anknüpfungsmoment Schutzland

Das Anknüpfungsmoment Schutzland ist im deutschen Recht nicht legaldefiniert, weil das Schutzlandprinzip nicht ausdrücklich niedergeschrieben ist. Zwar ist nach einer Ansicht das Schutzlandprinzip in Art. 5 Abs. 2 S. 2 RBÜ verankert. Diese Ansicht weicht aber durch Auslegung vom Wortlaut des Art. 5 Abs. 2 S. 2 RBÜ ab, so dass sich auch nach dieser Ansicht aus der RBÜ nicht unmittelbar der Begriff des Schutzlandes ergibt[33].

Trotz fehlender Legaldefinition ist sich die herrschende Meinung über die Bedeutung des Begriffs Schutzland einig: Schutzland ist das Land, für dessen Staatsgebiet Schutz begehrt wird[34].

Was „Schutz begehren" in diesem Zusammenhang bedeutet, wird zwar überwiegend nicht näher ausgeführt. Nach der herrschenden Meinung ist dies aber weit auszulegen. Insbesondere erfasst der Begriff „Schutz" nicht lediglich echte Abwehransprüche im Sinne einer Abwehr von erfolgten oder künftigen Rechtsbeeinträchtigungen. Ohne Bedenken und in den Rezensionen auch ohne Kritik der Literatur hat das OLG Hamburg im Fall *Bajoras*[35] das Schutzlandprinzip bei einer Feststellungsklage[36] angewandt. Nach dem BGH[37] unterliegt weiter auch ein Bereicherungsanspruch dem Schutzlandprinzip. „Schutz begehren" ist auch nicht identisch mit „Rechtsschutz begeh-

---

32 Zu den Begriffen Gesamt- und IPR-Verweis: *Kegel/Schurig*, S. 389 ff.

33 Dazu in diesem Kapitel oben A., II., 2.

34 Statt vieler: *Kropholler*, IPR, S. 535; vgl. auch den identischen Wortlaut von Art. 110 IPRG (CH).

35 GRUR Int. 1998, 431

36 Die positive Feststellung einer Inhaberschaft eines Urheberrechts dient zwar mittelbar auch dessen Schutz. Jedoch zielt das Klagebegehren hier auf Rechtsklarheit ab und dient nicht dem Schutz des Rechts vor einem konkreten Verhalten.

37 BGHZ 136, 380 ff. *Spielbankaffaire*

ren", weil nach der herrschenden Ansicht auch außergerichtlich Schutz begehrt werden kann.

Durch die sehr weite Auslegung läuft der Schutzbegriff Gefahr, konturenlos zu werden und man könnte geneigt sein, auf ihn zu verzichten. Dies hat etwa das OLG Koblenz[38] getan, als es formulierte, „der Schutz den ein Urheber beanspruchen kann, richtet sich für jeden Staat nach dessen eigenem Recht." Bemüht man sich um eine den Kollisionsnormen des EGBGB verwandte Formulierung, so könnte man sie folgendermaßen fassen: „Das Urheberrecht unterliegt dem Recht des Landes, bezüglich dessen ein urheberrechtsrelevantes Rechtsverhältnis behauptet, bestritten oder Ansprüche aus einem solchen geltend gemacht werden." Abgesehen von diesen definitorischen Schwierigkeiten ist der Aussagegehalt des Anknüpfungsmoments Schutzland für die herrschende Meinung klar bestimmt. Trotz der sprachlichen Ungenauigkeit wird um der Einheitlichkeit Willen in dieser Untersuchung der Wortlaut der herrschenden Meinung verwendet und auch weiter vom Schutzlandprinzip gesprochen.

2. Anknüpfungsgegenstand

Der Anknüpfungsgegenstand legt den Regelungsbereich einer Kollisionsnorm fest, indem er festsetzt, welche Sachverhalte unter die Norm qualifiziert werden können. Anknüpfungsgegenstand der Schutzlandregel ist nach herrschender Meinung grundsätzlich das gesamte Urheberrecht[39]. Danach richten sich alle urheberrechtsrelevanten Fragestellungen und Ansprüche nach dem Schutzlandprinzip. Dies gilt grundsätzlich auch für Urheberrechtverletzungen und Urheberrechtsverträge. Da sich hier jedoch schwierige Abgrenzungsfragen zum Delikts- und zum Vertragsstatut stellen, wird auf die Anknüpfung von Verletzungs- und Vertragssachverhalten gesondert eingegangen werden[40].

Wenngleich über den Anknüpfungsgegenstand nach herrschender Ansicht heute Einigkeit besteht, war dies früher nicht so offensichtlich. Die Gerichte wandten zunächst im urheberrechtlichen Kollisionsrecht das Schutzlandprinzip an, ohne dessen Konturen genauer zu bestimmen. Ein Grund

---

[38] OLG Koblenz GRUR Int. 1968, 164 *Liebeshandel in Chioggia*; ebenfalls auf den Schutzbegriff verzichtet Art. 34 IPRG (AUT).

[39] Das Schutzlandprinzip wird indes nicht nur auf das Urheberrecht, sondern auch auf alle anderen Immaterialgüter-, sowie sonstigen gewerblichen Schutzrechte angewendet, Staudinger-*von Hoffmann*, Art. 40 Rn. 370 m.w.N.

[40] Dazu in diesem Kapitel unten B., III. und IV.

hierfür mag darin gelegen haben, dass der Problemstandpunkt damals eher im Fremdenrecht als im Internationalen Privatrecht gesehen wurde[41]. Erst in den letzten Jahren traten die internationalprivatrechtlichen Fragen aus dem Schatten der fremdenrechtlichen hervor.

Infolgedessen begannen die Gerichte in einer Reihe von Entscheidungen einzelne konkrete urheberrechtsspezifische Aspekte ausdrücklich dem Schutzland zu unterstellen. In OLG Karlsruhe GRUR Int. 1984, 528 *Atari-Spielcassetten* erfolgte dies hinsichtlich der Entstehung und des Inhalts, in OLG Hamburg GRUR 1988, 296, 298 *GEMA-Vermutung IV* bezüglich der Übertragungsvoraussetzungen, in BGHZ 118, 394 *ALF* bezüglich der Rechtsmacht des Urhebers und des Nutzungsberechtigten sowie bezüglich der Berechtigung zur Verfolgung von Rechtsverletzungen (Aktivlegitimation), in BGHZ 126, 252 *Folgerecht bei Auslandsbezug* bezüglich des Folgerechtsanspruches und in BGHZ 136, 380 *Spielbankaffaire* bezüglich der Urheber- und der ersten Inhaberschaft[42] sowie der Übertragbarkeit. Da die Rechtsprechung stets am Schutzlandprinzip festhielt, unterstellte sie vorbehaltlich der Besonderheiten bei deliktischen und vertragsrechtlichen Sachverhalten bald alle den Kern des Urheberrechts betreffenden Fragen dem Schutzlandprinzip.

Diese Grundsatzurteile wurden in zahlreichen nachfolgenden Entscheidungen[43] bestätigt und auch vom Bundesverfassungsgericht gebilligt[44].

Es geht also gegenwärtig eine mehrjährige, ständige und lückenlose Rechtsprechung[45] von einer umfassenden einheitlichen Anknüpfung aller urheberrechtlich relevanten Aspekte an das Schutzland aus. Die Rechtspre-

---

[41] OLG München, GRUR 1960, 75, 76 *Le Mans*: „Es handelt sich hierbei lediglich (...) um (...) Fremdenrecht; die Frage der Anwendung von Rechtsnormen des internationalen Privatrechts taucht insoweit überhaut nicht auf."

[42] Zwar ergibt der Wortlaut dieser Entscheidung nur eine Geltung dessen bezüglich von Filmwerken. Es ist jedoch an keiner Stelle ersichtlich, dass der BGH hier eine Sonderregel für Filmwerke geschaffen hat oder schaffen wollte. Vielmehr ist wegen der allgemein gehaltenen Begründung (BGH a.a.O. S. 385) davon auszugehen, dass dies einen genereller Grundsatz statuiert, der nicht lediglich auf Filmwerke beschränkt ist.

[43] Zum Beispiel: BGH GRUR Int. 1973, 49 *Goldrausch*; BGH NJW 1975, 1220 *August Vierzehn*; BGH GRUR 1982, 369 *Allwetterbad*; BGHZ 70, 268 *Buster Keaton*; OLG Frankfurt a.M. GRUR 1981, 739 *Lounge Chair*; BGH GRUR Int. 1986, 802 *Puccini*; BGHZ 80, 101 *Schallplattenimport*, 126, 252 *Beuys*; BGHZ 118, 394 *Alf*; BGHZ 121, 319 *The Doors;* BGH GRUR 2003, 328 *Felsberg*

[44] BVerfG GRUR 1990, 438, 441 *Bob Dylan*

[45] BGHZ 126, 252, 255 *Folgerecht bei Auslandsbezug*: „Nahezu einhellige Meinung"; *von Bar*, UFITA 108 (1988), S. 40: „steht heute für die Rechtsprechung außer Streit".

chung hat auch in jüngster Zeit[46] stets an dieser Richtung festgehalten. Eine Abkehr von dieser Rechtssprechung ist deshalb weder ersichtlich noch wahrscheinlich.

Im Schrifttum fand diese Rechtsprechung bereits früh breite Zustimmung und findet diese auch heute noch. Nach dem grundlegenden Gutachten *Ulmers*[47] folgte die große Mehrheit der umfassenden Anknüpfung an das Schutzlandprinzip[48]. Auch nach der Reform des deutschen Internationalen Privatrechts im Jahre 1999[49], welche das internationale außervertragliche Schuldrecht positiviert, aber freilich kein Urheber- oder Immaterialgüterstatut geschaffen hat, wird die Anwendung des Schutzlandprinzips auf das gesamte Urheberrecht in der Literatur nahezu ausnahmslos unterstützt[50].

Es bleibt daher festzuhalten, dass nach vorherrschender Ansicht alle urheberrechtsrelevanten Sachverhalte unter das Schutzlandprinzip zu qualifizieren sind. Anknüpfungsgegenstand ist nach geltendem Recht mithin das gesamte Urheberrecht.

3. Qualität des Verweises- Möglichkeit des Renvoi

Gemäß Art. 4 Abs. 1 Satz 1 EGBGB geht das deutsche Internationale Privatrecht grundsätzlich von einer Gesamtverweisung aus. Das heißt, das

---

[46] BGH GRUR 2004, 421 *Tonträgerpiraterie*; BGH GRUR 2003, 328 *Felsberg*; OLG Frankfurt a.M. GRUR-RR 2004, 99 *Anonyme Alkoholiker*; OLG München MMR 2002, 312 *Spielbankaffaire*; LG Hamburg ZUM 2002, 156 *Der Pilger;* LG Hamburg GRUR Int. 2004, 148 *Thumbnails* (nicht rechtskräftig)

[47] Gutachten, Nr. 50 ff., sowie Art. A-E des Regelungsvorschlages (S. 108)

[48] *Spindler*, IPRax 2003, 412, 414; Soergel-*Lüderitz*, Art. 38 Rn. 21; Soergel-*Kegel*, Anh. Art. 12 Rn. 22; Erman-*Hohloch*, Art. 40 Rn. 54; Staudinger-*von Hoffmann* Art. 40 Rn. 370; *ders.*, IPR, S. 458; Palandt-*Heldrich*, Art. 40 Rn. 13; MüKo-*Kreuzer*, Nach Art. 38 Anh. II Rn. 112; Fromm/Nordemann-*Nordemann*, Vor § 120 Rn. 1; *von Bar*, IPR, Bd. 2, Rn. 702; *Manz*, S. 22; *Sandrock*, in: von Caemmerer (Hrsg.), Gutachten, S. 435; *Grosheide*, GRUR Int. 2000, 310, 315; *Schwarze*, in: Schwarze (Hrsg.), Rechtsschutz, S. 14; *Köster*, in: Götting (Hrsg.), Multimedia, S. 156; *Metzger/Jaeger*, GRUR Int. 1999, 839, 841 f.; Stellungnahme des MPI, GRUR Int. 1985, 104, 105; Schricker-*Katzenberger*, vor §§ 120 ff. Rn. 120 und 124; ders., FS-Schricker, S. 242, *Siehr*, IPRax 1992, 29, 31; *Vorpeil*, GRUR Int. 1992, 913; *Rehbinder*, Urheberrecht, Rn. 475; *Gesmann-Nuissl*, in: Ensthaler/Bosch/Völker (Hrsg.), Urheberrecht und Internet, S. 407 ff.; Dreier/Schulze-*Dreier*, Vor §§ 120 ff. Rn. 26 ff.

[49] Gesetz zum Internationalen Privatrecht für außervertragliche Schuldverhältnisse und Sachen vom 21. Mai 1999, BGBl. 1999 Teil 1, S. 1026

[50] Statt vieler: Erman-*Hohloch*, Art. 40 Rn. 55

EGBGB verweist auf die gesamte Rechtsordnung des anderen Staates, einbezüglich dessen internationalem Privatrecht, sofern nichts anderes bestimmt ist oder dies dem Sinn der Verweisung nicht widerspricht. Für das Urheberrecht ist weder etwas anderes bestimmt noch ergibt sich aus dem Sinn des Schutzlandprinzips etwas anderes.

Das Schutzlandprinzip enthält somit eine Gesamtverweisung[51]. Rück- und Weiterverweisung (Renvoi) sind grundsätzlich möglich. In diesen Fällen richten sich die Rechtsfolgen nach den allgemeinen Grundsätzen. Gemäß Art. 4 Abs. 1 Satz 2 EGBGB beachtet das deutsche Internationale Privatrecht einen Rückverweis und bricht die Verweisungskette ab.

In der heutigen Praxis wird ein Renvoi aber wohl wegen der allgemeinen Anerkennung des Schutzlandprinzips und der großen Zahl der Teilnehmer an RBÜ und WUA kaum vorkommen.

II. Legitimation des Schutzlandprinzips

Folge der nahezu allgemeinen Zustimmung zum Schutzlandprinzip in Rechtsprechung und Literatur ist, dass die Legitimation des Schutzlandprinzips vor allem in jüngster Zeit nicht mehr eingehend begründet, sondern unter Hinweis auf die langjährige Rechtsprechung und die einhellige Auffassung in der Literatur lediglich festgestellt wird[52]. Hierin kann auch ein Ausweichen vor einer grundsätzlichen Diskussion gesehen werden[53].

Gleichwohl wird deutlich, dass sich die herrschende Meinung auch bezüglich der Ableitung und Rechtfertigung des Schutzlandprinzips einig ist. Sie geht offenbar davon aus, das Schutzlandprinzip stelle die einzige Möglichkeit im Internationalen Urheberrecht dar und habe keine Alternativen. Einerseits nötige das territoriale Verständnis, das jeder nationalen Urheberrechtsordnung zwingend zu Grunde liege, zur Anwendung des Schutzlandprinzips (1.). Andererseits zwinge die Rechtsrealität zur Anwendung dieses Prinzips, weil es sich international durchgesetzt habe (2.).

---

[51] MüKo-*Kreuzer*, Nach Art. 38 Anh. II Rn. 10; Staudinger-*von Hoffmann* Art. 40 Rn. 391; a.A. *Köster*, in: Götting (Hrsg.), Multimedia, S. 157

[52] Statt vieler: *Gesmann-Nuissl*, in: Ensthaler/Bosch/Völker (Hrsg.), Urheberrecht und Internet, S. 408 in FN 19: „sachlich umfassend und zwingend"; *Drexl*, FS-Nordemann, S. 431

[53] *Peinze*, S. 13

1. Schutzlandprinzip als die notwendige Folge des Territorialitätsprinzips

a. Das territoriale Verständnis

Die herrschende Ansicht geht von einem territorialen Verständnis der nationalen Urheberrechte aus. Nach ihr wird das materielle Urheberrecht weltweit vom Grundsatz der Territorialität beherrscht. Dies stehe heute für das gesamte Immaterialgüterrecht außer Frage[54].

So sehr eine Einheit bezüglich dieser Annahme besteht, so sehr fehlt sie bezüglich einer Definition des Begriffs „Territorialitätsprinzip". Teils wird zwischen materieller und prozessualer, teils zwischen absoluter und relativer Territorialität unterscheiden[55]. Auch wird stellenweise nur lapidar festgestellt, das Territorialitätsprinzip begrenze die Rechtssetzungsbefugnis eines Staates auf seine Landesgrenzen, woraus die Territorialitätsbezogenheit der Urheberrechte folge[56].

Der Mangel an einer einheitlichen Definition führt dazu, dass dieser Begriff je nach dem Verständnis des jeweiligen Verfassers einen anderen Bedeutungsgehalt erfährt. Etwas frei formuliert kann man mittlerweile von einem schillernden[57] oder einem vieldeutigen und verschwommenen[58] Begriff sprechen, der sich durch seine diffuse Vielschichtigkeit[59] auszeichnet. Infolgedessen kann er nicht kohärent dargestellt werden[60]. Dies erscheint sonderbar, weil das Prinzip doch nach herrschender Ansicht Grundpfeiler des so einheitlich vertretenen Schutzlandprinzips ist.

Dennoch kann die Präzisierung des Territorialitätsprinzips nicht unterbleiben. Sie erfolgt hier zweistufig und zielt nicht auf eine knappe Definition ab. Vielmehr werden zunächst die verschiedenen Aspekte völkerrechtlicher, sachrechtlicher, personaler, prozessualer und kollisionsrechtlicher Art dargestellt[61], die dem Territorialitätsprinzip in der Rechtswissenschaft zugebilligt

---

[54] *Von Bar*, IPR, Bd. 2, Rn. 705; *ders.*, UFITA 108 (1988), S. 40; Schricker-*Katzenberger*, vor §§ 120 ff. Rn. 120

[55] *Intveen*, S. 23

[56] Fromm/Nordemann-*Nordemann*, Vor § 120 Rn. 1; *ders.*, GRUR Int. 1999, 615, 616

[57] *Möschel*, S. 106

[58] Wandtke/Bullinger-*von Welser*, vor §§ 120 ff. Rn. 5

[59] *Peinze*, S.8, der einige Beispiele dafür aufzeigt.

[60] *Nussbaum*, S. 31

[61] In Anlehnung an *Peinze*, S. 8 ff., der sich insoweit auf *Cornish*, S. 22 und *Wadlow*, S. 9 beruft.

werden (aa.). Sodann werden die Hauptaussagen, über die ein Konsens besteht, herausgearbeitet (bb.)

aa. Facetten des Territorialitätsprinzips

Es wird zunächst davon ausgegangen, das Territorialitätsprinzip beinhalte den völkerrechtlichen Grundsatz, dass sich die hoheitlichen Rechte eines Staates nur auf dessen Hoheitsgebiet erstrecken könnten[62]. Ein Staat könne keinen Schutz für ein anderes Staatsgebiet gewähren[63], weil er sonst dessen Hoheitsmacht unterlaufe.

Daraus ergebe sich der räumliche oder sachrechtliche Aspekt des Territorialitätsprinzips. Nicht nur die Herrschaftsmacht für einzelne Hoheitsakte, sondern auch die Rechtssetzungsbefugnis eines Staates ende an seiner Staatsgrenze. Der räumliche Geltungsbereich eines Gesetzes sei so auf das Staatsgebiet des erlassenden Hoheitsträgers begrenzt. Der territoriale Anwendungsbereich eines inländischen Gesetzes ende zwingend dort, wo der Hoheitsbereich des inländischen Staates ende. Akte der deutschen Legislative könnten zum Beispiel nur für Deutschland Geltung haben. Für die Urheberrechtsordnungen folge daraus, dass ein Urhebergesetz nur für das jeweilige Staatsgebiet Geltung haben könne. Der räumliche Geltungsbereich des deutschen UrhG sei deshalb auf das deutsche Territorium begrenzt.

Infolgedessen ergebe sich unmittelbar aus dem Territorialitätsprinzip, dass ein Verhalten im Inland ausschließlich nach inländischem Recht zu bewerten sei. Umgekehrt könne ein Verhalten im Ausland nicht nach dem inländischen Gesetz, sondern lediglich nach dem jeweiligen ausländischen Gesetz bewertet werden. Hieraus ergebe sich ein vor allem für den Rechtsinhaber bedeutsamer personaler Aspekt, welcher besage, dass eine urheberrechtliche Position nur gegen Verhalten geschützt sei, die im Inland vorgenommen würden. Gleichwohl bestehe unabhängig davon aber die Möglichkeit, dass einzelne Vorgänge, die sich im Ausland abspielen, doch für das inländische Recht von Bedeutung seien[64].

---

[62] Statt vieler: *Weigel*, S. 81

[63] Für das Marken- bzw. Warenzeichenrecht etwa: RGZ 118, 76, 82

[64] BGHZ 121, 319, 326 *The Doors* (Folgerecht bei Versteigerung im Ausland); BGHZ 80, 101, 104 *Schallplattenimport* m.w.N. (Erschöpfung im Ausland); BGH GRUR Int. 1964, 202, 204 *Maja* mit Anmerkung *Beier*; OGH GRUR Int. 1971, 90 f. *Agfa*; Schricker-*Katzenberger*, Vor § 120 Rn. 123 a.E. m.w.N.; Dies stützend auch *Schack*, Anknüpfung, Nr. 14 (in FN 26); a.A. *Peinze*, S. 150, der hier einen Verstoß gegen das Territorialitätsprinzip sieht.

Des Weiteren wird mitunter noch eine prozessuale Komponente angeführt. Aus dem Territorialitätsprinzip folge unmittelbar, dass für Rechtsstreitigkeiten im Inland ausschließlich die inländischen Gerichte zuständig seien[65]. Eine Klage gegen eine ausländische Rechtsverletzung könne dagegen vor inländischen Gerichten nicht erhoben werden. Teilweise wurde auch die deutsche Gerichtsbarkeit für Urheberrechtssachverhalte im Ausland verneint[66]. Diese prozessuale Komponente wird aber seit langem bestritten[67] und heute wohl mehrheitlich abgelehnt.

Teilweise wird dem Territorialitätsprinzip auch ein kollisionsrechtliches Element zugesprochen[68]. Aus dem räumlichen und dem personalen Aspekt könne man unmittelbar eine Regel für das anwendbare Recht bestimmen: Diejenige Rechtsordnung sei zur Anwendung berufen, welche in dem Staatsgebiet gelte, für welches das (Schutz-) Recht behauptet wird. Dies kann ebenso als Schutzland bezeichnet werden. Schutzlandprinzip und Territorialitätsprinzip stellen nach diesem Verständnis Synonyme dar und werden auch so verwendet[69]. Auch diese kollisionsrechtliche Aussage des Territorialitätsprinzips findet aber überwiegend keine Zustimmung[70].

---

[65] RG JW 1890, 280, 281; *Riezler*, S. 233: „sachliche staatliche Unzuständigkeit" bzgl. ausländischer Schutzrechte; ihm folgend *T. Weber*, S. 144; *Liechtenstein*, NJW 1964, 1208, 1211; *Grosheide*, GRUR Int. 2000, 310, 313 f.

[66] *Kohler*, S. 393; *Kisch*, GRUR 1951, 175

[67] RGZ 129, 385, 388; BGHZ 41, 84, 89 (beide für das Warenzeichenrecht); *Weigel*, S. 120 f.; *Ulmer*, Gutachten, Nr. 16, sieht im Jahr 1975 diese Schranke der internationalen Zuständigkeit als von der neueren Rechtsentwicklung überholt an; *Hohloch*, in: Schwarze (Hrsg.), Rechtsschutz, S. 101; Schricker-*Katzenberger*, vor §§ 120 ff. Rn. 171. Zahlreiche Nachweise insbesondere für das Recht der Schweiz, der USA und von Großbritannien bei *Kubis*, S. 198. Indes wird die Klagemöglichkeit im Schutzland nach allgemeiner Meinung nicht bezweifelt (s. unten B., II., 4., b., cc.). Sie wird aber nicht als Teil des Territorialitätsprinzips angesehen, sondern als Ergebnis der allgemeinen Regeln des internationalen Verfahrensrechts.

[68] *Köster*, in: Götting (Hrsg.), Multimedia, S. 158 f.; *von Bar*, IPR, Bd. 2, Rn. 708: „das sachrechtliche (...) muss um ein kollisionsrechtliches Territorialitätsprinzip ergänzt werden."; zunächst auch *Schack*, Anknüpfung, Nr. 7 und 10, der dies aber im Ergebnis ablehnt, a.a.O., Nr. 15 a.E.; Schricker-*Katzenberger*, vor §§ 120 ff. Rn. 124 und *Muth*, S. 56 jeweils m.w.N.

[69] *Locher*, S. 19; *Walter*, Stand der Harmonisierung, Rn. 110, in: Walter (Hrsg.), Europäisches Urheberrecht; *Metzger/Jaeger*, GRUR Int. 1999, 839, 841 f.; *Andermann*, S. 80 f.; *Kleine*, S. 7 (widersprüchlich dann S. 11); *Schikora*, S. 58

[70] Ablehnend: MüKo-*Kreuzer*, Nach Art. 38 Anh. II Rn. 14; Staudinger-*von Hoffmann*, Art. 40 Rn. 388; *Muth*, S. 56 in FN 19 a.E.; *Vorpeil*, GRUR Int. 1992, 913; *Weigel*,

bb. Kernaussagen des Territorialitätsprinzips

Obwohl weder über die Anzahl der einzelnen Aspekte noch über deren konkreten Aussagegehalt ein Konsens besteht, ist sich die herrschende Ansicht über die Bedeutung und die Kernaussagen des Territorialitätsprinzips einig. Die Ansicht der herrschenden Lehre kann wie folgt zusammengefasst werden:

- Nach dem Territorialitätsprinzip gilt eine inländische Urheberrechtsordnung nur im Inland, eine ausländische nur im jeweiligen Ausland. Folgerichtig gilt das deutsche Urhebergesetz nur auf deutschem Staatsgebiet.
- Nach dem Territorialitätsprinzip kann ein inländisches Urheberrecht nur im Inland, ein ausländisches Recht nur im jeweiligen Ausland verletzt werden[71]. Folglich kann auf deutschem Hoheitsgebiet nur ein deutsches, niemals aber ein ausländisches Urheberrecht verletzt werden. Ebenso wenig kann ein deutsches Schutzrecht außerhalb des deutschen Staatsgebiets verletzt werden.
- Losgelöst von der Verletzung eines Rechts kann man sagen[72]: Nach dem Territorialitätsprinzip kann ein inländisches Urheberrecht Rechtswirkung nur im Inland entfalten, ein ausländisches dagegen nur im jeweiligen Ausland. In einem Staatsgebiet gilt somit immer nur eine Urheberrechtsordnung, nämlich die inländische.

b. Legitimation des Territorialitätsprinzips

So schwierig es ist, den Begriff des Territorialitätsprinzips bzw. die Schnittmenge der diesbezüglichen Umschreibungen einheitlich darzustellen, so einfach erscheint es, die Begründung wiederzugeben, die für die Legitimation des Territorialitätsprinzips herangezogen wird. Dies liegt zum einen daran, dass diesbezüglich nach herrschender Meinung eine fast einheitliche Argumentation geführt wird und zum anderen daran, dass der betriebene Begründungsaufwand vor allem in jüngerer Zeit sehr gering ist.

S. 116; *Sack*, WRP 2000, 269, 271; Offen lassend: Schricker-*Katzenberger*, vor §§ 120 ff. Rn. 124; *ders.*, Verlagsrecht, Einl. Rn. 37

[71] *Schack*, Anknüpfung, Nr. 14; *Intveen*, S. 24 jeweils m.w.N.; *von Bar*, IPR, Bd. 2, Rn. 706 a.E.

[72] Ähnlich MüKo-*Kreuzer*, Nach Art. 38 Anh. II Rn. 8: „...das Recht des Staates (...), in bzw. für dessen Gebiet man das in Frage stehende Immaterialgut in irgendeiner Form (...) nutzen oder gegen Dritte verteidigen will“.

aa. Völkerrechtliche Rechtfertigung

Zur Rechtfertigung des Territorialitätsprinzips werden zunächst staats- oder völkerrechtliche Grundsätze angeführt[73]. Die Territorialität als Abgrenzungskriterium der Hoheitsrechte souveräner Staaten sei im Völkerrecht seit langem anerkannt. Sie ergebe sich bereits aus dem Verständnis der Souveränität der einzelnen Staaten, die beispielsweise beinhalte, dass ein Staat nicht eigenmächtig in den Hoheitsbereich seines Nachbarstaats eingreifen könne. Dieser völkerrechtliche Aspekt des Territorialitätsprinzips sei unumgänglich für das Miteinander der verschiedenen Staaten und könne nicht aufgegeben werden.

Aus dieser Territorialität folge, dass im Urheberrecht Hoheitsakte der Exekutive oder Legislative von vorne herein auf das jeweilige Staatsgebiet begrenzt seien. Mithin könne ein Staat auch nur dort urheberrechtlichen Schutz dort gewähren.

bb. Historische Rechtfertigung

Weiter wird angeführt, die Territorialität im Urheberrecht als räumliche Bestimmung der Anwendbarkeit des inländischen Gesetzes habe ihre Begründung in der geschichtlichen Entwicklung der einzelnen materiellen Rechte[74]. Das Territorialitätsprinzip gelte kraft Tradition[75].

Der Urheberrechtsschutz entstand im Privilegienzeitalter[76]. Mit Erfindung der mechanischen Druckpresse Gutenbergs um 1450 und der sich anschließenden raschen technischen Weiterentwicklung wurde die Einführung einer gesicherten Rechtsposition zum Schutz zunächst nur der Drucker, dann auch der Urheber[77], erforderlich. Dieser Rechtsschutz wurde nicht kraft Ge-

---

[73] *Von Hoffmann*, IPR, S. 458; teilweise wird in dem Territorialitätsprinzip auch ausschließlich ein völkerrechtlicher Grundsatz gesehen, siehe dazu in diesem Kapitel oben B., II., 1., a., aa.

[74] *Schack*, Anknüpfung, Nr. 13; *Neuhaus*, RabelsZ 40 (1976), S. 193; *Kleine*, S. 9; zur geschichtlichen Entwicklung des Urheberrechts: *Gieseke*, S. 3 ff.; Schricker-*Vogel*, Einl. Rn. 59 ff.; *Rehbinder*, Urheberrecht, Rn. 11-28.

[75] Schricker-*Katzenberger*, vor §§ 120 ff. Rn. 123

[76] Dazu: *Gieseke*, S. 39-92; *Vogel*, Urheberrechtsgeschichte, S. 7-30; davor gab es lediglich das antike Mäzenatentum: *Eggert*, UFITA 138 (1999), 183-217; *Frohne*, UFITA 129 (1995), 53-68.

[77] Es ist umstritten, ob diesen Privilegien bereits eine urheberrechtliche Überzeugung zu Grunde lag, *Schack*, Urheberrecht, Rn. 95.

setzes, sondern kraft feudalen Privilegs erteilt[78]. Entstehungsvoraussetzung für urheberrechtlichen Schutz war damals ein Verleihungsakt, den nur der jeweilige Herrscher vornehmen konnte. Da der Hoheitsbereich des jeweiligen Landesoberen an dessen Landesgrenze geendet habe, habe auch der erteilte Schutz nur innerhalb dieser Grenzen gelten können. Das Territorialitätsprinzip sei insoweit damals zwingend vorgegeben gewesen.

Auch nach der Ablösung des Privilegienwesen durch das System der absoluten zivilen Rechte im 17. und 18. Jahrhundert[79] habe sich an dem Territorialitätsprinzip nichts geändert. Zwar ist heute kein hoheitlicher Verleihungsakt mehr erforderlich, das Urheberrecht entstehe jedoch nach wie vor ex lege und sei demnach an den räumlichen Geltungsbereich des Gesetzes gebunden[80]. Aus der geschichtlichen Entwicklung der Urheberrechte ergebe sich somit auch heute noch das Territorialitätsprinzip.

cc. Faktische Rechtfertigung

Neben die völkerrechtliche und die historische tritt nach herrschender Meinung auch eine faktische Rechtfertigung: Das territoriale Verständnis liege auch nach Ende des Privilegienwesens den überwiegenden nationalen Rechtsordnungen zu Grunde, nicht zuletzt weil die bedeutenden internationalen Konventionen (RBÜ und WUA) vom Territorialitätsprinzip ausgehen.

Das territoriale Verständnis habe sich somit nicht nur in Deutschland, sondern auch weltweit durchgesetzt und gelte somit bereits kraft allgemeiner Anerkennung[81].

c. Bündelwirkung als praktische Folge

Aus der territorialen Beschränkung der einzelnen Urheberrechtsordnungen folgt für das Internationale Urheberrecht eine Aufspaltung in zahlreiche

---

[78] *Vogel*, Urheberrechtsgeschichte, S. 14 ff.; *Boytha*, in: Dittrich (Hrsg.), Urheberrechtsschutz, S. 75 f., nach dem das erste Privileg „zum Schutz gegen Nachdruck" 1469 in Venedig an den deutschen Buchdrucker Johannes von Speier erteilt wurde. Allgemein zum System der Privilegien: *Wadle*, in: Wadle (Hrsg.), Historische Studien, S. 33.

[79] Allgemein zur Entwicklung der Abkehr des Privilegienwesens und zur Begründung der Lehre des „geistigen Eigentums": *Gieseke*, S. 115-156; *Vogel*, Urheberrechtsgeschichte, S. 63 ff.; *Kleine*, S. 10 ff.

[80] RG JW 1890, 280, 281; *Ulmer*, Gutachten, Nr. 14; *Gesmann-Nuissl*, in: Ensthaler/Bosch/Völker (Hrsg.), Urheberrecht und Internet, S. 408; *Wolff*, S. 547; *Schramm*, S. 4 ff.; *Kegel/Seidl-Hohenveldern*, FS-Ferid, S. 235; *von Gamm*, Einf., Rn. 29; *Muth*, S. 57

[81] Schricker-*Katzenberger*, vor §§ 120 ff. Rn. 123; *Kropholler*, IPR, S. 535

nationale Schutzrechte. Durch den Schöpfungsakt gelangt nicht *das* Recht zur Entstehung und es steht dem Rechtsinhaber weltweit nicht *ein* Urheberrecht zu, sondern er wird mit der Schöpfung Inhaber vieler einzelner nationaler Rechte. Er ist somit Inhaber eines Bündels[82] an Rechten. Da die Rechtsordnungen autonom sind, bestehen sie grundsätzlich unabhängig voneinander und nebeneinander. Die einzelnen Bündelrechte bedingen sich inhaltlich nicht und können daher unter Umständen erheblich voneinander abweichen[83]. Dass dies so ist, wird von der herrschenden Meinung als zwingende Konsequenz hingenommen.

Gerade die Konsequenz der Bündelwirkung weckte bereits früh den Wunsch einer gewissen internationalen Absicherung. Denn dass die Bündelwirkung unter Umständen einen umfassenden Schutz erheblich beeinträchtigen konnte, war rasch erkannt worden[84]. Auch herrscht seit langem die Erkenntnis, dass die einzelnen Staaten auf sich allein gestellt das Urheberrecht nicht wirksam weltweit schützen können. Derart unerwünschte Folgen zu vermeiden, zumindest aber abzuschwächen, war ein Ziel der Berner Übereinkunft, die bereits im Jahre 1886 abgeschlossen worden ist.

---

[82] „Bündeltheorie", Soergel-*Kegel*, Anh. Art. 12 Rn. 22; in BVerfGE 81, 208, 233 *Bob Dylan* wird dies als „Flickenteppich" nationaler Urheberrechte bezeichnet.

[83] Der Bündelbegriff hat sich durchgesetzt und soll deshalb auch hier verwendet werden. Wegen der Unabhängigkeit der einzelnen materiellen Rechte ist dieser Begriff indes ungenau: Denn ein Bündel ist ein „Packen lose zusammengefügter gleichartiger Dinge" oder „etwas in bestimmter Menge zu einer Einheit Zusammengefügtes" (Duden, Universalwörterbuch, S. 229). Das „Bündel an Urheberrechten" stellt aber weder eine Einheit dar, noch ist es lose zusammengefügt. Etwas einer Schnur oder einer Verpackung entsprechendes, ist im Internationalen Urheberrecht nicht ersichtlich. Auch die internationalen Konventionen halten diese einzelnen separaten Bündelstrahlen nicht zusammen. Denn sie betreffen die Rechtsordnungen materiell und somit die Beschaffenheit jedes einzelnen Bündelstrahls. Eine über die Herstellung der in Teilen einheitlichen Beschaffenheit hinausgehende verbindende Funktion haben die Konventionen nicht. Die nationalen Urheberrechte ergeben somit keinen Bund des internationalen Schutzes. Auch die Umschreibung als „Urheberrechtsmosaik aus nationalen Bausteinen" (*Schricker*, Verlagsrecht, Einl. Rn. 37) trifft die tatsächliche Gestaltung nicht genau, denn der Rechtsschutz im Urheberrecht ergibt anders als bei einem Mosaik mit Einsetzen des letzten Steins keine neue Einheit, deren Bedeutung über die bloße Anreihung von Einzelsteinen hinausgeht. Denn nach dem heutigen Modell erschöpft sich international gesehen die Rechtsstellung des Urhebers in der Inhaberschaft zahlreicher nationaler Rechte.

[84] *Schack*, Anknüpfung, Nr. 24

d. Konsequenzen für das Kollisionsrecht

Das Territorialitätsprinzip stellt nach herrschender Meinung den Ausgangspunkt und die theoretische Grundlage für das Schutzlandprinzip dar[85]. Nach dieser Ansicht korrespondiert die Kollisionsnorm Schutzlandprinzip mit dem sachrechtlichen Territorialitätsprinzip nicht nur[86], sondern sie folgt zwingend aus jenem Prinzip[87]. Nach *Intveen*[88] stellt die Konsequenz für das Kollisionsrecht die eigentliche maßgebliche Konsequenz des Territorialitätsprinzips dar.

Warum hier ein Zwang herrsche, wird zwar nicht ausdrücklich begründet. Es ergibt sich aber eine praktische Notwendigkeit: Beanspruchen die materiellen Urheberrechtsordnungen nur Geltung für ihr jeweiliges Staatsgebiet, so kann die Frage des Bestehens oder Nichtbestehens eines urheberrechtsrelevanten Rechtsverhältnisses nie abstrakt, sondern immer nur konkret auf ein Land bezogen beantwortet werden. Auf eine konkrete Frage nach einem Rechtsverhältnis ist räumlich dann immer nur eine Rechtsordnung anwendbar, nämlich die, für deren Staatsgebiet das Rechtsverhältnis bestritten oder behauptet wird. Andere Rechtsordnungen beanspruchen hierfür keine Geltung. Verwiese eine Kollisionsnorm nun auf eine solche andere Rechtsordnung, liefe die Verweisung leer und es bestünde eine Regelungslücke.

Hierzu ein verdeutlichendes Beispiel: A vervielfältigt in Tübingen ein Werk, das zu Gunsten des B urheberrechtlich geschützt ist. B hat keine Zustimmung erteilt und möchte nun gegen A vorgehen. Wohnt A in der Schweiz und B in Frankreich stellt sich die Frage nach der anwendbaren Rechtsordnung. Weder das schweizerische noch das französische Recht sind wegen des Territorialitätsprinzips räumlich auf die Rechtsverletzung anwendbar, sondern nur das deutsche Recht. Verwiese nun das Internationale

---

[85] *Ulmer*, Gutachten, Nr. 14

[86] Schricker-*Katzenberger*, vor §§ 120 ff. Rn. 124; *Hohloch*, in: Schwarze (Hrsg.), Rechtsschutz, S. 103

[87] *Intveen*, S. 26: „als zwingende Folge anerkannt"; ähnlich: BGHZ 136, 380 *Spielbankaffaire*; Stellungnahme des MPI, GRUR Int. 1985, 104, 105; MüKo-*Kreuzer*, Nach Art. 38 Anh. II Rn. 15; Staudinger-*von Hoffmann*, Art. 40 Rn. 388; *Sack*, WRP 2000, 269, 270 m.w.N.

[88] S. 25 f.: „Die eigentliche Folge des Territorialitätsprinzip liegt in der Kollisionsnorm der lex loci protectionis, oder, weniger vornehm ausgedrückt, des Deliktsstatuts." Da dies im Ergebnis allgemein so gesehen wird, ergeben sich inhaltlich keine Differenzen zu den Ansichten oder Ergebnissen der oben genannten Vertreter, die im Territorialitätsprinzip auch eine Kollisionsnorm erblicken.

Privatrecht der lex fori auf das schweizerische oder das französische Recht und nähmen diese die Verweisung an, so wäre B bezüglich seines Urheberrechts schutzlos gestellt[89].

Dieses Ergebnis könne nur vermieden werden, wenn ausschließlich auf die anwendbare Rechtsordnung verwiesen werde. Genau dies sei durch die Anerkennung des Schutzlandprinzips gewährleistet. Aus der Notwendigkeit folge, dass eine andere als die Anknüpfung an das Schutzland im Urheberrecht nicht möglich sei. Der dargestellte Zwang dieser Konsequenz liegt somit in der Effektivität des Internationalen Privatrechts.

2. Schutzlandprinzip als internationale Realität – Faktische Anerkennung

Wie beim Territorialitätsprinzip geht die herrschende Ansicht außerdem auch beim Schutzlandprinzip zumindest heute von einer faktischen Rechtfertigung aus. Weil es den internationalen Verträgen innewohne, zumindest aber weil es mit dem weltweit überwiegend geltenden Territorialitätsprinzip zwingend korrespondiere, habe sich auch das Schutzlandprinzip international durchgesetzt[90]. An der inzwischen über 100 Jahre bestehenden Realität komme man nicht vorbei[91]. Das Schutzlandprinzip gelte somit zumindest heute kraft allgemeiner Anerkennung[92]. Einer Abkehr vom Schutzlandprinzip in jeglicher Form stehe diese Tatsache unüberwindbar entgegen und sei somit bereits wegen der Unmöglichkeit der Durchsetzung abzulehnen. So sieht etwa *von Hoffmann* „insbesondere hinsichtlich des Urheberrechts“ für

---

[89] In Betracht kommt dann lediglich eine Ergebniskorrektur durch den ordre public. Dieser ist jedoch nur eine Ausnahmeregelung und kann nicht dazu dienen, „verfehlte“ Kollisionsnormen regelmäßig auszugleichen.

[90] MüKo-*Kreuzer*, Nach Art. 38 Anh. II Rn. 13; *Ulmer*, Gutachten, Nr. 14; Schricker-*Katzenberger*, vor §§ 120 ff. Rn. 120; *Grosheide*, GRUR Int. 2000, 310, 314; *Hohloch*, in: Schwarze (Hrsg.), Rechtsschutz, S. 102; *Liechtenstein*, NJW 1964, 1208, 1209; *von Bar*, IPR, Bd. 2, Rn. 702; *Siehr*, UFITA 108 (1988), 18; *Rehbinder*, Urheberrecht, Rn. 475: „Es gilt (...) in fast allen ausländischen Rechtsordnungen“; *Sandrock*, in: von Caemmerer (Hrsg.), Gutachten, S. 412-422 mit rechtsvergleichendem Überblick für das europäische Ausland; Staudinger-*von Hoffmann*, Art. 40 Rn. 389 mit Nachweisen für Schweiz, Österreich, Liechtenstein und Italien; für das schweizerische Recht *Bühler*, S. 385 ff.;

[91] *Schricker*, Verlagsrecht, Einl. Rn. 37

[92] Schricker-*Katzenberger*, vor §§ 120 ff. Rn. 123; *Kropholler*, IPR, S. 535

das Universalitätsprinzip gute Gründe, lehnt dies aber allein wegen des Widerspruches zu den geltenden Übereinkommen ab[93].

Die vorherrschende Ansicht geht insoweit von einem faktischen Zwang aus, der die Anwendung von Territorialitäts- und Schutzlandprinzip bedinge.

3. WEITERE GRÜNDE DER RECHTFERTIGUNG

Lediglich stellenweise wird auf die sachliche Rechtfertigung dieser Prinzipien eingegangen. So wird angeführt, diese Prinzipien seien auch wegen des erforderlichen Schutzes des inländischen Rechtsverkehrs dringend geboten[94]. Sie machten die Rechtslage für Werknutzer überschaubar und seien überdies praktikabel, weil überwiegend das Schutzland mit der lex fori identisch sei[95]. Die Argumentationsschiene um die Sachgerechtheit der mit dem Schutzlandprinzip erreichten Ergebnisse erhält indes keine hohe, sondern lediglich eine niedere Prioritätsstufe. Dies erscheint aus dem Verständnis der Zwangsgeltung dieser Kollisionsnorm verständlich, zumindest aber ist sie konsequent. Denn wenn es zu dieser Kollisionsnorm keine Alternativen gibt, dann muss sie sich auch nicht sachgerechter als andere darstellen.

4. ZUSAMMENFASSUNG

Nach der in Deutschland herrschenden Ansicht gibt es zum Schutzlandprinzip keine Alternativen. Dies liege im Wesentlichen an den festen Säulen, von denen das Schutzlandprinzip getragen werde:

Eine Säule stellt nach der herrschenden Meinung das in den nationalen Urheberrechtsordnungen kraft allgemeiner staatsrechtlicher Grundsätze geltende Territorialitätsprinzip dar, das kollisionsrechtlich zwingend das Schutzlandprinzip nach sich ziehe. Denn wenn bezüglich eines konkreten Rechtsverhältnisses immer nur eine Rechtsordnung räumlich anwendbar sei, müsse eine Kollisionsnorm auf diese Rechtsordnung verweisen. Dies werde nur mit dem Schutzlandprinzip erreicht.

---

[93] Staudinger-*von Hoffmann*, Art. 40, Rn. 371 a.E.; ebenso MüKo-*Kreuzer*, Nach Art. 38 Anh. II Rn. 13 a. E.; ähnlich *Katzenberger*, FS-Schricker, S. 241 „das Universalitätsprinzip scheitert an der bewährten Realität“.

[94] MüKo-*Kreuzer*, Nach Art. 38 Anh. II Rn. 13; Schricker-*Katzenberger*, vor §§ 120 ff. Rn. 123; *von Bar*, IPR, Bd. 2, Rn. 702, 706; *Köster*, in: Götting (Hrsg.), Multimedia, S. 158

[95] Für das schweizerische Recht *Locher*, S. 19 f.

Als zweite Säule sieht die herrschende Meinung die heutige Rechtswirklichkeit. Die nationale und internationale Anerkennung von Territorialitäts- und Schutzlandprinzip verfestige diese Prinzipien derart, dass ein faktischer Zwang gegeben sei, an diesen Prinzipien festzuhalten.

III. Anwendbares Recht auf Rechtsverletzungen

Nachdem der grundsätzliche Inhalt der Kollisionsnorm Schutzlandprinzip und die von der herrschenden Meinung hierfür angeführte Begründung aufgezeigt worden sind, wird nun auf die konkrete Anknüpfung einzelner wichtiger Fragen eingegangen werden. Dieser Abschnitt hat das auf Urheberrechtsverletzungen anwendbare Recht zum Gegenstand.

Der Schutz gegen Urheberrechtsverletzungen ist elementarer Bestandteil des Urheberrechts. Nicht zuletzt die große Anzahl von urheberrechtlichen Verstößen im Internet und die daraus folgenden Nachteile für die Rechtsinhaber stellen hohe Anforderungen an diesen Rechtsschutz. Somit kommt auch der vorgelagerten Frage, welche Rechtsordnung auf den Rechtsschutz und auf Rechtsverletzungen Anwendung findet, große Bedeutung zu.

Da urheberrechtliche Verletzungshandlungen grundsätzlich dem Deliktsrecht zuzuordnen sind, wird zunächst auf das Internationale Deliktsrecht eingegangen (1.), dann auf die Anknüpfung von Urheberrechtsverletzungen (2.) und schließlich werden die potentiell deliktischen Verhalten im Internet aufgezeigt (3.).

1. Das Deliktstatut im allgemeinen internationalen Deliktsrecht

Bis zur Reform des Internationalen Privatrechts im Jahr 1999 entbehrte das deutsche internationale Deliktsrecht einer festgeschriebenen Rechtsgrundlage und basierte überwiegend auf Richterrecht. Ausgangspunkt für diese richterliche Rechtsfortbildung waren Art. 38 EGBGB a.F. und die bald 60-jährige Rechtsanwendungsverordnung[96]. Grundsätzlich galt für die Frage des anwendbaren Rechts das Tatortprinzip, das aber durch § 1 Abs. 1 der Rechtsanwendungsverordnung bezüglich des Heimatrechts und durch richterliche Rechtsfortbildung bezüglich des gemeinsamen Aufenthalts von

[96] Verordnung über die Rechtsanwendung bei Schädigung deutscher Staatsangehöriger außerhalb des Reichsgebiets vom 7.12.1942, RGBl. 1942 I, S. 706

Schädiger und Geschädigtem durchbrochen wurde[97]. Die Möglichkeit einer Rechtswahl war umstritten, wurde jedoch überwiegend abgelehnt[98].

Seit der Reform des Jahres 1999 ist im deutschen Internationalen Privatrecht ein Deliktsstatut kodifiziert. Die Art. 40-42 EGBGB erfassen die gesamte außervertragliche Schadenshaftung. Der kollisionsrechtliche Begriff der unerlaubten Handlung ist mit dem materiellrechtlichen somit nicht deckungsgleich[99]. Das Deliktsstatut erfasst Anspruchsgrundlagen, Anspruchsziele, Tatbestandsvoraussetzungen und Rechtsfolgen und somit insgesamt sämtliche Haftungsvoraussetzungen. Insbesondere werden die Sanktionsmöglichkeiten und Art, Berechnung und Umfang des Schadensersatzes erfasst[100].

Das Deliktsstatut normiert das „aufgelockerte Tatortprinzip“. Der Tatort besteht gemäß Art. 40 Abs. 1 EGBGB aus dem Handlungs- und dem Erfolgsort. Handlungsort ist der Ort, an dem die streitige Handlung vorgenommen worden ist. Erfolgsort ist der Ort, an dem die Rechtsgutsverletzung eingetreten ist. Der Ort des Eintritts weiterer Schäden dagegen ist unbeachtlich[101]. Bezüglich des Erfolgsorts besteht ein prozessuales Optionsrecht (Art. 40 Abs. 1 S. 3 EGBGB).

Es bestehen aber auch Auflockerungen, die das Tatortprinzip verdrängen: Die Anknüpfung an den Tatort wird verdrängt, wenn Schädiger und Geschädigter zum Zeitpunkt des Haftungsereignisses ihren gewöhnlichen Aufenthalt in demselben Staat hatten (Art. 40 Abs. 2 EGBGB). Der gemeinsame gewöhnliche Aufenthalt kann wiederum verdrängt werden, wenn zu einem anderen Land eine wesentlich engere Verbindung besteht (Art. 41 Abs. 1 EGBGB). Schließlich ist die Möglichkeit der nachträglichen Rechtswahl gegeben (Art. 42 EGBGB).

Die Reform richtete sich im Wesentlichen darauf, das bereits gewohnheitsrechtlich geltende Recht niederzuschreiben und hat das Internationale Deliktsrecht nicht nachhaltig verändert.

---

97 Zur alten Rechtslage statt vieler: *Firsching/von Hoffmann*, IPR, S. 398 ff

98 *Firsching/von Hoffmann*, IPR, S. 408; *Knörzer*, S. 109; *Sack*, WRP 2000, 269, 284 „Rechtswahl nach nahezu einhelliger Meinung abgelehnt“.

99 *Von Hoffmann*, IPR, S. 447

100 *Kropholler*, IPR, S. 522

101 Palandt-*Heldrich*, Art. 40 EGBGB Rn. 4

2. Urheberrechtsverletzungen

Urheberrechtsverletzungen stellen unerlaubte Handlungen dar. Dies bedeutet, dass dem Rechtsinhaber regelmäßig neben den speziellen urheberrechtlichen Ansprüchen der §§ 97 f. UrhG auch solche des allgemeinen Deliktsrechts, etwa § 823 Abs. 1 BGB zustehen. Dies stellt § 97 Abs. 3 UrhG klar[102]. Das schweizerische Recht etwa verweist im Urheberrecht bezüglich Schadensersatz sogar gänzlich auf das allgemeine Obligationenrecht (Art. 62 Abs. 2 UrhG [CH]).

a. Grundsätzliche Anknüpfung an das Schutzlandprinzip

Obwohl Urheberrechtsverletzungen unerlaubte Handlungen darstellen, geht die herrschende Meinung davon aus, dass das im Deliktsrecht statuierte Tatortprinzip das Schutzlandprinzip des Internationalen Urheberrechts nicht verdränge und dass im Ergebnis auch Urheberrechtsverletzungen an das Schutzland anzuknüpfen seien. Der BGH hat in *Alf* und in *Spielbankaffaire* klargestellt, dass das Schutzlandprinzip der Parteidisposition entzogen[103] und somit eine nachträgliche Rechtswahl ausgeschlossen ist. Weiter wurde festgestellt, dass das aufgelockerten Tatortprinzip bei der Verletzung urheberrechtlicher Befugnisse unanwendbar sei und statt dessen für das Urheberrecht auch hinsichtlich von Rechtsverletzungen nur das Schutzlandprinzip gelte[104]. Ausnahmetatbestände gibt es nach der Rechtsprechung nicht. Man kann insoweit von einem starren Schutzlandprinzip sprechen. Das Schrifttum schließt sich nahezu geschlossen dieser Auffassung an[105].

Nach der herrschenden Meinung bestimmt sich daher das Recht der unerlaubten Handlungen bei Urheberrechtsverletzung nach der Rechtsordnung, für deren Staatsgebiet Schutz begehrt wird. Nach dieser richten sich somit die geltend zu machenden Ansprüche, deren Tatbestandvoraussetzungen und die Rechtsfolgen.

---

[102] *Schack*, Urheberrecht, Rn. 710; *Rehbinder*, Urheberrecht, Rn. 451

[103] BGHZ 118, 394, 397 *Alf*; BGHZ 136, 380, 386 *Spielbankaffaire*; beide Entscheidungen ergingen vor der Reform 1999.

[104] BGHZ 136, 380, 385 *Spielbankaffaire*

[105] *Spoendlin* UFITA 107 (1988), S. 16; *Kreuzer*, in: Henrich (Hrsg.), Vorschläge und Gutachten, S. 152; *von Bar*, IPR Bd. 2, Rn. 710; Schricker-*Katzenberger*, vor §§ 120 ff. UrhG, Rn. 81; *Kropholler*, IPR, S. 535, der allerdings die Probleme vor allem im Internetbereich erkennt; wohl auch: Stellungnahme des MPI, GRUR Int. 1985, 104, 105: „Tatort nur maßgebend, wenn dieser sich im Schutzland befindet“. A.A. sind freilich die in Kapitel 3 und 4 genannten Gegner des Schutzlandprinzips.

b. Verhältnis zu dem aufgelockerten Tatortprinzip der Art. 40 ff. EGBGB

Diese Rechtsansicht wurde von Rechtsprechung und Literatur vor der Reform 1999 entwickelt. Nach Einführung der Art. 40 ff. EGBGB stellt sich nun die Frage, ob sie an der Anknüpfung bei Urheberrechtsverletzungen etwas geändert haben. Schließlich ergibt sich aus dem Wortlaut des Gesetzes nicht ausdrücklich, dass die Art. 40 ff. EGBGB Urheberrechtsverletzungen nicht erfassen sollen. Die Rechtsprechung möchte von ihrer bisherigen Auffassung nicht abweichen und hat die Unanwendbarkeit der Art. 40 ff. EGBGB auch nach der Reform des Jahres 1999 bestätigt[106]. Auch die herrschende Meinung im Schrifttum bleibt bei der Anknüpfung am Schutzland. Es werden zwar unterschiedliche Begründungen hierfür abgegeben[107], es besteht aber Einigkeit über das Ergebnis, dass die Reform des EGBGB nichts am Internationalen Urheberrecht geändert habe[108].

Nach geltendem Recht sind auch Urheberrechtsverletzungen nach der Rechtsordnung des Schutzlandes zu behandeln.

3. Rechtsverletzungen im Internet

Bei Rechtsverletzungen im Internet sind zunächst die allgemeinen Grundsätze anzuwenden. Im allgemeinen Internationalen Deliktsrecht stellt sich vorbehaltlich der Besonderheiten im Bereich des Urheberrechts ausgehend von dem Tatortprinzip bei Rechtsverletzungen die Frage, wo der beachtliche Handlungs- oder Erfolgsort liegt[109].

Bei der Suche nach dem Handlungsort bestehen Schwierigkeiten, die erforderlichen technischen Vorgänge des Internet als Handlungen im Sinne des jeweiligen Rechts zu bestimmen[110]. Bei der Bestimmung und Lokalisierung des Erfolgsorts bestehen erhebliche Schwierigkeiten, wenn die Verletzung eines unkörperlichen Rechts geltend gemacht wird. Im allgemeinen Delikts-

---

[106] BGH GRUR 2003, 328 *Felsberg*; LG Hamburg, GRUR Int. 2002, 162 (für das Markenrecht)

[107] Diese reichen von der Unanwendbarkeit der Art. 40 ff. EGBGB bis zur Verankerung des Schutzlandprinzips in Art. 41 Abs. 1 EGBGB; ausführlich hierzu in diesem Kapitel unten C., III., 1.

[108] Erman-*Hohloch*, Art. 40 Rn. 55; dies vorahnend schon *von Bar*, IPR, Bd. 2, Rn. 702

[109] Allgemein zu Delikten im Internet etwa: Palandt-*Heldrich*, Art. 40 EGBGB Rn. 12 m.w.N.

[110] Palandt-*Heldrich*, Art. 40 EGBGB Rn. 12; aus strafrechtlicher Sicht: *Cornils*, JZ 1999, 394 ff.

recht gilt dies besonders bei Ehrdelikten und Persönlichkeitsrechtsverletzungen[111]. Mangels körperlicher Existenz sind diese Rechte nirgends real räumlich belegen. Deshalb wird teilweise von der Erfolgsortlosigkeit ausgegangen[112]. Andererseits bestehen vor allem die Ehre und das Persönlichkeitsrecht eines Menschen weltweit, weswegen auch vertreten wird, der Erfolgsort liege überall da, wo ein Nutzer das verletzende Internetangebot abrufe[113]. Da das aber zu einem weltweiten Haftungsrisiko des Internetanbieters führen würde, wird einschränkend bezüglich des Schadensersatzes vertreten, dass nur der Schaden geltend gemacht werden könne, der im Hoheitsgebiet des anwendbaren Rechts (lex causae) entstanden sei (Mosaikbetrachtung[114]).

In den Fällen der Internationalen Urheberrechtsverstöße im Internet stellen sich diese schwierigen Probleme von Handlungs- und Erfolgsort als Konsequenz der Anerkennung des Schutzlandprinzips nach herrschender Meinung nicht. Da das Tatortprinzip vom Schutzlandprinzip verdrängt werde, sei kollisionsrechtlich auch bei Internetsachverhalten allein das Schutzland entscheidungserheblich.

Da nach herrschender Ansicht wegen des Territorialitätsprinzips ein Verhalten nur ein inländisches Schutzrecht verletzen kann, könne auch nur für das (In-)Land Schutz begehrt werden, in welchem des Verhalten stattgefunden hat. Um das auf Urheberrechtsverletzungen anwendbare Recht zu finden, muss man somit lediglich das potentiell deliktische Verhalten lokalisieren.

Im Folgenden werden einzelne technische Vorgänge, die als Verletzungshandlung in Betracht kommen, dargestellt, lokalisiert und exemplarisch die Bewertung nach deutschem Recht aufgezeigt.

a. Digitalisierung (Sampling)

Um urheberrechtlich geschützte Werke für die Computerwelt und das Internet verkehrsfähig zu machen, müssen sie digitalisiert werden. Dies entspricht einer Umwandlung des körperlichen Werks in Datenstränge, die aus

---

[111] *Von Hinden*, Persönlichkeitsverletzungen, S. 39 ff.; im Strafrecht stellen sich insoweit die gleichen Probleme, dazu: *Loock-Wagner*, S. 67 ff.; *Lagodny*, in: Gruber (Hrsg.), Internet, S. 51 ff.; *Gercke*, ZUM 2002, 283 ff.

[112] *Von Bar*, IPR, Bd. 2, Rn. 664; *Kubis*, S. 122; *Schack*, UFITA 108 (1988), 51, 64; etwas abgeschwächt *ders.*, MMR 2000, 135, 137; gegen diese Ansicht *von Hinden*, Persönlichkeitsverletzungen, S. 79 ff.

[113] Palandt-*Heldrich*, Art. 40 EGBGB Rn. 12 m.w.N.

[114] *Bachmann*, IPRax 1998, 179, 186 f.; *Muth*, S. 101 ff., 112; eingehend dazu unten Kapitel 3, A., I., 2.

den *digits* 0 und 1 bestehen[115]. An Stelle von Atomen der körperlichen Werke treten Bits der digitalisierten Werke[116]. Diese Umwandlung wird auch als Sampling bezeichnet und findet am Ort des beteiligten Rechners statt. Wird ein Werk originär digital geschaffen, fällt die Digitalisierung mit der Werkentstehung zusammen. Sie kann aber auch erst später vorgenommen werden, etwa wenn ein Musikwerk in eine Audiodatei umgewandelt, wenn ein Bildwerk eingescannt oder wenn ein Textwerk in den Computer eingegeben wird.

Bei der originären Herstellung eines digitalen Werks kommt der Digitalisierung eine weitergehende urheberrechtliche Bedeutung nicht zu. Wird dagegen ein herkömmliches körperliches Werk digitalisiert, so kann dies einerseits eine Verarbeitung darstellen (§ 23 UrhG), wenn dabei ein eigener schöpferischer Akt vorgenommen wird. Die reine Umwandlung in die neue technische Form stellt andererseits nach zutreffender herrschender Ansicht regelmäßig eine Verwertung in körperlicher Form i.S.d. Vervielfältigung dar (§ 16 Abs. 1 UrhG)[117].

b. Upload

Bevor ein Internetangebot im Netz erhältlich ist, muss es von dem Ursprungsrechner auf einen Server geladen werden. Das Hochladen der Daten heißt Upload.

Das Uploading führt zur Herstellung und Speicherung einer digitalen Kopie auf dem Rechner des Servers und stellt somit urheberrechtlich eine dort erfolgte Vervielfältigung dar (§ 16 Abs. 1 UrhG)[118].

c. Download

Werden Daten dauerhaft von einem Server auf einen PC eines Nutzers „heruntergeladen", liegt ein Download vor. Entsprechend dem entgegengesetzten Upload ist auch dieser Vorgang als eine Vervielfältigung zu werten (§ 16 Abs. 1 UrhG)[119], die am Ort des Nutzercomputers begangen ist.

---

[115] Zum technischen Vorgang *Lehmann*, in: Lehmann (Hrsg.), Cyberlaw, S. 26 und *Duggal*, S. 164 ff. m.w.N.

[116] *Lehmann*, in: Lehmann (Hrsg.), Cyberlaw, S. 26

[117] Schricker-*Loewenheim*, § 16 Rn. 18; *ders.*, GRUR 1996, 830, 834; *Schwarz*, in: Becker/Dreier (Hrsg.), S. 110; *Völker*, in: Ensthaler/Bosch/Völker (Hrsg.), Urheberrecht und Internet, S. 172 m.w.N.

[118] Allgemeine Meinung: *Völker*, in: Ensthaler/Bosch/Völker (Hrsg.), Urheberrecht und Internet, S. 174 m.w.N

[119] Köhler/Arndt, S. 178

d. Routing

Bei Up- und Download, wie beim Datenverkehr im Internet generell, kommt es zum Routing, welches die Datenübertragung beschleunigt. Beim Routing wird nicht die gesamte Datenmenge einheitlich als Paket verschickt. Sie wird vielmehr in mehrere Teilmengen aufgeteilt, die dann gesondert und unabhängig voneinander gesendet werden[120]. An den Rechnern, die an diesem Routing beteiligt sind, entstehen wiederum Kopien der einzelnen Pakete. Erst am Zielrechner werden dann die Teilmengen zum Ausgangspaket zusammengesetzt. Auch hier entsteht wiederum eine Kopie.

Nach ganz herrschender Meinung kommt dem Routing keine urheberrechtliche Bedeutung zu[121]. Zwar kann rein technisch gesehen von einer Vervielfältigung oder Verarbeitung ausgegangen werden. Diese tangiert aber die ratio des Urheberschutzes nicht[122], weswegen dem Routing eine urheberrechtliche Relevanz nicht zugesprochen wird.

e. Making available

Ist der Upload auf einen Server erfolgt, kann das Werk öffentlich zugänglich gemacht werden (*making available*). Das Werk ist dann im Internet frei verfügbar und kann von den Internetnutzern akustisch und visuell wahrgenommen werden. Regelmäßig besteht für die Nutzer auch die Möglichkeit des Download. Die Handlung des *making available* erfolgt an dem Ort, an dem das Werk abgerufen werden kann[123].

Die Bewertung des *making available* ist in der Vergangenheit vor allem im Zusammenhang mit der Problematik von Tauschbörsen[124] heftig diskutiert worden. Umstritten war im deutschen Recht, ob es einen Eingriff in das

---

[120] *Loock-Wagner*, S. 12; *Völker*, in: Ensthaler/Bosch/Völker (Hrsg.), Urheberrecht und Internet, S. 183

[121] *Völker*, in: Ensthaler/Bosch/Völker (Hrsg.), Urheberrecht und Internet, S. 183 f.; *Loock-Wagner*, S. 12; *Boehme-Neßler*, S. 243 jeweils m.w.N.; *Loewenheim/Koch*, S. 307

[122] Loock-Wagner, S. 12

[123] Schricker-*Katzenberger*, vor §§ 120 ff. Rn. 145; *Gesmann-Nuissl*, in: Ensthaler/Bosch/Völker (Hrsg.), Urheberrecht und Internet, S. 415; *Hoeren/Thum*, in: Dittrich (Hrsg.), Beiträge zum Urheberrecht, S. 86 m.w.N.; „herrschende Meinung", *Hoeren*, in: Hoeren/Sieber (Hrsg.), Handbuch MMR, Rn. 19; a.A. *Dieselhorst*; ZUM 1998, 293, 299, der auf den Standpunkt des Servers abstellt.

[124] Zur Vereinbarkeit von Tauschbörsen mit dem UrhG statt vieler *Spindler*, JZ 2002, 60 ff.; zum Fall *Napster* nach US-amerikanischem Recht: *Frey*, ZUM 2001, 466 ff. und *Gampp*, GRUR Int. 2003, 991 ff.

Senderecht (§ 20 UrhG) darstellt, ob es sich um einen unbenannten Fall der Verwertung in unkörperlicher Form handelt oder ob es überhaupt kein Recht des Urhebers berührt. Schwierigkeiten bereitete auch der Begriff der Öffentlichkeit im Internet[125]. Nach bisher geltender Rechtslage war nach wohl überwiegender Meinung das Recht des Zugänglichmachens nicht dem Urheber zugewiesen[126].

Die Rechtslage hat sich durch internationale Tendenzen nun geändert: In Art. 8 WCT, Art. 10 WPPT und in Art. 3 der Richtlinie zur Harmonisierung bestimmter Aspekte des Urheberrechts[127] wird das Recht des *making available* dem Urheber ausdrücklich zugewiesen. Diese Vorgaben hat der deutsche Gesetzgeber inzwischen umgesetzt[128].

Nun steht dem Urheber auch das Recht des öffentlich Zugänglichmachens ausdrücklich zu (§§ 19a, 15 Abs. 2 Nr. 2 UrhG).

f. Surfen und Browsen

Bei den Nutzern kommt zunächst das Surfen oder Browsen im Netz als Handlung mit Urheberrechtsrelevanz in Betracht. Hierunter wird das unter Umständen ziellose „Herumstöbern"[129] im World Wide Web verstanden, das zur optischen und akustischen Wahrnehmbarkeit der Internetangebote auf dem Bildschirm des Nutzers führt.

Beim Browsen wird regelmäßig im Arbeitsspeicher des Nutzers vorübergehend eine Kopie der Daten hergestellt. Dies stellt eine dort begangene Vervielfältigung dar (§ 16 Abs. 1 UrhG)[130].

g. Caching

Bei Datentransfers im Internet kommt es ferner zum Caching, das heißt zu technisch bedingten Zwischenspeicherungen von ganzen Seiten oder Seitenteilen. Die Zwischenspeicherungen vollziehen sich zum einen auf einem

---

[125] Statt vieler: *Klett*, S. 151

[126] Statt vieler: *Völker*, in: Ensthaler/Bosch/Völker (Hrsg.), Urheberrecht und Internet, S. 175 ff. m.w.N.

[127] Siehe dazu oben FN 16

[128] Gesetz zur Regelung des Urheberrechts in der Informationsgesellschaft, BGBl. 2003 Teil 1, S. 1774

[129] *Gesmann-Nuissl*, in: Ensthaler/Bosch/Völker (Hrsg.), Urheberrecht und Internet, S. 417

[130] H.M.: *Völker*, in: Ensthaler/Bosch/Völker (Hrsg.), Urheberrecht und Internet, S. 187; *Loock-Wagner*, S. 8 f. mit Nachweisen auch zu anderen Ansichten

dem Nutzer-PC nahegelegenen Computer, etwa dem Rechner, der dem Nutzer den Zugang zum Internet gewährt. Zum anderen vollziehen sie sich auch im Arbeitsspeicher des Rechners des Nutzers. Das Caching führt dazu, dass die zwischengespeicherten Daten unmittelbar vom Speicherort abgerufen werden können, ohne dass ein erneuter Datenaustausch mit dem Ursprungsrechnernötig ist. Es dient somit wie das Routing der Datenübertragungsbeschleunigung, aber auch der Entlastung des Netzes.

Die durch das Caching hergestellten Kopien stellen Vervielfältigungen i.S.d. § 16 Abs. 1 UrhG dar[131], die am Standort der beteiligten Rechner entstehen.

h. Weitere Verhalten

Auf die Darstellung und Bewertung weiteren Internetverhaltens wird an dieser Stelle verzichtet[132]. Es kann nämlich im Wesentlichen als eine Kombination der oben erläuterten Begriffe verstanden werden[133].

An die Vorgänge im Internet schließt sich unter Umständen noch eine *hard copy* an, etwa der Ausdruck einer Datei oder die Sicherheitskopie auf einer Diskette oder einer CD-Rom. Diese sind nach den allgemeinen Regeln über die körperliche Verwertung zu bewerten und stellen keine internettypischen Besonderheiten dar.

i. Zwischenergebnis

Nahezu bei jedem Vorgang im Internet wird eine grundsätzlich urheberrechtsrelevante Vervielfältigung vorgenommen[134]. Fehlt die Zustimmung der Rechtsinhaber, kommt jede Handlung von der Digitalisierung bis hin zum Download als Urheberrechtsverletzung in Betracht. Ist eine Datenübertragung länderübegreifend, kann nach geltendem Recht für jede Verletzungshandlung ein eigenes Schutzland gegeben sein.

---

[131] *Völker*, in: Ensthaler/Bosch/Völker (Hrsg.), Urheberrecht und Internet, S. 183; *Loock-Wagner*, S. 13

[132] Zum Linking, Framing, sowie der Verwendung von Metatags statt vieler: *Völker*, in: Ensthaler/Bosch/Völker (Hrsg.), Urheberrecht und Internet, S. 193-197.

[133] Für das Framing: *Völker*, in: Ensthaler/Bosch/Völker (Hrsg.), Urheberrecht und Internet, S. 195

[134] *Rieder*, WRP 1996, 859, 861

IV. Anwendbares Recht auf Urheberrechtsverträge

Im Internationalen Urheberrecht sind neben den Rechtsverletzungen weiter vor allem allgemeine Frage der Urheberrechtsverträge von Bedeutung. Urheberrechtsverträge sind Verträge, welche urheberrechtliche Pflichten und Befugnisse zum Gegenstand haben. Diese Vertragsverhältnisse können grundsätzlich wie jeder andere Vertrag in einen obligatorischen Teil (Verpflichtungsgeschäft) und einen quasi-dinglichen Teil (Verfügungsgeschäft) getrennt werden.

Während sich ein urheberrechtliches Verpflichtungsgeschäft grundsätzlich nicht von jedem anderen solchen Rechtsgeschäft unterschiedet (1.), ist die kollisionsrechtliche Qualifikation eines urheberrechtsbezogenen Verfügungsgeschäfts sehr umstritten (2).

1. Der obligatorische Teil (Verpflichtungsgeschäft)

Die auf allgemeine Schuldverträge anwendbare Rechtsordnung richtet sich im deutschen autonomen Recht nach dem Vertragsstatut (Art. 27-37 EGBGB). Der Geltungsbereich des Vertragsstatuts ist weitreichend und in den Art. 31, 32 und 37 EGBGB festgelegt. Es umfasst die Wirksamkeitsvoraussetzungen eines Vertrages, dessen Auslegung und seine Rechtsfolgen. Dahinter steht das Bemühen, möglichst das ganze Vertragsverhältnis einer einzigen Rechtsordnung zu unterstellen[135].

Im Vertragsstatut gilt grundsätzlich die Parteiautonomie, die das kollisionsrechtliche Gegenstück zur sachrechtlichen Privatautonomie darstellt. Das bedeutet, dass die anwendbare Rechtsordnung zur Disposition der Parteien gestellt ist und ausdrücklich oder konkludent vereinbart werden kann (Art. 27 EGBGB). Liegt eine solche Rechtswahl nicht vor, unterliegt der Vertrag dem Recht, mit dem er die engste Verbindung aufweist (Art. 28 Abs. 1 Satz 1 EGBGB). Gibt es keine charakteristische Leistung im Vertrag, so wird widerleglich vermutet, dass die engste Verbindung zu dem Staat besteht, in welchem der zu dieser Leistung Verpflichtete zur Zeit des Vertragsschlusses seinen gewöhnlichen Aufenthalt, bei Gesellschaften, Vereinen oder juristischen Personen seine Hauptverwaltung hat (Art. 28 Abs. 2 Satz 1 EGBGB).

Für Verträge, die im Internet geschlossen werden oder internetspezifische Leistungen zum Gegenstand haben, ergeben sich insoweit keine Abweichungen. Die Art. 27 ff. EGBGB sind einschlägig. Die sich stellenden Proble-

---

[135] *Von Hoffmann*, IPR, S. 427

me[136] sind ausschließlich sachrechtlicher Natur und tangieren das Vertragsstatut nicht. Sie bilden daher nicht den Gegenstand dieser Untersuchung.

Urheberrechtsverträge sind allgemeine Verträge. Für deren obligatorischen Teil ergeben sich keine Besonderheiten: Zustandekommen, Inhalt und Vertragspflichten solcher Verträge richten sich nach dem allgemeinen Vertragsstatut und nicht etwa nach dem Schutzlandprinzip[137].

Charakteristische Leistung im Sinne des Art. 28 Abs. 2 Satz 1 EGBGB ist bei ausschließlichen Nutzungsrechten und bei Verträgen mit Ausübungspflicht die Lizenznahme[138]. Anwendbares Recht ist das am Ort des gewöhnlichen Aufenthalts bzw. der Hauptverwaltung des Lizenznehmers geltende. Bei einfachen Lizenzen dagegen ist die Lizenzvergabe charakteristisch[139], was zur Anwendung der am Ort des gewöhnlichen Aufenthalts bzw. der Hauptverwaltung des Lizenzgebers geltenden Rechtsordnung führt.

Nicht zur Parteidisposition stehen zwingende Vorschriften (Art. 34 EGBGB). Das sind Normen, die nicht der Gerechtigkeit zwischen Privaten, sondern wirtschafts- oder ordnungspolitischen Interessen des Staates dienen[140]. Im Urhebergesetz sind dies gemäß § 32b etwa § 32 und § 32a UrhG[141].

---

136 Zum Beispiel Ort oder Zeit der Abgabe oder des Zugangs einer Willenserklärung, Formfragen oder besondere Schutzvorschriften, dazu allgemein: *Glatt*, S. 32 ff., 69 ff.; *Bierkoven*, S. 21 ff. und S. 111 ff.; *R. Weber*, e-Commerce, S. 293 ff.

137 Fromm/Nordemann-*Nordemann*, vor § 120 Rn. 5; Möhring/Nicolini-*Hartmann*, vor §§ 120 ff. Rn. 39; *Rehbinder*, Urheberrecht, Rn. 477; Schricker-*Katzenberger*, vor §§ 120 ff. Rn. 148 m.w.N.; *Schack*, Urheberrecht, Rn. 1142; a.A. *Gesmann-Nuissl*, in: Ensthaler/Bosch/Völker (Hrsg.), Urheberrecht und Internet, S. 425, die alle Arbeits- und Lizenzverträge nach dem Recht des Schutzlands beurteilen will.

138 BGH ZUM 2001, 989, 991 *Lepo Sumera*; BGH GRUR 1980, 227, 230 *Monuments Germaniae Historica*; Fromm/Nordemann-*Nordemann*, vor § 120 Rn. 6; *von Welser*, IPRax 2002, 364; ausführlich zu Art. 28 EGBGB und Urheberrechtsverträgen: *Hausmann*, FS-Schwarz, S. 52 ff.; *Schricker*, Verlagsrecht, Einl. Rn. 42 ff.

139 *Schack*, Urheberrecht, Rn. 1143 f.; Fromm/Nordemann-*Nordemann*, vor § 120 Rn. 6; *Castendyk*, ZUM 1999, 934, 935; BGH GRUR 1960, 447, 448 *Comics*

140 *von Hoffmann*, IPR, S. 431

141 *Jakobs*, NJW 2002, 1905, 1909; zu ihrem Verhältnis zu Art. 34 EGBGB: *Obergfell*, K&R 2003, 118-125

2. Der quasi-dingliche Teil (Verfügungsgeschäft)

Der quasi-dingliche Teil betrifft urheberrechtliche Verfügungen. Das sind Rechtsgeschäfte, die ein Urheberrecht unmittelbar entstehen lassen, es übertragen, inhaltlich ändern oder beenden. Das auf solche Verfügungen anwendbare Statut bestimmt, wie eine solche Übertragung zu erfolgen hat, welche Modalitäten erfüllt sein müssen, ob diese im konkreten Fall vorliegen und letztlich, ob insgesamt eine wirksame Übertragung gegeben ist. Die weiteren Merkmale, die zu einer wirksamen Übertragung erforderlich sind, die aber den Kern des Urheberrechts betreffen (zum Beispiel Rechtsinhaberschaft und Übertragbarkeit), sind nach ganz herrschender Meinung unter das Urheberstatut zu qualifizieren[142]. Das Schutzlandprinzip reduziert somit den Anwendungsbereich des Vertragsstatuts im Urheberrecht[143]. Insbesondere bestimmt nicht das Vertragsstatut, ob eine Übertragung überhaupt möglich ist. Denn die Übertragbarkeit eines Rechts bestimmt die herrschende Meinung nach dem Schutzlandprinzip[144].

Im allgemeinen Vertragsrecht ist bei Verfügungen zunächst Art. 32 Abs. 1 Nr. 2 EGBGB maßgebend, nach dem das Vertragsstatut auch die Erfüllung der Vertragspflichten umfasst. Somit richtet sich grundsätzlich auch die Frage, *ob* Erfüllung vorliegt, nach dem Vertragsstatut und unterfällt grundsätzlich Art. 32 Abs. 1 Nr. 2 EGBGB[145]. Ist indes für die Erfüllung ein gesondertes Rechtsgeschäft erforderlich, so bestimmt sich dessen Wirksamkeit nach den für dieses Rechtsgeschäft maßgeblichen Regeln[146]. Eine zur Erfüllung vorzunehmende Verfügung ist dann selbständig anzuknüpfen. Eines gesonderten Rechtsgeschäfts bedarf es etwa bei der Übereignung einer Sache (§ 929 BGB) oder bei der Abtretung einer Forderung (§ 398 BGB). Ist als Erfüllung die Übertragung dinglicher Rechte an einer Sache geschuldet, bemisst sich diese folglich nach dem Sachenrechtsstatut (Art. 43 EGBGB). Bezüglich der dinglichen Übereignung als vertragserfüllende Verfügung ist

---

[142] Statt vieler: *Hausmann*, FS-Schwarz, S. 63 f.; umstritten ist lediglich, ob dieses Ergebnis mittels Auslegung erzielt wird oder ob sich dies durch die Anwendung des Art. 34 EGBGB ergibt. Für Art. 34 EGBGB: Fromm/Nordemann-*Nordemann*, vor § 120 Rn. 8; für Auslegung: *Schack*, Urheberrecht, Rn. 1148.

[143] Fromm/Nordemann-*Nordemann*, vor § 120 Rn. 8

[144] Siehe dazu in diesem Kapitel B., I., 2.; a.A. *Rehbinder*, Urheberrecht, Rn. 477

[145] *Kropholler*, S. 436

[146] Palandt-*Heldrich*, Art. 32 EGBGB Rn. 4

mithin das Recht des Belegenheitsorts anwendbar[147]. Ist die Abtretung einer Forderung geschuldet, entscheidet das Forderungsstatut (Art. 33 EGBGB).

Zu welchen Ergebnissen dies nun im Urheberrecht führt, ist heftig umstritten[148]. Im Mittelpunkt steht die Frage, ob das Abstraktionsprinzip im deutschen Urheberrecht gilt. Es werden zwei Ansichten vertreten. Bezeichnend für die Heftigkeit des Streites ist es, dass die Anhänger beider Seiten ihre jeweilige Auffassung als herrschend bezeichnen[149].

a. Die Spaltungstheorie

Nach der Spaltungstheorie[150] gilt das Abstraktionsprinzip auch im Urheberrecht. Deswegen sei die Wirksamkeit einer Verfügung nicht von dem zu Grunde liegenden Verpflichtungsgeschäft abhängig. Sie sei vielmehr abstrakt zu bestimmen. Für die Übertragung[151] eines Urheberrechts ist damit ein vom Verpflichtungsgeschäft gesondertes Rechtsgeschäft erforderlich. Dies sei nach den allgemeinen Grundsätzen nicht am Vertragsstatut, sondern an dem Statut anzuknüpfen, welches das zu übertragende Recht beherrscht[152]. Dies führe im Urheberrecht zur Anknüpfung an das Schutzland[153].

---

[147] Davon umfasst ist auch das etwa gemäß § 929 Abs. 1 Satz 1 BGB erforderliche dingliche Rechtsgeschäft, BGH NJW 1996, 2233, 2234; OLG Frankfurt ZMR 1995, 251; Soergel-*Lüderitz*, Art. 38 Anh. II Rn. 16 m.w.N.; Palandt-*Heldrich*, Art. 43 EGBGB Rn. 3

[148] Stichhaltig zum Streitstand: Schricker-*Katzenberger*, vor §§ 120 ff. Rn. 147-150

[149] Für die Spaltungstheorie: MüKo-*Kreuzer*, Art. 28 Anh. II Rn. 116; Für die Einheitstheorie: *Beier*, GRUR Int. 1981, 299, 303 „heute vorherrschend"; *von Welser*, IPRax 2002, 364 „bislang herrschend"; Salomonisch insoweit OLG Frankfurt a.M., GRUR Int. 1993, 141, 142 *Mackintosh-Entwürfe* und Schricker-*ders.*, §§ 31/32 Rn. 2: „Einheitstheorie im urheberrechtlichen Schrifttum vorherrschend, Spaltungstheorie in der internationalprivatrechtlichen Literatur".

[150] MüKo-*Kreuzer*, nach Art. 38 Anh. II Rn. 116; *Kegel/Schurig*, S. 690, Soergel-*Kegel*, Anh. Art. 12 Rn. 33; *Beier*, GRUR Int. 1981, 299, 304; *Mäger*, S. 124 ff.; *von Gamm*, Einf., Rn. 145; Wandtke/Bullinger-*von Welser*, vor §§ 120 ff. Rn. 22; *Knörzer*, S. 118. *Schack*, Urheberrecht, Rn. 1147; *Neumeyer*, S. 26; *Hausmann*, FS-Schwarz, S. 64

[151] Mit Übertragung ist hier, wie stets auch in den folgenden Ausführungen, sowohl die echte Translation eines schon bestehenden Rechts gemeint, als auch die Einräumung eines Rechts, das beim Erklärungsgegner erstmalig originär entsteht.

[152] Kegel/Schurig, S. 611

[153] Statt vieler: MüKo-*Kreuzer*, nach Art. 38 Anh. II Rn. 116; a.A. *Schack*, Urheberrecht, Rn. 1147 und *Neumeyer*, S. 26, die die Rechtsgeschäfte ebenfalls spalten und die Verfügung dem Urheberstatut zuordnen wollen. Diese bestimmt sich nach ihrer Ansicht aber nach dem Ursprungsland.

Der Name der Spaltungstheorie ergibt sich aus einer ihrer Konsequenzen: Verpflichtet sich ein Rechtsinhaber in einem Vertrag zur Einräumung oder Übertragung mehrerer nationaler Nutzungs- oder Verwertungsrechte, so ist nach dieser Auffassung eine einheitliche Betrachtung für die entsprechenden Verfügungen nicht möglich. Das Rechtsgeschäft muss zunächst in Verfügungs- und Verpflichtungsgeschäft geteilt werden. Sodann sind die einzelnen Verfügungen aufzuspalten und jeweils gesondert an das jeweilige Schutzland anzuknüpfen.

Diese Aufspaltung aber wird überwiegend kritisiert: Da auch nach der Spaltungstheorie das Territorialitätsprinzip gilt, ist bei einem Vertrag, der die Übertragung von weltweiten Rechten zum Gegenstand hat[154], für jedes staatliche Territorium eine gesonderte Verfügung zur Vertragserfüllung erforderlich. Für jede dieser Verfügungen müssen unter Umständen andere Voraussetzungen erfüllen werden. Der zunächst einheitliche (Welturheberrechts-) Vertrag zerfällt nach der Spaltungstheorie bei seiner Erfüllung in zahlreiche selbständige unabhängige Rechtsgeschäfte. Dies würde, so die Kritik der überwiegenden Ansicht, dem urheberrechtlichen Bedürfnis, solche Verträge als Einheit zu behandeln und deren Abwicklung praktikabel zu machen, nicht gerecht[155]. Die Aufspaltung beinhalte zudem das Risiko, dass eine einheitlich gewollte Übertragung nur eine Teilerfüllung bewirke, soweit die Voraussetzungen einer einzelnen Rechtsordnung nicht erfüllt sind. Wenn die Parteien diese Rechtsordnung nicht kennen, könne dies zunächst sogar unbemerkt bleiben. Die daraus folgende Rechtsunsicherheit verfehle aber den Zweck eines solchen Welturheberrechtsvertrags, der gerade eine global einheitliche Regelung treffen wolle. Insbesondere werde schließlich die „globale Verkehrsfähigkeit" solcher Werke gemindert, die im täglichen Leben regelmäßig eine oder mehrere Grenzen überschreiten.

b. Die herrschende Einheitstheorie

Die in Schrifttum[156] und Rechtsprechung[157] überwiegende Ansicht folgt der Einheitstheorie. Danach ist das Abstraktionsprinzip im deutschen Urhe-

---

[154] Ihm gleichstehend sind Verträge, die eine sehr große Anzahl von Staaten betreffen (etwa ganze Wirtschaftsräume oder Kontinente) und bei dem deshalb die Quantität der gesonderten Verfügungen Abwicklungsschwierigkeiten bereitet.

[155] Schricker-*Katzenberger*, vor §§ 120 ff. Rn. 149

[156] Schricker-*Katzenberger*, vor §§ 120 ff. Rn. 149; *ders*., FS-Schricker, S. 249 ff.; *Rehbinder*, Urheberrecht, Rn. 477; Möhring/Nicolini-*Hartmann,* vor §§ 120 ff. Rn. 42; *Loewenheim*, ZUM 1999, 923, 925; *Castendyk*, ZUM 1999, 934, 935; *Godenhielm*, GRUR Int. 1957, 149, 152 f.

berrecht in Fortführung des Gedankens des § 9 VerlG, der dies für den Verlagsvertrag ausdrücklich anordnet, durchbrochen[158]. Dies sei sachlich geboten, da durch die Zweckübertragungslehre für den Umfang einer Verfügung maßgeblich auf das zu Grunde liegende Verpflichtungsgeschäft abzustellen sei, was zu einer besonders engen Verbindung beider Rechtsgeschäfte führe.

Die Wirksamkeit einer Verfügung hängt nach der Einheitstheorie unmittelbar vom Schicksal des zu Grunde liegenden Verpflichtungsgeschäfts ab[159]. Im Internationalen Urheberrecht sei somit jede Verfügung unter Art. 32 Abs. 1 Nr. 2 EGBGB und damit unter das Vertragsstatut zu qualifizieren. Nach der Einheitstheorie sind Verpflichtungs- und Verfügungsgeschäft bei Urheberrechtsverträgen *einheitlich* nach einer Rechtsordnung zu beurteilen. Verpflichtet sich ein Rechtsinhaber in einem Vertrag zur Einräumung oder Übertragung kontinentaler oder globaler Nutzungsrechte und überträgt er diese auch, so richtet sich die Wirksamkeit der einzelnen Verfügungen insgesamt nach dem auf das Verpflichtungsgeschäft anwendbaren Recht.

Diese Einheitlichkeit sei vor allem geboten, um eine praktikable Abwicklung von Verträgen, die weltweite Rechte zum Gegenstand haben, zu ermöglichen. Nur die Einheitstheorie vermeide ein Kollisionsrecht-Puzzle[160], das mit der Spaltungstheorie, wenn überhaupt, nur unter größten Schwierigkeiten zu bewältigen sei.

---

[157] Ausdrücklich nur: OLG Frankfurt a.M., GRUR 1998, 141 *Mackintosh-Entwürfe*; OLG München ZUM 2002, 312 *Spielbankaffaire*; inhaltlich aber auch: OLG München, OLGZ 2, 7 *Dreigroschenroman* und OLGZ 8, 7 *Papaveri e Papere*; LG Düsseldorf, GRUR 1958, 430; OLG Hamburg, UFITA 26 (1958), 344 *Brotkalender*; weitere Nachweise zur Rechtsprechung bei Schricker-*ders.*, vor §§ 120 ff. Rn. 149; abweichend: OLG München GRUR 1960, 75, 76 *Le Mans*; unklar: LG Hamburg, ZUM 2002, 156, 158 *Der Pilger*, das sich jedoch auf *Schricker* stützt.

[158] Bei Beendigung eines Verlagsvertragsverhältnisses ist ein gesonderter Rückübertragungsakt der urheberrechtlichen Befugnisse nicht erforderlich, vielmehr erfolgt ein automatischer „Heimfall" der Rechte. Zum ganzen: Schricker-*ders.*, vor §§ 28 Rn. 59

[159] Schricker-*ders.*, §§ 31/32 Rn. 2 und vor §§ 28 ff. Rn. 61; Fromm/Nordemann-*Hertin*, vor § 31 Rn. 8 und §§ 31/32 Rn. 2 trennt hierbei noch zwischen einfachen und ausschließlichen Nutzungsrechten. Nur bei letzteren sei eine gesonderte Verfügung erforderlich. Diese Ansicht vertritt er bewusst gegen die herrschende Meinung, §§ 31/32 Rn. 2

[160] *Schack*, Urheberrecht, Rn. 914

3. Zusammenfassung

Das auf urheberrechtliche Verfügungen anwendbare Recht wird allgemein davon abhängig gemacht, ob im materiellen Urheberrecht das Abstraktionsprinzip anerkannt wird oder nicht. Die überwiegende Meinung lehnt dies mit der Einheitstheorie ab und kommt so zur Anknüpfung an das Vertragstatut.

Urheberrechtliche Verfügungen unterliegen nach geltendem Recht damit nicht dem Schutzlandprinzip, sondern sind nach dem Vertragsstatut zu bestimmen (Art. 27 ff. EGBGB).

V. Internationales Zivilverfahrensrecht

Das internationale Zivilverfahrensrecht umfasst die internationale Zuständigkeit, das anwendbare Verfahrensrecht und die Vollstreckung und Anerkennung von Urteilen. Nur die internationale Zuständigkeit weist urheberrechtliche Besonderheiten auf. Nur sie wird im folgenden Abschnitt dargestellt werden. Gleichwohl ist das anwendbare Verfahrensrecht hier immer mittelbar mitbehandelt, denn es richtet sich grundsätzlich aus Gründen der Prozessökonomie, der Effektivität und der Verfahrensbeschleunigung nach der lex fori[161].

Die internationale Zuständigkeit oder Entscheidungszuständigkeit ist nicht einheitlich kodifiziert. Festsetzungen finden sich in Staatsverträgen[162], in der ZPO und im FGG. Fehlen sie, so sind die Regelungen über die örtliche Zuständigkeit entsprechend heranzuziehen (Doppelfunktionalität[163]).

Die internationale Zuständigkeit bestimmt, welche Gerichte bei einem Sachverhalt mit Auslandsbezug zur Entscheidung berufen sind. Sie richtet sich immer nach dem konkret geltend gemachten Rechtsschutzbegehren.

Bei urheberrechtlichen Klagen kommen als Begehren in Betracht ein Anspruch auf Feststellung des Bestehens oder Nichtbestehens eines urheberrechtlichen Rechtsverhältnisses[164], ein Anspruch aus einem Urheberrechts-

---

[161] Dies ist gewohnheitsrechtlich anerkannt, *Schack*, IZVR, Rn. 40 ff., *von Bar/Mankowski*, IPR, Bd. 1, S. 398 ff.

[162] Hervorzuheben ist hier die VO 44/2001 der EU (EuGVO)

[163] Baumbach-*Hartmann*, Übers § 12 Rn. 7

[164] Dies ist etwa vorgesehen in Art. 61 UrhG (CH) oder in § 19 UrhG (AUT)

vertrag, ein Anspruch auf Schadensersatz oder Unterlassung[165] aus einer Urheberrechtsverletzung, ein Herausgabeanspruch auf Auskehrung des aus einer urheberrechtlichen Verfügung zu Unrecht Erlangten sowie einige spezifische Ansprüche, etwa ein Folgerechtsanspruch (§ 26 UrhG).

Eine Festsetzung der internationalen Zuständigkeit speziell für diese Ansprüche ist nicht erfolgt. Weder in den Konventionen noch im deutschen autonomen Recht ist die örtliche oder die internationale Zuständigkeit für urheberrechtliche Klagen geregelt. Es muss somit auf die allgemeinen Regelungen zurückgegriffen werden. Dabei ist zwischen ausschließlichem, besonderem und allgemeinem Gerichtsstand zu unterscheiden. Sind mehrere Gerichtsstände eröffnet, hat der Kläger ein Wahlrecht (§ 35 ZPO). Dieses Wahlrecht ermöglicht dem Kläger die Wahl des Gerichtsstandes, der ihm am günstigsten erscheint (forum shopping).

1. Ausschließlicher und allgemeiner Gerichtsstand

Einen ausschließlichen Gerichtstand gibt es bei urheberrechtlichen Ansprüchen nicht. Bezüglich der Bestandsklage eines Urheberrechts könnte man zwar im Geltungsbereich der EuGVO wegen der sachlichen Nähe zu den übrigen Immaterialgüter- oder gewerblichen Schutzrechten an Art. 22 Nr. 4 EuGVO denken. Dieser bestimmt für hinterlegungs- oder registrierungspflichtige Schutzrechte die ausschließliche Zuständigkeit des Landes, in dessen Hoheitsgebiet die Hinterlegung oder Registrierung erfolgt ist oder als erfolgt gilt. Jedoch bedarf ein Urheberrecht gerade keiner Registrierung oder Hinterlegung, es entsteht vielmehr kraft Gesetzes. Das Urheberrecht ist somit kein ähnliches Recht i.S.d. Art. 22 Nr. 4 EuGVO.

Bezüglich des allgemeinen Gerichtsstandes ergibt sich bei urheberrechtlichen Klageerhebungen nichts Besonderes. Er ist stets eröffnet. Der allgemeine Gerichtsstand befindet sich bei einer beklagten natürlichen Person an deren Wohnsitz[166] (§§ 12, 13 ZPO), bei einer beklagten juristischen Person ist ihr Verwaltungssitz maßgebend (§ 17 Abs. 1 S. 2 ZPO). Im Anwendungsbereich der EuGVO ergibt sich für eine beklagte natürliche Person nichts anderes (Art. 2 Abs. 1 EuGVO). Der allgemeine Gerichtsstand einer

---

[165] Auch auf vorbeugende Unterlassung. Dazu: Staudinger-*von Hoffmann,* Vorbem. zu Art. 40 EGBGB Rn. 94, 96; *ders.,* IPR, S. 82; *Kropholler*, IPR, S. 604; *Schack*, MMR 2000, 135, 137.

[166] Im deutschen Recht ist der Wohnsitz in §§ 7-11 BGB normiert: Eine Person begründet in Deutschland ihren Wohnsitz, wenn sie sich an einem Ort „ständig niederlässt" (§ 7 Abs. 1 BGB). Der Wohnsitz stellt den Mittelpunkt der gesamten Lebensverhältnisse dar, BGH LM Nr. 3, BAG DB 1985, 2693; Palandt-*Heinrichs*, § 7 BGB Rn. 1.

juristischen Person ist alternativ ihr satzungsmäßiger Sitz, ihre Hauptverwaltung oder ihre Hauptniederlassung (Art. 60 EuGVO).

2. Besonderer Gerichtsstand des Erfüllungsorts

Als besonderer Gerichtsstand kommt zunächst der Gerichtsstand des Erfüllungsorts in Betracht (§ 29 ZPO bzw. Art. 5 Nr. 1 EuGVO), wenn es sich um Streitigkeiten aus einem Vertragsverhältnis handelt bzw. wenn Ansprüche aus einem Vertrag den Verfahrensgegenstand bilden.

Nach zutreffender Auffassung[167] ist der Begriff des Erfüllungsorts generell nach dem materiellen Recht der anwendbaren Rechtsordnung (lex causae) zu bestimmen. Dies bedeutet, dass man schon bei der internationalen Zuständigkeit das anwendbare Sachrecht ermitteln muss. Diese Auslegung verhindert zum einen die Schaffung eines prozessualen Begriffs des Erfüllungsorts und sichert zum anderen den Gleichlauf von Prozess- und Sachrecht[168]. Die Bestimmung nach der lex causae ist sogar im Geltungsbereich der EuGVO anerkannt[169], obwohl hier grundsätzlich eine abkommensautonome Auslegung vorzunehmen ist.

Auch für Ansprüche aus einem Urheberrechtsvertrag gilt dieser Grundsatz. Je nach der konkreten Vertragsgestaltung ist der Erfüllungsort zu bestimmen. An diesem ist dann der besondere Gerichtsstand des Erfüllungsorts eröffnet (§ 29 ZPO oder Art. 5 Nr. 1 EuGVO).

3. Besonderer Gerichtsstand der unerlaubten Handlung

Bei Klagen gegen Rechtsverletzungen ist der besondere Gerichtsstand der unerlaubten Handlung zu beachten (Art. 5 Nr. 3 EuGVO bzw. § 32 ZPO). Gemäß § 32 ZPO ist die Zuständigkeit an dem Ort gegeben, an dem

---

[167] Kropholler, EuZPR, Art. 5 Rn. 16 ff. m.w.N.

[168] A.A.: *Schack*, IZVR, Rn. 270

[169] Tessili-Regel, EuGH NJW 1977, 490 *Tessili*. Diese Entscheidung erging zur EuGVÜ. Teilweise hat nun die EuGVO in Abweichung zur EuGVÜ den Erfüllungsort ausdrücklich festgelegt, Art. 5 Nr. 1 lit. b (Verkauf beweglicher Sachen, Erbringung von Dienstleistungen). Diesbezüglich kann die Tessili-Regel nun nicht mehr angewandt werden und der Erfüllungsort ist abkommensautonom, das heißt ohne Rücksicht auf die lex causae zu bestimmen. In allen anderen Fällen verweist Art. 5 Nr. 1 lit. c) auf die Grundregel des Art. 5 Nr. 1 lit. a). Es liegt jedenfalls sehr nahe, in diesen Fällen weiter die Tessili-Regel anzuwenden (*Kropholler*, EuZPR, Art. 5 Rn. 23 ff.). Ob aber die abkommensautonome Auslegung nicht auch auf Art. 5 Nr. 1 lit. a) Einfluss haben wird, bleibt abzuwarten.

die Handlung begangen ist. Begangen ist eine Handlung überall dort, wo sich ein wesentlicher Teil des Tatbestands zugetragen hat[170]. Da die Gleichwertigkeit aller Tatbestandsmerkmale (Ubiquitätsprinzip[171]) nicht nur im Kollisionsrecht, sondern auch im Zuständigkeitsrecht gilt[172], ist die Zuständigkeit sowohl am Handlungsort, als dem Ort, an dem die Handlung vorgenommen wird, als auch am Erfolgsort, als dem Ort, an dem die Rechtsgutsverletzung eintritt, gegeben. Zuständigkeitsrechtlich unbeachtlich ist dagegen wie auch im Kollisionsrecht der Ort, an dem ein (Vermögens-) Schaden eintritt[173]. Fallen Handlungs- und Erfolgsort auseinander, steht dem Kläger ein Wahlrecht zu[174], welches die Möglichkeit des forum shopping eröffnet.

§ 32 ZPO normiert somit den besonderen Gerichtsstand des Tatorts[175]. Auch der Ort, an dem gemäß Art. 5 Nr. 3 EuGVO das schädigende Ereignis eingetreten ist, besteht aus Handlungs- und Erfolgsort[176] und begründet die internationale Zuständigkeit am Tatort.

a. Verletzung eines Urheberrechts

Da Urheberrechtsverletzungen unerlaubte Handlungen darstellen, ist der Gerichtsstand der unerlaubten Handlung grundsätzlich einschlägig[177].

---

[170] BGHZ 124, 237, 245; *Schack*, MMR 2000, 135, 137; gegen die Erforderlichkeit der Wesentlichkeit: Baumbach-*Hartmann*, § 32 Rn. 17

[171] So bereits RGZ 72, 41, 43; nach *Spickhoff*, IPRax 2000, 1, 3, sei dieses Prinzip „außer Streit gestellt"; *Schack*, IZVR, Rn. 293 f.

[172] BGH NJW 1980, 1224, 1225 m. Anm. *Schlosser*

[173] Baumbach-*Hartmann*, § 32 Rn. 23; *Schack*, IZVR, Rn. 295 und 304

[174] *Schack*, MMR 2000, 135, 137

[175] *Schack*, IZVR, Rn. 289

[176] Grundlegend noch zur EuGVÜ: EuGH NJW 1977, 493 *Bier/Mines de Potasse d'Alsace*, ebenso EuGH EuZW 1999, 59 *Réunion européenne*. Dieser Rechtsprechung ist auch für die EuGVO weiter zu folgen, *Kropholler*, EuZPR, Art. 5 Rn. 72; *Schack*, IZVR, Rn. 294.

[177] Für § 32 ZPO: BGH GRUR Int. 1980, 230 *Monumenta Germaniae Historica*; OLG München GRUR 1990, 677 *Postervertrieb*; *Kubis*, S. 199; Baumbach-*Hartmann*, § 32 Rn. 13; Für Art. 5 Nr. 3 EuGVO: *Kropholler*, EuZPR, Art. 5 Rn. 66; OGH GRUR Int. 2000, 795; *Schack*, IZVR, Rn. 290; *Kubis*, S. 199 m.w.N. in FN 13. - Zu beachten ist, welche Anforderungen an die Darlegung und den Beweis einer Verletzungshandlung im Kollisions- und im Prozessrecht gestellt werden: Um den prozessualen Tatort festzustellen, müsste nämlich konsequenterweise nach dem anwendbaren Sachrecht geprüft werden, ob tatsächlich eine Verletzungshandlung vorliegt, um dann deren Tat- oder Handlungsort festzustellen. Dadurch würde die gesamte Sachentscheidung in die Zulässigkeitsprüfung hineingezogen. Um dies zu verhindern, werden unterschiedlich strenge

Im Urheberrecht reduziert sich nach herrschender Meinung allerdings der Tatort auf den Handlungsort, da es einen Erfolgsort nicht gebe oder er zumindest nicht vom Handlungsort abweichen könne[178]. Der Handlungsort liege stets im Schutzland, da eine inländische Handlung nach dem Territorialitätsprinzip nur ein inländisches Schutzrecht verletzen[179] und damit keinen besonderen Gerichtstand im Ausland begründen könne[180].

Im Ergebnis ist also nach herrschender Ansicht stets ein besonderer Gerichtsstand im Schutzland eröffnet. Allerdings ist zu beachten, dass dem Schutzlandprinzip formell keine zuständigkeitsrechtliche Bedeutung zukommt[181] und die herrschende Ansicht nicht von einem „Gerichtsstand im Schutzland" ausgeht.

Anforderungen gestellt: Während das anwendbare Recht vollumfänglich von Amts wegen zu ermitteln ist und die Sachentscheidung hinreichend bewiesen sein muss, genügt für die Annahme der internationalen Zuständigkeit die schlüssige Behauptung einer Verletzung seitens des Klägers (BGH GRUR Int. 1980, 230 *Monumenta Germaniae Historica*; Baumbach-*Hartmann*, § 32 Rn. 17 m.w.N.).

[178] *Kubis*, S. 122; *von Bar*, IPR. Bd. 2, Rn. 664; *Hohloch*, in: Schwarze (Hrsg.), Rechtsschutz, S. 104; *Schack*, IZVR, Rn. 303 a.E.; *ders.* MMR 2000, 135, 137

[179] *Kubis*, S. 200

[180] Nur auf den ersten Blick widerspricht BGH GRUR 1990, 677 *Postervertrieb*. Hier kam eine im Ausland vorgenommene Handlung (Herstellung), unter Umständen dann als inländische Handlung (Ausstellen, Verbreiten) in Betracht, wenn sie mit einer im Inland begangenen Handlung in so engem Zusammenhang steht, dass diese jene mit umschließt und beide Aktivitäten als Teilakte einundderselben Handlung angesehen werden können. Der BGH hat in diesem Fall erwogen, die Herstellung im Land A als Teilakt der Verbreitung im Land B anzusehen, wenn dies bereits bei der Herstellung gewollt war.

Genauer betrachtet stellt dies nicht den Handlungsort als zuständigkeitsbegründendes Merkmal in Frage, sondern erfasst nur die Frage, was unter der Handlung „Verbreiten" zu verstehen ist und wo eine solche stattfand. Allerdings könnte darin darüber hinaus das Bemühen gesehen werden, den Begriff des Handlungsorts weit auszulegen und mehrere Teilakte zu einer Handlung zusammenzufassen. Bezöge man dies auf das Internet, so könnte unter Umständen die digitale Herstellung (Sampling) einer Werkes Teilakt der Internetveröffentlichung (*making available*) sein. In *Postervertrieb* ist indes eine solche Verallgemeinerung nicht angelegt: Gegenstand der Entscheidung war ein Pressedelikt. Es gibt keinerlei Anhaltspunkte die gerichtlichen Erwägungen auf den Online-Bereich zu übernehmen. Zudem sind auch keine weiteren Urteile zu dieser Problematik im Bereich des Presserechts ergangen. Die Überlegungen in *Postervertrieb* sind für diese Arbeit somit nicht von Bedeutung.

[181] Anderer Meinung ist *Kubis*, S. 200, der aber den Nachweis zumindest deutscher Quellen hierfür schuldig bleibt.

b. Verletzungshandlungen im Internet.

Die Maßgeblichkeit des Handlungsorts führt bei Verletzungshandlungen im Internet, vor allem bei dem Recht des *making available* (§ 19a UrhG), zu der Möglichkeit eines weltweiten forum shopping:

Handlungsort dieses *making available* ist nach herrschender Ansicht da, wo das Internetangebot abgerufen werden kann[182]. Da Internetinhalte weltweit abgerufen werden können, ist bei einer Verletzungsklage gegen das Recht des öffentlich Zugänglichmachens der Gerichtsstand der unerlaubten Handlung jedes Landes eröffnet[183]. Dem Rechtsinhaber kommt insoweit ein ausgedehntes Wahlrecht zu und er kann vor allem auch immer an seinem Wohnsitz klagen. Für die deutschen Gerichte bedeutet das, dass sie diesbezüglich immer zur Entscheidung berufen sind.

Das forum shopping steht daher im Mittelpunkt zahlreicher Überlegungen: Die Rechtsprechung nimmt etwa für Schadensersatzansprüche im Bereich der Persönlichkeitsrechte, des Presse- und Wettbewerbsrechts[184], in dem eine ähnliche Problematik besteht, eine Mosaikbetrachtung vor. Im Urheberrecht ist dies bislang weder erfolgt noch zu erwarten[185]. Im Schrifttum diskutiert *Schack*[186] die Möglichkeit des *forum non conveniens*, der Übernahme der „bestimmungsgemäßen Verbreitung", der Trennung von aktiven und passiven Webseiten sowie der Begrenzung der Kognitionsbefugnis. Ähnliche Überlegungen stellen *Bachmann*[187] und *Gesmann-Nuissl*[188] an. Alle genannten Autoren lehnen eine Eindämmung des forum shopping im Ergebnis jedoch ab[189]. Nach geltendem Recht bleibt damit die Möglichkeit des forum shopping erhalten.

---

[182] Schricker-*Katzenberger*, vor §§ 120 ff. Rn. 145; siehe auch oben FN 123

[183] Dies gilt vorbehaltlich anderslautender nationaler Regelungen über die Internationale Zuständigkeit.

[184] Statt vieler: LG Frankfurt a.M., ZIP 2000, 2080; weitere Nachweise bei Spickhoff, IPRax 2000, 1, 6

[185] *Kropholler*, EuZPR, Art. 5 Rn. 76, der allerdings auf eine Entscheidung des französischen Kassationsgerichtes vom 16.7.1997 hinweist, in welcher die Mosaikbetrachtung im Urheberrecht angewandt worden ist.

[186] MMR 2000, 135, 138 f.

[187] IPRax 1998, 179, 184 f.

[188] in: Ensthaler/Bosch/Völker (Hrsg.), Urheberrecht und Internet, S. 424

[189] A.A. jedoch *Kubis*, S. 214, der die Zuständigkeit am Wohnsitz des Urhebers fordert.

c. Zusammenfassung

Der besondere Gerichtsstand der unerlaubten Handlung ist bei einer urheberrechtlichen Verletzungsklage am Handlungsort eröffnet. Geklagt werden kann an dem Ort, an dem das streitige Verhalten stattgefunden hat. Die dort angerufenen Gerichte haben die Klage vollumfänglich zu entscheiden, insbesondere erfolgt beim Schadensersatz nach herrschender Meinung keine Mosaikbetrachtung.

Bei Urheberrechtsverletzungen durch Internetverhalten führt das geltende Recht dazu, dass überall da, wo eine Vervielfältigung erstellt wird, auch ein Gerichtsstand eröffnet ist. Hinsichtlich des Rechts des öffentlich Zugänglichmachens gilt dies weltweit, nämlich überall dort, von wo Internetinhalte abgerufen werden können.

4. Weitere Gerichtsstände

Ohne urheberrechtliche Besonderheiten besteht auch weiter die Möglichkeit der Gerichtsstandsvereinbarung (§ 38 ZPO analog und Art. 23 EuGVO) und des Gerichtstands kraft rügeloser Einlassung (§ 39 ZPO und Art. 24 EuGVO).

VI. Zusammenfassung

Das geltende Recht sieht im Einklang mit der internationalen Rechtslage eine territoriale Begrenzung der nationalen Urheberrechte vor. Ein nationales Urheberrechtsgesetz kann danach nur im Inland Geltung haben und auch nur dort verletzt werden. Das deutsche Urhebergesetz etwa kann nur auf deutschem Boden Anwendung finden. Nach herrschender Ansicht ergibt sich die räumliche Beschränkung unmittelbar aus der begrenzten Hoheitsmacht eines Staates und zudem heute aus der allseitigen Anerkennung.

Folge des Territorialitätsprinzips ist die Bündelwirkung, bei welcher der Urheber nicht über ein einheitliches Urheberrecht, sondern lediglich über ein Bündel von mehreren nationalen Rechten verfügt. Durch die Begrenzung jedes nationalen Urheberrechtsgesetzes auf das inländische Staatsgebiet ist nach der vorherrschenden Ansicht das Internationale Urheberrecht auf das Schutzlandprinzip festgelegt. Anwendbar ist nach herrschender Ansicht immer dasjenige Recht, für dessen Staatsgebiet Schutz begehrt wird.

Das Schutzlandprinzip gilt nach herrschender Ansicht trotz des Deliktstatuts (Art. 40-42 EGBGB) grundsätzlich auch für Rechtsverletzungen. Die aufgelockerte Tatortregel der Art. 40 ff. EGBGB findet jedenfalls im Ergebnis keine Anwendung.

Auf Urheberrechtsverträge findet das Vertragsstatut (Art. 27-37 EGBGB) Anwendung. Dieses umfasst nach herrschender Meinung auch die vertragserfüllenden Verfügungen.

Der besondere Gerichtsstand der unerlaubten Handlung reduziert sich im Urheberrecht auf den Handlungsort, weitere urheberrechtliche Besonderheiten ergeben sich im internationalen Zivilverfahrensrecht nicht.

C. Kritische Würdigung

Bisher wurde das im deutschen und internationalen Recht von der ganz herrschenden Meinung vertretene und gewohnheitsrechtlich anerkannte Recht mit seinen Auswirkungen auf das Internationale Urheberrecht vorgestellt. Es soll im Folgenden einer kritischen Würdigung unterzogen werden.

Ausgangspunkt der kritischen Würdigung sollen die zwei Thesen sein, die dem geltenden Recht der herrschenden Ansicht zu Folge eine natürliche Legitimation verschaffen sollen: Erstens, das materielle Urheberrecht werde zwingend vom Territorialitätsprinzip beherrscht und daraus folge notwendigerweise das Schutzlandprinzip. Zweitens, beide Prinzipien hätten sich heute weltweit durchgesetzt und beanspruchten gerade deshalb Geltung.

Unter Hinweis auf diese Thesen wird vor allem in der jüngeren Literatur eine ausführliche Legitimation oder eine sachliche Begründung als entbehrlich angesehen und lediglich die Geltung dieses Modells festgestellt[190]. Selbst der BGH verzichtet in *Spielbankaffaire* auf eine eingehende Begründung und begnügt sich mit der bloßen Feststellung, das Internationale Urheberrecht richte sich nach dem Schutzlandprinzip[191].

Aus der Sicht der herrschenden Meinung mag dies verständlich sein: Kommt man nämlich zum Ergebnis, dass das Schutzlandprinzip tatsächlich zwangsweise existiert, so wäre gleichzeitig anderen Ansätzen der Boden entzogen und eine Suche nach ihnen oder eine Auseinandersetzung mit ihnen überflüssig. Es bliebe dann nur noch, insoweit gehen die Vertreter dieser Ansichten konsequent vor, die Möglichkeit, missliebige Ergebnisse durch Auslegung oder Modifikationen des Schutzlandprinzips oder auch des jeweiligen Sachrechts zu vermeiden.

Bei der Würdigung des Schutzlandprinzips muss man in einem ersten Schritt der Frage nachgehen, ob Territorialitäts- und Schutzlandprinzip dem Urheberrecht tatsächlich immanent sind oder ob es nicht vielmehr doch die

---

[190] Etwa: *Kropholler*, IPR, S. 535

[191] BGHZ 136, 380, 385

Möglichkeit anderer Modelle gibt. Nach einer begrifflichen Klarstellung (I.) wird hierauf eingegangen werden (II.).

Erst wenn die Möglichkeit von Alternativen bejaht werden kann, ist auf die sachliche Rechtfertigung und die inhaltliche Sachgerechtheit der herrschenden Lehre einzugehen. Dies geschieht in dem zweiten Schritt (III.-VII.).

I. Erforderliche Anerkennung des Begriffs Urheberstatut

Die Würdigung des geltenden Rechts beginnt mit einer erforderlichen grammatikalischen Klarstellung: Das auf das Urheberrecht anwendbare Recht ist als Urheberstatut zu benennen. Das Urheberstatut bezeichnet somit das „Rechtsstatut"[192] hinsichtlich des Urheberrechts.

Mit Verwendung dieses Begriffs reiht sich das Internationale Urheberrecht auch sprachlich in das Internationale Privatrecht ein. Nach Abkehr von der Statutenlehre wird heute als Statut das auf ein Sachgebiet anwendbare Recht, also das Ergebnis der Anknüpfung, bezeichnet[193]. So spricht man vom Deliktsstatut, vom Forderungsstatut oder vom Wettbewerbsstatut. Diesbezüglich verwendet selbst der BGH den Begriff Statut nicht restriktiv[194]. Hinweise dafür, dass dies nun im Urheberrecht anders sein soll, sind nicht ersichtlich.

Obwohl diese Klarstellung in der Literatur selten ausdrücklich erfolgt[195], ist sie in der Sache jedoch dringend geboten. Denn wenn etwa zwischen „Deliktsstatut" und „Recht des Schutzlandes" unterschieden wird[196], wird nicht deutlich, dass das Schutzland nur den Anknüpfungsmoment des Urheberstatuts als einem eigenen Statut darstellt und bringt dessen Eigenständigkeit bei der Abgrenzung zu anderen Statuten nicht zur Geltung.

---

[192] Mit diesem Begriff ist das Statut gemeint, das ein Recht beherrscht. Das „Rechtsstatut" für Sachenrechte ist danach das Sachenrechtsstatut, Art. 43 EGBGB. Das Rechtsstatut von Forderungen ist das Forderungsstatut, Art. 33 EGBGB.

[193] *Von Hoffmann*, IPR, S. 53

[194] Es unterscheidet etwa BGHZ 108, 353, 356 zwischen Wertpapiersachstatut und Wertpapierrechtsstatut.

[195] Wie hier etwa *Schack*, Urheberrecht, Rn. 1147; *Birk*, UFITA 108 (1988), S. 101, 105; *Hausmann*, FS-Schwarz, S. 49; letztlich auch *Loewenheim*, ZUM 1999, 923, 924, der allerdings zunächst von dem „Schutzlandprinzip und dem Vertragsstatut" spricht

[196] So Palandt-*Heldrich*, Art. 40 EGBGB Rn. 13

II. Territorialitätsprinzip und Schutzlandprinzip

1. Begriff des Territorialitätsprinzips

a. Ausgangspunkt: Uneinheitliche Definition

Der Begriff des Territorialitätsprinzips wird genauso häufig wie uneinheitlich verwendet. Uneingeschränkte Einigkeit besteht nach herrschender Meinung nur über das Ergebnis, dass das Territorialitätsprinzip gelte und sich aus ihm das Schutzlandprinzip ergebe.

Um nun eine Diskussion um und mit dem Territorialitätsprinzip führen zu können, ist es unerlässlich, das Territorialitätsprinzip, so wie es hier verstanden wird, klar zu umreißen. Dem Territorialitätsprinzip werden sachrechtliche, kollisionsrechtliche, personale, prozessuale und völkerrechtliche Aspekte zugesprochen. Nach genauer Analyse aber wird man feststellen können, dass von diesem scheinbar janusköpfigen Ungetüm nichts Ungeheuerliches übrig bleibt, sondern dass sich hinter diesem Begriff ein klarer, rein sachrechtlicher Grundsatz verbirgt. Alle anderen sogenannten Aspekte oder Teilbereiche des Territorialitätsprinzips stellen nicht dessen Definition, sondern nur dessen unmittelbare oder mittelbare Folgen dar.

b. Sachrechtlicher Regelungsbereich

Das Territorialitätsprinzip ist zunächst ein sachrechtlicher Grundsatz. Er limitiert den räumlichen Geltungsbereich eines Gesetzes auf das Inland. Im Urheberrecht grenzt er den räumlichen Geltungsbereich eines Urhebergesetzes auf das Staatsgebiet des erlassenden Staates ab.

Das Territorialitätsprinzip als ein den Anwendungsbereich eines Gesetzes bestimmender Grundsatz stellt insoweit das Gegenstück zum Universalitätsprinzip dar, das hier eine räumliche Begrenzung gerade nicht kennt, und grenzt sich vom Personalitätsprinzip ab, das den Geltungsbereich nicht territorial, sondern personal definiert.

c. Abgrenzung zur territorialen Souveränität

Einige Vertreter der herrschenden Meinung gehen offenbar davon aus, dass das Territorialitätsprinzip kein eigener urheberrechtlicher Grundsatz, sondern ein allgemeines völkerrechtliches Prinzip sei[197], das auch im Urheberrecht unmittelbare Wirkung entfalte und ein Schutzrecht auf das jeweilige Inland beschränke.

---

[197] „Die Rechtssetzungsbefugnis eines Staates endet an seinen Staatsgrenzen (Territorialitätsprinzip)“, Fromm/Nordemann-*Nordemann,* vor § 120 Rn. 1; ähnlich *Spoendlin*, UFITA 107 (1988), S. 14; *Hamann*, S. 20.

Das völkerrechtliche Territorialitätsprinzip und das urheberrechtliche Territorialitätsprinzip dürfen aber nicht verwechselt werden. Um Verwirrungen zu vermeiden, wird in dieser Arbeit bezüglich des völkerrechtlichen Prinzips vom Grundsatz der territorialen Souveränität oder von der Territorialhoheit gesprochen.

Die Territorialhoheit berechtigt einen Staat, alle Vorgänge zu regeln, die sich auf seinem Gebiet ereignen[198]. Diese Kompetenz ist ausschließlicher Art, das heißt, sie kommt allein dem territorialen Souverän zu[199]. Daraus folgt, dass sich kein Staat (eigenmächtig) in die Hoheitsrechte eines anderen Staates einmischen kann[200] und dass folglich die Hoheitsmacht eines Staates bereits durch die Anerkennung der Territorialhoheiten der anderen Staaten auf sein Hoheitsgebiet begrenzt ist.

Der Grundsatz territorialer Souveränität dient dazu, die hoheitlichen Rechte der einzelnen Staaten gegeneinander abzugrenzen. Die Anerkennung dieses Prinzips stellt einen Grundpfeiler des Völkerrechts dar, ist für ein rechtsstaatliches Miteinander auf Völkerrechtsebene unerlässlich und wird allgemein anerkannt[201].

Gleichwohl steht es in der in dieser Untersuchung geführten urheberrechtlichen Diskussion nicht in Streit. Denn es kann weder dem Territorialitätsprinzip im Urheberrecht gleichgestellt noch als ein Teil desselben dargestellt werden[202]. Während die Territorialhoheit ein Leitsatz des Völkerrechts ist, ist das Territorialitätsprinzip Ausgangspunkt für eine einfachgesetzlich geregelte Materie des Zivilrechts. Während Regelungsgegenstand des völkerrechtlichen Prinzips das Verhältnis souveräner Staaten zueinander ist, ist Gegenstand des urheberrechtlichen Grundsatzes die Geltung einfacher subjektiver und objektiver Rechte. Während Adressat im Völkerrecht souveräne Staaten sind, sind es im einfachen Recht nichthoheitliche Schöpfer.

In der innerstaatlichen Normenhierarchie ist das Völkerrecht zudem dem einfachen Gesetz vorgelagert oder übergeordnet. Dieses muss sich jenem unterordnen. Die Regelungsbereiche liegen auch diesbezüglich nicht auf einer Ebene, sondern es besteht ein Stufenverhältnis.

---

198 Seidl-Hohenveldern, Rn. 1368

199 *Geiger*, S. 273

200 *Geiger*, S. 249; *Kegel/Schurig*, S. 1095

201 *Badura*, FS-Leisner, S. 403; *Ipsen*, S. 244; *Seidl-Hohenveldern*, Rn. 1112 f., 1503

202 Kegel/Seidl-Hohenveldern, FS-Ferid, S. 236

Die fehlende Identität von urheberrechtlichem Territorialitätsprinzip und dem Grundsatz territorialer Souveränität zeigt sich zudem, wenn man sich folgendes vor Augen führt:

Zwar wird durch den Grundsatz territorialer Souveränität die Hoheitsmacht und damit auch die Rechtssetzungsbefugnis auf das Gebiet der Herrschaftsmacht begrenzt. Sie ist aber nicht zwangsläufig mit dem Territorium, das heißt mit den Landesgrenzen, identisch. Aus der Territorialhoheit folgt nicht, dass Hoheitsakte eines Staates nie in einem anderen Staatsgebiet verbindlich sein können. Es folgt nur, dass sie es nicht gegen den Willen dieses Staates sein können. Ein Staat kann grundsätzlich eigenmächtig und einseitig die Hoheitsmacht eines anderen Staates anerkennen, insgesamt oder auch nur partiell. Auch diese Anerkennungskompetenz ergibt sich unmittelbar aus der völkerrechtlichen Souveränität. Der Grundsatz der territorialen Souveränität verbietet nur das zustimmungslose Eingreifen in einen fremden Hoheitsbereich. Die Vergrößerung des eigenen Hoheitsbereichs durch fremdes Handeln wird dadurch aber nicht tangiert[203]. Die Anerkennung fremder Hoheitsmacht oder Rechtssetzungsbefugnis hat zur Folge, dass die Rechtswirkung eines Hoheitsakts auf das Staatsgebiet des anerkennenden Staates erstreckt wird. Freilich bleiben dabei die Landesgrenzen unangetastet, so dass hier im Ergebnis das Territorialitätsprinzip überwunden ist, ohne den Grundsatz der territorialen Souveränität zu tangieren. Deshalb kann nicht aus der Territorialhoheit abgeleitet werden, dass ein urheberrechtliches Schutzrecht zwingend auf die jeweiligen Landesgrenzen begrenzt sei.

Territorialhoheit und Territorialitätsprinzip sind mithin nicht gleichbedeutend: Die (völkerrechtliche) Territorialhoheit und das (urheberrechtliche) Territorialitätsprinzip sind keine Synonyme, sondern (völkerrechtliches) Territorialitätsprinzip und (urheberrechtliches) Territorialitätsprinzip sind Homonyme.

d. Abgrenzung zum Kollisionsrecht

Bisher wird von einem Stufenverhältnis zwischen Territorialitätsprinzip und Schutzlandprinzip ausgegangen. Während das Territorialitätsprinzip Ausgangspunkt der materiellen Urheberrechtsordnungen ist und Regelungen auf der Ebene des Sachrechts trifft, stellt das Schutzlandprinzip eine Kollisionsnorm dar, die das anwendbare Recht bestimmt. Diese Unterscheidung wird teilweise in der Literatur dadurch aufgehoben, dass dem Territorialitätsprinzip auch eine kollisionsrechtliche Komponente zugestanden wird. Dadurch entfällt eine trennscharfe systematische Differenzierung, weshalb

---

[203] *Schack*, Anknüpfung, Nr. 21; *T. Weber*, S. 136; *Nussbaum*, S. 31

beide Begriffe von diesen Autoren auch synonym verstanden und verwendet werden[204].

Dem kann nicht gefolgt werden. Sach- und Kollisionsrecht sind streng voneinander abzugrenzen, denn beide verfolgen systematisch zu differenzierende Regelungsbereiche.

Die Kernaussagen des Territorialitätsprinzips, ein Urheberrecht werde nur im Inland geschützt und ein inländisches Urheberrecht könne nur im Inland verletzt werden, setzen den räumlichen Geltungsbereich eines nationalen Urhebergesetzes fest. Die Befassung mit dem Anwendungsbereich eines Gesetzes setzt aber voraus, dass diese Rechtsordnung nach den internationalprivatrechtlichen Grundsätzen überhaupt zur Anwendung berufen ist. Die Frage nach dem anwendbaren Recht stellt sich auf kollisionsrechtlicher Ebene und ist zwingend vor materiellen Rechtsfragen zu beantworten. Das Kollisionsrecht ist dem Sachrecht insoweit vorgeschaltet und beide Ebenen sind dogmatisch und systematisch scharf zu trennen. Das Territorialitätsprinzip kann somit nicht gleichzeitig sach- und kollisionsrechtliche Elemente beinhalten.

Es ist schließlich auch unklar, welchen kollisionsrechtlichen Regelungsgehalt das Territorialitätsprinzip festsetzen soll. Kollisionsnormen beinhalten Anknüpfungsmomente, die eine Beziehung zu einem Land festsetzen, welche für die Bestimmung der anwendbaren Rechtsordnung maßgeblich ist. Allein durch die Festlegung des Anwendungsbereichs eines Gesetzes wird aber eine solche wesentliche Beziehung nicht festgesetzt. Denn die Festsetzung des räumlichen Geltungsbereichs einer materiellen Rechtsordnung kann nichts darüber aussagen, zu welcher Rechtsordnung ein Sachverhalt mit Auslandsberührung die engste Verbindung aufweist.

Dass nach Anerkennung des sachrechtlichen Territorialitätsprinzips das Schutzlandprinzip zweckmäßig oder rechtspolitisch wünschenswert ist, ist eine andere Frage.

e. Abgrenzung zur Gerichtsbarkeit und zur internationalen Zuständigkeit

Einen prozessualen Aspekt in dem Sinne, dass auch nur die Gerichte des Staates zuständig seien, in welchem der räumliche Geltungsbereich des Urhebergesetzes eröffnet sei, ergibt sich aus dem Territorialitätsprinzip ebenfalls nicht. Ebenso wenig schließt das Territorialitätsprinzip die deutsche Gerichtsbarkeit aus[205].

---

[204] Siehe oben FN 69

[205] *Schack*, Anknüpfung, Nr. 21

Die räumliche Begrenzung eines Gesetzes auf ein gewisses Hoheitsgebiet legt die zuständigkeitsrechtliche Beurteilung nicht fest. Sachrecht, Kollisionsrecht und Prozessrecht bedingen sich gegenseitig grundsätzlich nicht. Die internationale Zuständigkeit hängt weder von einer Anknüpfungsregel noch von dem räumlichen Geltungsbereich eines Gesetzes ab. Zwar ist ein Gleichlauf von Zuständigkeits- und Kollisionsrecht aus rechtspolitischen Gründen durchaus zu begrüßen, verbindlich oder zwanghaft ist er indes nicht. Selbst wenn man dem Territorialitätsprinzip kollisionsrechtlichen Charakter zukommen ließe, könnte man daraus keine Schlüsse über die internationale Zuständigkeit ziehen.

f. Zusammenfassung: Sachrechtliches Prinzip

Das urheberrechtliche Territorialitätsprinzip unterscheidet sich vom Grundsatz der territorialen Souveränität, vom Kollisionsrecht und vom Prozessrecht. Es ist lediglich ein sachrechtlicher Grundsatz, der den Anwendungsbereich eines Gesetzes auf das Territorium des Staates, von welchem es erlassen wird, beschränkt.

2. Keine Alternativenlosigkeit

Das Territorialitätsprinzip liegt nach herkömmlicher Auffassung dem Urheberrecht zu Grunde. Für das Territorialitätsprinzip werden zwingende historische, völkerrechtliche und faktische Argumente angeführt. Nach der Argumentation der herrschenden Ansicht scheint es ein alternativenloses Modell zu sein.

Es ist aber fraglich, ob ein Zwang zum Territorialitätsprinzip tatsächlich besteht oder ob es nicht vielmehr doch Alternativen gibt.

a. Kein völkerrechtlich bedingter Zwang

Völkerrechtliche Grundsätze, insbesondere die Territorialhoheit, und die Anknüpfung im Internationalen Urheberrecht sind grundsätzlich gedanklich wie systematisch zu trennen. Allerdings stellt sich die Frage, ob nicht aus dem Grundsatz der territorialen Souveränität zwingend das Territorialitätsprinzip im Urheberrecht folgt. In diese Richtung gehen die aufgeführten Ansätze, die den heutigen Entstehungsakt ex lege dem Entstehungsakt durch feudales Privileg gleichsetzen[206].

Mit der Anerkennung der Territorialhoheit souveräner Staaten wird aber der räumliche Geltungsbereich einer Urheberrechtsordnung nicht zwingend

---

[206] Siehe oben FN 80

auf das inländische Staatsgebiet begrenzt. Zwar verbietet der Grundsatz der Territorialhoheit das zustimmungslose eigenmächtige Ausdehnen der eigenen Hoheitsmacht, der inländische Schutz kann jedoch durch Vereinbarung erweitert werden[207]:

Es besteht zunächst die Möglichkeit, dass ein Staat einseitig die von einem anderen Gesetzgeber gewährten Schutzrechte auch für sein Staatsgebiet anerkennt, in dem er eine Kollisionsnorm einführt, die umfassend auf das Entstehungsland des Schutzrechts verweist. Mit dieser Kollisionsnorm erkennt der erlassende Staat für sein Territorium Existenz und Umfang eines Schutzrechts an, das sich nach einer anderen Rechtsordnung bestimmt. Umgekehrt erstreckt sich dann bezüglich dieses Schutzrechts die Hoheitsmacht des Entstehungslandes auch auf den anerkennenden Staat. Die Begrenzung auf ein staatliches Territorium ist damit aufgegeben, der Grundsatz der territorialen Souveränität des Entstehungslandes bleibt aber unangetastet.

Zwar wird eine einseitige Anerkennung nur selten vorkommen, dasselbe Ergebnis kann aber auch durch eine vertragliche Vereinbarung der Staaten erzielt werden. Dies kann durch zwei- oder mehrseitigen Vertrag erfolgen, in denen regelmäßig von der Gegenseitigkeit ausgegangen wird. Auch dadurch wird erreicht, dass die Rechtsverhältnisse, die von einem Staat gesetzlich geschützt werden, in einem anderen Vertragsstaat anerkannt werden.

Der inländische Schutz kann somit auf ein oder mehrere ausländische Territorien erstreckt werden, ohne dass völkerrechtliche Bestimmungen verletzt werden.

Eine völkerrechtliche Bindung könnte auch, so wird behauptet[208], durch den Grundsatz „pacta sunt servanda" gegeben sein. Zumindest die an den bedeutenden internationalen Abkommen, also der RBÜ und des WUA, teilnehmenden Staaten seien durch die Ratifizierung dieser Konventionen völkerrechtlich an ihren Inhalt gebunden. Da diese vom Territorialitätsprinzip und vom Schutzlandprinzip ausgehen, sei das Festhalten an beiden Prinzipien zwingend erforderlich.

Zutreffend ist zunächst, dass für den einzelnen Mitgliedstaat mit der Unterzeichnung der Konventionen die Pflicht entsteht, sich vertragskonform zu verhalten. Diese Pflicht der einzelnen Staaten führt aber zu keinem Zwang, das bisherige Modell auch künftig beizubehalten. Zum einen kann der Inhalt der Abkommen in einer neuen Vereinbarung jederzeit geändert werden.

---

[207] *Peinze*, S. 145 in FN 589 m.w.N.; Staudinger-*von Hoffmann*, Art. 40 Rn. 371; Soergel-*Kegel*, Anh. Art. 12 Rn. 16

[208] *Intveen* S. 111, der dies im Ergebnis freilich ablehnt; wohl auch *Grosheide*, GRUR Int. 2000, 310, 314 „das nationale Recht hat den transnationalen Vorgaben zu folgen."

Denn so wenig man sich etwa im deutschen Privatrecht der Vertragsfreiheit durch einen Vertrag begeben kann, so wenig können sich zwei Staaten dieser Freiheit begeben. Zum anderen enthalten die Konventionen selbst eine Ausstiegsklausel. Es besteht für jeden Mitgliedstaat sowohl der RBÜ als auch des WUA die Möglichkeit zur Kündigung des Abkommens (Art. 38 Abs. 2 RBÜ oder Art. XIV WUA)[209]. Eine unlösbare Selbstbindung der Mitgliedstaaten durch den Grundsatz „pacta sunt servanda" ist mithin nicht begründet.

Zusammenfassend ergibt sich: Das Territorialitätsprinzip ist weder die notwendige Folge der Territorialhoheit noch ergibt sie sich zwingend aus dem Grundsatz „pacta sunt servanda". Ein völkerrechtlicher Zwang zum Territorialitätsprinzip und damit zum Schutzlandprinzip besteht mithin nicht.

b. Kein historisch bedingter Zwang

Teilweise wird vertreten, das Territorialitätsprinzip folge notwendigerweise aus der geschichtlichen Entwicklung des Urheberrechts[210]. Somit ist nun zu untersuchen, ob aus der geschichtlichen Entwicklung der Urheberrechte Folgerungen betreffend des Territorialitätsprinzips gezogen werden können.

Es wird allgemein angenommen, zu Zeiten des Privilegienwesens seien die verliehenen Vorrechte auf das jeweilige Hoheitsgebiet beschränkt gewesen[211]. Denn der konstitutive Verleihungsakt sei unmittelbar an die Hoheitsmacht des Herrschers gebunden gewesen und habe darüber hinaus keinerlei Rechtswirkung entfalten und keinen Schutz gewähren können. Die Hoheitsmacht sei nämlich kraft der territorialen Souveränität auf das jeweilige Staatsgebiet begrenzt gewesen. Mithin habe notwendigerweise das Territorialitätsprinzip gegolten.

Aus dem System des Privilegienwesens können indes für das heutige Internationale Urheberrecht keine Schlussfolgerungen gezogen werden.

---

209 Selbst bei völkerrechtlichen Verträgen, die auf unbestimmte Zeit und ohne Ausstiegsklausel im weiteren Sinne abgeschlossen werden, wird im Übrigen vertreten, dass ein einseitiger Ausstieg regelmäßig möglich ist. Dies ergebe sich entweder bereits aus „der Natur des Vertrages" (str., dazu: *Ipsen*, Völkerrecht, S. 166 f.) oder aber dann, wenn eine grundlegende Änderung der Umstände eingetreten ist. Wann letzteres der Fall ist, ist noch nicht abschließend geklärt (*Geiger*, S. 114; *Ipsen*, Völkerrecht, S. 172 ff.).

210 *Troller*, S. 136; *von Gamm*, Einf., Rn. 29; *von Bar*, IPR, Bd. 2, Rn. 706; Schricker-*Katzenberger*, Vor §§ 120 ff. Rn. 123; *Muth*, S. 57

211 Siehe dazu in diesem Kapitel B., II., 1., b., bb.

Es kann aus heutiger Sicht bezweifelt werden, ob im Privilegienwesen das Territorialitätsprinzip tatsächlich vorgegeben war[212]. Denn auch in einem System feudaler Privilegien können grundsätzlich ein- oder mehrseitige Anerkennungen getroffen werden.

Es kann überdies dahinstehen. Es kann nämlich an einem historisch bedingten Zwang jedenfalls dann nicht mehr festgehalten werden, wenn man die weitere geschichtliche Entwicklung betrachtet. Ende des 17. und im 18. Jahrhundert wurde das Privilegienwesen von der Lehre des geistigen Eigentums abgelöst. Hierdurch wurde die Trennung von körperlichem und geistigem Eigentum entgültig vollzogen. Auch nichtkörperliche Werke wurden von nun an als (geistiges) Eigentum des Schöpfers angesehen[213], das unmittelbar mit dem Schöpfungsakt entsteht. Während die übrigen Immaterialgüterrechte auch heute noch eine rechtsbegründende Registrierung oder Anmeldung verlangen, bedarf es im Urheberrecht eines konstitutiven „Verleihungsakts" wie im Privilegienwesen nicht mehr. Hierin liegt eine bedeutende Besonderheit des Urheberrechts im Gegensatz zu den übrigen Immaterialgüterrechten.

Mit der Entbehrlichkeit dieses Verleihungsakts der Exekutive entfällt nämlich der bisherige Anknüpfungspunkt für das Territorialitätsprinzip. Die räumliche Begrenzung des Schutzrechts kann nun nicht mehr unmittelbar aus der territorial reduzierten Geltungsmacht eines konstitutiven Hoheitsakts abgeleitet werden. Die vermeintliche historisch bedingte Notwendigkeit der Geltung des Territorialitätsprinzips hat sich durch das Ende des Privilegienzeitalters und durch die Anerkennung des geistigen Eigentums sozusagen selbst überlebt[214].

Nun wird verschiedentlich eingewendet[215], an die Stelle der hoheitlichen Verleihung sei heute die „Verleihung ex lege" getreten, weshalb auch das so entstandene Schutzrecht zwingend von den Landesgrenzen beschränkt werde. Diese Argumentation verliert aber ihre urheberrechtliche Spezifikation. Aus dem zwingenden urheberrechtlichen würde ein allgemeiner Grundsatz werden. Denn insoweit bestehen keine Unterschiede zu jeder anderen legis-

---

[212] I.E. ebenso *Andermann*, S. 85 f., der das Territorialitätsprinzip auch bei den übrigen Immaterialgüterrechten, bei welchen ein konstitutiver Entstehungsakt erforderlich ist, nicht als völkerrechtlich oder historisch zwingend erforderlich betrachtet.

[213] *Schack*, Urheberrecht, Rn. 99

[214] *Peinze*, S. 11; *Siehr*, UFITA 108 (1988), S. 24 „archaisch"; *Schricker*, Verlagsrecht, Einl. Rn. 37 „anachronistisch"

[215] *Troller*, S. 136; *Muth*, S. 57

lativ geschützten subjektiven Privatrechtsposition[216]. Das Territorialitätsprinzip würde nach dieser Ansicht zwingend gelten, wenn ein Gesetz ein Recht entstehen lässt. Alle gesetzlichen Rechte wären a priori auf das entsprechende Staatsgebiet begrenzt und könnten auch grundsätzlich nur im Inland verletzt werden. So „verleiht" der deutsche Gesetzgeber beispielsweise auch jedem Eigentümer einen gewissen Rechtsschutz. Es steht aber außer Frage, dass das Eigentum des Rechtsinhabers auch im Ausland verletzt werden kann. So ist gemäß Art. 40 Abs. 2 EGBGB etwa deutsches Recht anwendbar, wenn ein in Deutschland wohnender Franzose einem im Inland wohnenden Deutschen in Spanien das Fahrrad zerstört. Zwar findet auf die Eigentumslage am Fahrrad das Recht des spanischen Belegenheitsorts Anwendung, Anspruchsgrundlage wäre dennoch etwa § 823 BGB.

Nur aus der Tatsache, dass es sich um ein deutsches Gesetz handelt, kann nichts darüber gesagt werden, wie es mit einer Auslandsberührung umgeht. Jedenfalls kann daraus nicht gefolgert werden, Vorgänge im Ausland seien begriffsnotwendig nicht zu berücksichtigen. Sogar die Anhänger des bisherigen Modells sehen die Möglichkeit, einzelne Verhaltensweisen im Ausland zu berücksichtigen[217].

Es bleibt somit festzuhalten, dass allein aus der Tatsache, dass ein Schutzrecht von einem Gesetzgeber „verliehen" wird, weder geschlossen werden kann, dass sich der Schutz zwingend allein auf dessen Territorium erstreckt noch dass dieses Recht ausschließlich im Inland verletzt werden kann. Der gesetzliche Schutz kann nicht einem hoheitlichen Verleihungsakt im Privilegienwesen gleichgesetzt werden. Spätestens mit Ende des Privilegienwesens und des dadurch bedingten geänderten Grundansatzes des Urheberschutzes ist die historische Legitimation des Territorialitätsprinzips im Urheberrecht weggefallen[218]. Die Begründung, das Territorialitätsprinzips sei historisch zwingend, kann heute nicht mehr überzeugen. Sie ist so zusagen bereits selbst historisch geworden.

c. Kein faktisch bedingter Zwang

Neben der historischen und der völkerrechtlichen Erforderlichkeit des geltenden Rechts wird vor allem in den letzten Jahren verstärkt auch von einer faktisch zwanghaften Geltung von Territorialitäts- und Schutzlandprinzip

---

[216] So schon *Weigel*, S. 107

[217] Statt vieler: Schricker-*Katzenberger*, vor §§ 120 ff. Rn. 123

[218] Dies bestätigen *T. Weber*, S. 15 und *Regelin*, S. 53, die Urheberrechtsgesetze aufzeigen, die im 19. Jahrhundert vom Universalitätsprinzip und nicht vom Territorialitätsprinzip ausgingen.

ausgegangen. Die Tatsache, dass die bedeutenden Konventionen durchweg von Territorialitäts- und Schutzlandprinzip ausgehen und dass beide Grundsätze sich somit schon seit 100 Jahren durchgesetzt haben, spreche für sich selbst und verbanne jegliche Gedanken an eine Abkehr von diesen Grundsätzen ins Reich ferner Theorie[219]. Das Schutzlandprinzip müsse demnach schon deshalb weiter gelten, weil es momentan anerkannt werde.

Gewiss hat man diese Realität anzuerkennen, man kann am geltenden Recht und dem status quo des Internationalen Urheberrechts nicht vorbeisehen. Man muss es aber auch gar nicht. Territorialitätsprinzip und Schutzlandprinzip als mittlerweile faktisch zwingend anzusehen, hält nämlich einer genaueren Betrachtung nicht stand. Aus der Tatsache, dass etwas so ist, wie es ist, kann nie gefolgert werden, dass es auch so bleiben muss. Daran kann auch eine sehr lange Geltungsdauer oder eine gewohnheitsrechtliche Anerkennung nichts ändern.

Wenn Entwicklungen Umstände verändern und neue Situationen schaffen, kann nicht nur deshalb am status quo festgehalten werden, weil dieser schon lange gilt. Ein Modell, ein Gesetz oder eine Norm legitimiert sich nicht dadurch selbst, dass es lange vollzogen oder angewandt worden ist. Ein Reformhindernis oder einen gesetzlichen Bestandsschutz gibt es nicht. So wurde ja auch vom Privilegienwesen Abstand genommen, obwohl dieses lange Zeit bestand und damals anerkannt war. Die lange zeitliche und große räumliche Anerkennung des heutigen Modells kann daher nicht als Begründung der Rechtfertigung des Territorialitätsprinzips herangezogen werden. Die „Realität" kann indes dann ins Felde geführt werden, wenn es um die Praktikabilität des einen oder die Durchsetzbarkeit eines anderen Modells geht. Darauf wird an entsprechender Stelle noch einzugehen sein.

Festzuhalten bleibt indes, dass es keinen faktischen Zwang für das heutige Modell gibt.

3. Zwischenergebnis

Weder das Territorialitäts- noch das Schutzlandprinzip sind Grundsätze, die im Urheberrecht als unverrückbar anzusehen sind. Sie stellen vielmehr ein sachrechtliches Verständnis und eine Kollisionsnorm dar, die seit jeher eine beachtliche Unterstützung gefunden haben und diese heute noch finden. Auch diese langjährige faktische Geltung indes kann die grundsätzliche Möglichkeit anderer Modelle nicht ausschließen. Das heutige Modell kann

---

[219] Staudinger-*von Hoffmann*, Art. 40 EGBGB Rn. 371 a.E.

sich weder auf einen völkerrechtlichen noch auf einen historischen noch auf einen faktischen Zwang berufen.

Man war und ist nicht gezwungen, im Internationalen Urheberrecht am Schutzlandprinzip festzuhalten!

Diese Erkenntnis ist indes nicht neu. So vertrat *Bartin* bereits 1934 das Ursprungslandprinzip[220], ohne dass er sich den Vorwurf der Unmöglichkeit gefallen lassen musste. Auch die Übereinkunft von Montevideo (1886)[221] folgt in ihrem Art. 2 nicht etwa dem Schutzland-, sondern ebenfalls dem Ursprungslandprinzip. Auch sie hat funktioniert. Schließlich geht auch *Ulmer*[222] von grundsätzlich verschiedenen Möglichkeiten aus, von denen das Schutzlandprinzip lediglich die sachgerechtste sei.

Durch diese Erkenntnis ist auch der unmittelbare weitere Gang der Darstellung vorgezeichnet: Da man nicht zwanghaft am Schutzlandprinzip festhalten muss, ist die Tür zu einer sachlichen Auseinandersetzung mit dem geltenden Recht aufgestoßen. Das Schutzlandprinzip stellt nur eine von mehreren möglichen Varianten dar. Diese Lösungsansätze müssen sich miteinander messen. Unterstützung kann nur eine solche Kollisionsnorm finden, welche die sich stellenden Probleme sachgerecht bewältigt.

Im folgenden werden nun die weiteren Aspekte und Konsequenzen des heutigen Modells einer kritischen Würdigung unterzogen. Nach den dogmatischen Konzeptionen des auf Urheberrechtsverletzungen (III.) und des auf urheberrechtliche Verfügungen (IV.) anwendbaren Rechts wird insbesondere auf allgemeine inhaltliche Bedenken (V.) und die Anwendungsschwierigkeiten bei Internetsachverhalten (VI.) einzugehen sein.

III. Kritik am auf Urheberrechtsverletzungen anwendbaren Recht

Nach der herrschenden Meinung ist auch bei urheberrechtlichen Sachverhalten, die Verletzungstatbestände enthalten, das Recht des Schutzlandes zur Anwendung berufen. Es soll in diesem Abschnitt der Frage nachgegangen werden, ob diese Auffassung, wie von der herrschenden Meinung angenommen, auch nach der Einführung der Art. 40 ff. EGBGB aufrecht erhalten

---

[220] Clunet, 1934, 781, 793-806; zu weiteren Anhängern dieses Prinzips, siehe unten in Kapitel 4.

[221] Übereinkunft von Montevideo betreffend den Schutz von Werken der Literatur und Kunst vom 11.Januar 1889 (mit Zusatzprotokoll vom 13. Februar 1889), RGBl. 1927 II S. 883

[222] Gutachten, Nr. 13; ebenso *Regelin*, S. 150

werden kann. Die nachfolgende Würdigung beschränkt sich dabei ausschließlich auf systematische Gesichtspunkte. Inhaltliche Bedenken gegen das heutige Modell werden, auch soweit sie Verletzungstatbestände betreffen, gesondert behandelt[223].

Nachfolgend steht im Mittelpunkt das Verhältnis von Deliktsstatut (Tatortprinzip, Art. 40 ff. EGBGB) und Urheberstatut (Schutzlandprinzip), insbesondere die dogmatische Konzeption, mit welcher das Tatortprinzip nach der herrschenden Meinung im internationalen Deliktsrecht außer Kraft gesetzt werden und das Schutzlandprinzip zur Anwendung gelangen soll. Hierfür werden im Wesentlichen zwei Lösungen angeboten.

1. Lösungsansätze zum Verhältnis von Schutzlandprinzip und Art. 40-42 EGBGB

a. Unanwendbarkeit der Art. 40 ff. im Urheberrecht?

aa. Darstellung der Konzeption

Nach einer Ansicht sind Urheberrechtsverletzungen in keinem Fall unter Art. 40 ff. EGBGB zu qualifizieren[224]. Der Anwendungsbereich des Deliktstatuts erfasse keine Immaterialgüterrechte.

Diese Ansicht stützt sich in erster Linie auf die historische Auslegung: Immaterialgüterrechtsverletzungen hätten schon immer eine Sonderstellung bei Verletzungstatbeständen eingenommen und das Internationale Urheberrecht hätte sich schon immer neben dem Internationalen Deliktsrecht entwickelt. Daran habe der Gesetzgeber bei der Reform des EGBGB bewusst nichts ändern wollen. Der Wille der Legislative sei insoweit eindeutig formuliert, weshalb er beachtet werden müsse[225]. Die Legislative habe von einer Normierung eines Urheberstatuts abgesehen, weil hierfür wegen der gefestigten Rechtsprechung keine Notwendigkeit gegeben sei. Tatsächlich habe der Gesetzgeber in den Art. 40-42 EGBGB auch keine grundlegenden inhalt-

---

[223] Siehe in diesem Kapitel unten V.

[224] Palandt-*Heldrich*, Art. 40 EGBGB Rn. 13; *Haberstumpf*, Rn. 577

[225] Begründung Regierungsentwurf, BT-Drs. 14/343 S. 9, 10 und 14. A.A. *Sack*, WRP 2000, 269, 270, der aus der Begründung folgert, „dass die allgemeinen Regelungen des internationalen Deliktsrechts in den Art. 40-42 EGBGB auch das internationale Wettbewerbs- und Immaterialgüterrecht umfassen sollen“. Diese Feststellung mag für das Wettbewerbsrecht zutreffen. Für das Immaterialgüterrecht und damit für das Urheberrecht aber, lassen die Ausführungen in der Begründung wegen ihrer Deutlichkeit keinen Spielraum für eine Auslegung des Willens des Gesetzgebers.

lichen Änderungen vorgenommen, sondern überwiegend die durch richterliche Rechtsfortbildung entwickelten Grundsätze in das Gesetz aufgenommen[226]. Da das Immaterialgüterrecht von der Reform ausgenommen sei, ergeben sich nach dieser Ansicht im Internationalen Urheberrecht bezüglich des Regelungsgehalts und bezüglich der Rechtsgrundlage keine Veränderungen: Anknüpfungsmoment sei weiterhin das Schutzlandprinzip, Rechtsgrundlage bleibe Richter- oder Gewohnheitsrecht.

bb. Stellungnahme

Es ist zwar zunächst zutreffend, dass an mehreren Stellen der Begründung des IPR-Reformgesetzes der Wille des Gesetzgebers zum Ausdruck gebracht wird, das Immaterialgüterrecht nicht verändern oder nicht regeln zu wollen. Dieser Ansicht stehen aber der Wortlaut und die Systematik entgegen.

Einerseits ergeben sich aus der grammatikalischen Auslegung keine Anzeichen für eine Unanwendbarkeit. Denn auch eine Urheberrechtsverletzung stellt eine unerlaubte Handlung dar. Ebenso wenig ergibt sich die mangelnde Anwendbarkeit aus dem systematischen Zusammenhang. Die Art. 40 ff. EGBGB stehen im Unterabschnitt „außervertragliches Schuldrecht" und regeln dort die Anknüpfung der unerlaubten Handlungen. Diesbezüglich gibt es keine anderen Festsetzungen. Eine „Sonderanknüpfung" ist im zweiten Unterabschnitt nicht angelegt. Es ist vielmehr davon auszugehen, dass die Art. 40 ff. EGBGB alle Rechtsverletzungen erfassen, also auch solche des Urheberrechts.

Andererseits sprechen auch systematische Überlegungen gegen die Unanwendbarkeit der Art. 40 ff. EGBGB. Gegenstand dieser Reflexionen ist die Tatsache, dass die Annahme, das Schutzlandprinzip verdränge die Tatortregel, nach dieser Ansicht nur auf kollisionsrechtlicher Basis getroffen wird, in der verfahrensrechtlichen Ebene aber keine Entsprechung findet. Während die Schutzlandregel das Tatortprinzip im Kollisionsrecht im Ergebnis verdrängen soll, gilt im Prozessrecht der Gerichtsstand des Tatorts[227]. Es mögen zwar die Ausgangslagen nicht identisch sein[228], dennoch geht es um das all-

---

[226] *Von Hoffmann*, IPR, S. 446

[227] *Kubis*, S. 200 ff., 208 ff.,

[228] Der Gerichtsstand der unerlaubten Handlung enthält keine Auflockerungen und ein gewohnheitsrechtlicher Gerichtsstand ist wegen des Gebots des gesetzlichen Richters nicht möglich (Art. 101 Abs. S. 2 GG). Auch erfolgt die Zuständigkeitsbeurteilung eigenständig und grundsätzlich von der Bestimmung des anwendbaren Rechts unabhängig, *Kropholler*, IPR, S. 592 ff.

gemeine Verhältnis von Tatort und Schutzland bei Urheberrechtsverletzungen. Hält man das Tatortprinzip im Internationalen Urheberrecht für unsachgemäß, so muss man dem Schutzlandprinzip generell den Vorrang geben. Es ist dann jedenfalls nicht überzeugend, auf der einen Seite im Kollisionsrecht einen Regelungskomplex (Art. 40 ff. EGBGB) als unsachgerecht komplett abzulehnen, auf der anderen Seite aber dessen wesentlichen Baustein (Tatortprinzip) im Prozessrecht ohne jegliche Bedenken anzuwenden.

Schließlich durchbricht diese Meinung den systematisch grundsätzlich erwünschten Gleichlauf von Kollisionsrecht und Zuständigkeitsrecht[229].

In diesem Lichte scheint es ein rein ergebnisorientiertes Bemühen zu sein, die Schutzlandregel im Kollisionsrecht dem Tatortprinzip dadurch vorzuziehen, dass die Art. 40 ff. EGBGB schlicht für unanwendbar erklärt werden. Überzeugend begründen lässt sich diese Ansicht jedenfalls nicht.

b. Schutzland als „wesentlich engere Verbindung“ (Art. 41 Abs. 1 EGBGB)?

aa. Darstellung der Konzeption

Nach anderer Ansicht finden zwar die Art. 40 ff. EGBGB grundsätzlich Anwendung. An der Anknüpfung an das Schutzland ändere dies aber nichts. Das Recht des Schutzlandes stelle immer das Recht mit der wesentlich engeren Verbindung dar, das gemäß Art. 41 Abs. 1 EGBGB das Tatortrecht oder das Recht des gemeinsamen gewöhnlichen Aufenthalts verdränge[230]. Eine Rechtswahl nach Art. 42 EGBGB, welche wiederum Art. 41 Abs. 1 EGBGB verdrängen könnte, sei nicht möglich[231], weil Art. 42 EGBGB keine Anwendung finde, da er zu unsinnigen Ergebnissen führe.

Ein unsinniges Ergebnis liege stets dann vor, wenn eine andere Rechtsordnung als die des Schutzlandes zur Anwendung berufen werde, denn dies

---

229 Allgemein hierzu: Mansel, ZVglRWiss, 1986, 1 ff.

230 *Spindler*, IPRax 2003, 412, 414; *Hohloch*, in: Schwarze (Hrsg.), Rechtsschutz, S. 105; Staudinger-*von Hoffmann*, Art. 40 Rn. 371, *ders.* IPR, S. 438; *Lurger*, in: Basedow (Hrsg.), Aufbruch, S. 495; wohl auch *Rehbinder*, Urheberrecht, Rn. 476, der Art. 40 Abs. 1 EGBGB für anwendbar erklärt, Art. 40 Abs. 2 und 42 EGBGB dagegen – unter Verweis auf Art. 41 EGBGB - nicht.

231 *Rehbinder*, Urheberrecht, Rn. 476; *Sack*, WRP 2000, 269, 284; Staudinger-*von Hoffmann*, Art. 40 Rn. 372; anders hingegen *Hohloch*, in: Schwarze (Hrsg.), Rechtsschutz, S. 104, der eine Rechtswahl grundsätzlich zulassen will, dann aber die „gelindere und flexiblere Sperrklausel des Art. 40 Abs. 3 EGBGB“ zur Anwendung bringen möchte. Er schweigt indes über die Vorgehensweise, wenn eine nach dem Territorialitätsprinzip räumlich nicht anwendbare Rechtsordnung gewählt wird.

führe stets zur Klageabweisung[232]: Ein Urheberrecht kann nach herrschender Auffassung wegen des Territorialitätsprinzips immer nur im Inland verletzt werden. Dies gelte auch für die Rechtsordnung, die nach Art. 42 EGBGB Anwendung findet. Ein Verhalten im Ausland könne Urheberrechte dieser Rechtsordnung nicht verletzen. Genau dies komme zum Tragen, wenn die gewählte Rechtsordnung nicht die des Schutzlandes wäre. Wenn beispielsweise die Parteien auf einen Sachverhalt, der sich nur in Deutschland abgespielt hat, argentinisches Recht wählen würden, wäre die Verletzung argentinischen Urheberrechts schon von vorneherein wegen des Territorialitätsprinzips ausgeschlossen. Die Klage wäre dann regelmäßig abzuweisen.

bb. Stellungnahme

Dieser Ansicht muss aber zunächst entgegengehalten werden, die Unanwendbarkeit des Art. 42 EGBGB nicht zufriedenstellend begründen zu können. Für seine Anwendbarkeit sprechen zunächst dieselben Gründe (Wortlaut, Systematik), die für die Anwendbarkeit der Art. 40 ff. EGBGB insgesamt sprechen und welche bereits aufgezeigt worden sind. Gegen die Anwendbarkeit des Art. 42 EGBGB kann zudem nicht die geschichtliche Entwicklung eingewendet werden. Diese spricht nämlich insgesamt gegen die Geltung der Art. 40 ff. EGBGB, nicht aber für eine Ausnahme bei Art. 42 EGBGB.

Zur Ablehnung des Art. 42 EGBGB kommt insoweit nur eine teleologische Reduktion in Betracht[233]. Auch sie kann aber nicht überzeugen: Es ist nicht Aufgabe des Gesetzgebers bzw. der Rechtswissenschaft, den Rechtsuchenden durch eine teleologische Reduktion vor eigenen Fehlern zu schützen. Wenn jemand in einer nachträglichen Rechtswahl eine Rechtsordnung wählt, nach der er keinen oder nur sehr geringen Rechtsschutz erhält, so liegt dies in seiner Risikosphäre. Auch bei der Rechtswahl im Internationalen Vertragsrecht wird die Wahl einer „schlechten" Rechtsordnung nicht mittels einer teleologischen Reduktion verhindert. Vielmehr hat jeder grundsätzlich die Folgen seines Handels eigenverantwortlich zu tragen. Gegebenenfalls ist es zumutbar, eine Rechtsberatung anzufordern. Die „rechtsausschließende" Rechtswahl eines Rechtsberaters stellt dann eine zum Schadensersatz verpflichtende Pflichtverletzung dar. Der Rechtsuchende ist insoweit ausreichend geschützt.

---

[232] *Herkner*, S. 95; mit dieser Begründung wird auch die Anwendbarkeit des Art. 40 Abs. 2 EGBGB abgelehnt, *Sack*, WRP 2000, 269, 271 und 279; *Hohloch*, in: Schwarze (Hrsg.), Rechtsschutz, S. 105.

[233] So in der Tat *Sack*, WRP 2000, 269, 270

Zudem ist anzumerken, dass es relativ ist, ob eine Rechtswahl „schlecht“ ist. So wird zum Beispiel eine Klageabweisung stets im Interesse der beklagten Partei liegen. Der Zweck der Reduktion darf aber nicht nur einer Partei zugute kommen[234]. Eine teleologische Reduktion zum Schutze einer Partei überzeugt daher nicht.

Weiter ist zu bezweifeln, ob die Anwendung des Art. 41 Abs. 1 EGBGB tatsächlich zur Anknüpfung an das Schutzland führt. Dazu müsste das Schutzland das Recht mit der wesentlich engeren Verbindung sein. Diesbezüglich wird regelmäßig auf das Territorialitätsprinzip hingewiesen, das es zwingend erforderlich mache, das Recht des Schutzlandes zur Anwendung zu berufen, um das unliebsame Ergebnis einer Klageabweisung zu vermeiden[235]. Ob jedoch bereits durch dieses Prinzip die Tatbestandsvoraussetzungen des Art. 41 EGBGB erfüllt sind, ist indes sehr zweifelhaft. Bereits aus dem Regelbeispiel des Abs. 2 Nr. 1 ergibt sich, dass für eine enge Verbindung ein gewisser innerer Zusammenhang, eine tatsächliche Verbindung erforderlich ist. Der Sachverhalt muss in dieser Rechtsordnung seinen Schwerpunkt aufweisen[236]. Dass dieser tatsächliche Schwerpunkt im Schutzland liegt, kann nicht mit dem dogmatischen Ansatz des Territorialitätsprinzips begründet werden. Durch die Begrenzung der räumlichen Geltungsbereiche der jeweiligen Rechtsordnungen führt das Territorialitätsprinzip dazu, dass eine Verweisung auf ein anderes Land wenig erfolgversprechend erscheint. Über einen tatsächlichen inneren Zusammenhang zu einer Rechtsordnung kann es indes nichts aussagen: Fährt etwa ein Deutscher nach Tschechien, um dort Werke eines deutschen Urhebers zu vervielfältigen und diese anschließend wieder in Deutschland zu vertreiben, so bleibt offen, warum allein wegen der territorialen Begrenzung der Urheberrechtsordnungen der tatsächliche Schwerpunkt des Verletzungssachverhalts in Tschechien liegen soll. Noch deutlicher wird dies, wenn etwa nur Daten Landesgrenzen überschreiten, wenn also die Vervielfältigungen lediglich digital auf einem Computer in Tschechien erfolgen. Außer der Handlung sind hier keine weiteren Bezugspunkte erkennbar, welche etwa das gemeinsame Aufenthaltsrecht als nur vordergründige Anknüpfung erscheinen lassen. Die wesentlich engere

---

[234] Es sei klargestellt, dass dieser Schutz auch nicht immer dem Rechtsinhaber zukommen würde. Denn es sind durchaus Klagekonstellationen möglich, in denen der Urheber der Beklagte ist, etwa wenn der Kläger zu unrecht ein absolutes Nutzungs- und Verwertungsrecht für sich in Anspruch nimmt und den Urheber einer Rechtsverletzung bezichtigt oder die Inhaberschaft gerichtlich feststellen lassen möchte.

[235] *Sack*, WRP 2000, 269, 271 und 279; *Hohloch*, in: Schwarze (Hrsg.), Rechtsschutz, S. 105

[236] Palandt-*Heldrich*, Art. 41 EGBGB Rn. 3

Verbindung kann somit nicht allein aus dem Territorialitätsprinzip begründet werden. Auch deshalb ist es bedenklich, bei jedem Sachverhalt in der Schutzlandordnung das wesentlich engere Recht zu sehen.

Die Bestimmung des Rechts des Schutzlandes als wesentlich engeres Recht gemäß Art. 41 Abs. 1 EGBGB begegnet weiter auch systematischen Bedenken. Sie setzen an der reinen Umgehungsfunktion an, die Art. 41 EGBGB nach dieser Ansicht zukommt.

Dazu muss man sich zunächst vergegenwärtigen, dass Art. 40 Abs. 1 EGBGB regelmäßig zur Anknüpfung an das Schutzland führt: Schutz gegen ein Verhalten muss nach geltendem Recht immer am Handlungsort begehrt werden. Wegen der territorialen Geltung der Urheberrechte kann eine konkrete Handlung immer nur ein Schutzrecht im Inland verletzen. Der Handlungsort liegt immer im Schutzland. Der Erfolgsort, an dem eine Rechtsgutsverletzung eingetreten ist, bereitet im Urheberrecht erhebliche Schwierigkeiten. Wegen ihres immateriellen Charakters „befinden" sich Urheberrechte nicht an einer bestimmten Stelle. Insbesondere erscheint beim Erfolgsort das Abstellen auf den Wohnsitz oder den gewöhnlichen Aufenthalt des Urhebers nicht sachgerecht, weil das Urheberrecht bei veröffentlichten Werken nicht ausschließlich in der Person des Urhebers verankert ist. Urheberrechte bestehen vielmehr überall oder nirgendwo. Geht man davon aus, dass sie überall bestehen, wäre jeder Ort der Welt auch Erfolgsort. Dies ist wenig sachgerecht und würde etwa im Prozessrecht stets zu einem Klägergerichtsstand führen, weil auch am Wohnsitz des Klägers ein Erfolgsort läge. Nur wenn man das Urheberrecht als nirgendwo belegen ansieht und einen Erfolgsort damit ablehnt[237], entspricht man seinem immateriellem Charakter. Zudem besteht der Tatort dann nur aus dem Handlungsort, was dem Umstand entspricht, dass Urheberrechtsverletzungen Handlungsunrecht darstellen.

Der Tatort liegt folglich nach geltendem Recht immer im Schutzland. Art. 40 Abs. 1 EGBGB führt also zu dem von der herrschenden Ansicht „gewünschten" Ergebnis!

Allerdings verdrängt Art. 40 Abs. 2 EGBGB die Anknüpfung an den Tatort zu Gunsten des gemeinsamen gewöhnlichen Aufenthaltes, wodurch die Anknüpfung an das Schutzland wieder verworfen wird. Um dies zu vermeiden, wendet die hier zu erläuternde Ansicht Art. 41 EGBGB an, welcher Art. 40 EGBGB verdrängt und erneut zur Anknüpfung an das Schutzland führt.

Diese Ansicht erzielt folgendes Ergebnis: Das wesentliche engere Recht (Art. 41 EGBGB) würde den gemeinsamen gewöhnlichen Aufenthalt

---

237 *Von Bar*, IPR, Bd. 2, Rn. 664; *Kubis*, S. 122; *Schack*, UFITA 108 (1988), 51, 64

(Art. 40 Abs. 2 EGBGB) zu Gunsten einer Anknüpfung verdrängen, die der des Tatorts (Art. 40 Abs. 1 EGBGB) entspricht. Art. 41 EGBGB würde somit nur dazu führen, Art. 40 Abs. 1 EGBGB wieder aufleben zu lassen. Ob diese Umgehungsfunktion dem Regelungscharakter des Art. 41 EGBGB gerecht wird, muss stark bezweifelt werden, und zwar aus folgenden Gründen:

Art. 41 EGBGB stellt eine Ausnahmeanknüpfung dar, die zurückhaltend anzuwenden ist[238]. Sie soll in besonderen Fallkonstellationen die typisierende Anknüpfungsregel des Art. 40 EGBGB verdrängen und somit für eine insgesamt höhere Flexibilität bei der Anknüpfung sorgen. Dies wird auch in der Begründung des Regierungsentwurfes deutlich, nach der Art. 41 EGBGB insbesondere gegenüber dem Recht des gemeinsamen gewöhnlichen Aufenthalts nur in Ausnahmefällen eingreifen könne[239].

Zwar besteht grundsätzlich die Möglichkeit, eine ganze Fallgruppe als Regelausnahme unter Art. 41 EGBGB zu qualifizieren, wie etwa die Staatshaftung, Persönlichkeits- und Wettbewerbsrechtsverletzungen[240]. Insoweit könnten auch Urheberrechtsverletzungen prinzipiell eine Fallgruppe des Art. 41 EGBGB darstellen. Zu beachten ist aber, dass Art. 41 EGBGB in keiner anderen Fallgruppe das Recht des Tatorts wieder zur Anwendung beruft. Während bei Persönlichkeitsverletzungen eine typisierte Anknüpfung wegen der weit gefächerten Verletzungstatbestände nicht in Betracht kommt, sondern eine Einzelfallentscheidung angezeigt ist[241], wird in der Staatshaftung an das Recht des möglicherweise haftenden Amtsstaates, im Wettbewerbsrecht an das Recht des Marktorts[242] angeknüpft. In Staatshaftungsfällen können Handlungs- und Erfolgsort außerhalb des Gebiets des Amtsstaates liegen. Auch im Wettbewerbsrecht kann eine im Ausland vorgenommene Handlung den Markt im Inland oder Mitbewerber in anderen Ländern betreffen. Amtshaftungs- bzw. Wettbewerbsstatut und Tatort sind mithin nicht identisch[243].

---

[238] Palandt-*Heldrich*, Art. 41 Rn. 3. Begründung Regierungsentwurf, BT-Drs. 14/343 S. 13

[239] Begründung Regierungsentwurf, BT-Drs. 14/343 S. 12

[240] Begründung Regierungsentwurf, BT-Drs. 14/343 S. 10

[241] Begründung Regierungsentwurf, BT-Drs. 14/343 S. 10

[242] Im internationalen Wettbewerbsrecht wird zwischen marktbezogenen und personenbezogenen Eingriffen unterschieden, allgemein dazu Erman-*Hohloch*, Art. 40 Rn. 51; Staudinger-*von Hoffmann*, Art. 40 Rn. 292 ff.

[243] A.A. Palandt-*Heldrich*, Art. 40 EGBGB Rn. 11. Nach ihm ergibt sich das Marktortprinzip aus einer Auslegung des Tatortbegriffs. Dann stellen sich dieselben Probleme zum Verhältnis vom Marktortprinzip zu den Art. 40 ff. EGBGB.

Der Gesetzgeber hat mit Art. 40 Abs. 2 EGBGB eine allgemeine Wertung zu Lasten des Tatorts getroffen. Da Abs. 2 immer Abs. 1 verdrängt und es weiterer, die Verdrängung rechtfertigender Elemente nicht bedarf, stellt der gemeinsame gewöhnliche Aufenthalt nach geltendem Recht generell die sachnähere Anknüpfung als der Tatort dar. Diese Wertung dient der Rechtsklarheit und nimmt auf die besonders große Bedeutung dieser Regelabweichung Rücksicht[244]. Sie muss bei der Anwendung der Ausweichklausel des Art. 41 Abs. 1 EGBGB beachtet werden. Damit Art. 41 Abs. 1 EGBGB Art. 40 Abs. 2 EGBGB verdrängen kann, müssen Umstände vorliegen, welche in der generellen Wertung des Art. 40 EGBGB nicht berücksichtigt worden sind. Art. 41 Abs. 1 EGBGB kann nicht nur deshalb herangezogen werden, um Art. 40 Abs. 2 EGBGB auszuschalten und so die grundsätzliche Wertentscheidung des Art. 40 EGBGB außer Kraft zu setzen. Diese reine Umgehungsfunktion widerspricht der ratio des Art. 41 Abs. 1 EGBGB als Ausweichklausel.

Die Art. 40 ff. EGBGB bieten zwar grundsätzlich das versprochene hohe Maß an Flexibilität und ermöglichen es durchaus auch, ganze Fallgruppen einer starren Regel zu unterstellen. Das Schutzlandprinzip im Urheberrecht in Art. 41 EGBGB zu verankern, somit wieder zum Handlungsort zu gelangen und gleichzeitig eine Rechtswahl zu untersagen, nur um bei Urheberrechtsverletzungen immer zum Schutzland zu kommen, kann indes weder systematisch noch tatsächlich überzeugen.

c. Unbefriedigendes Ergebnis und weiterer Fortgang

Die herrschende Ansicht ist sich im Ergebnis darüber einig, dass sich auch Urheberrechtsverletzungen nach dem Recht des Schutzlandes bestimmen und dass daran auch die Reform des Jahres 1999 nichts geändert habe. Die dogmatische Konzeption stellt hierfür lediglich das Mittel zum Zweck dar, die angeführten Lösungswege sind stark ergebnisorientiert.

So mag sich erklären lassen, dass das Verhältnis von Schutzlandprinzip und den Art. 40 ff. EGBGB in der Sache nur geringe Bedeutung findet. Es kann aber an der herausgearbeiteten Kritik nichts ändern: Die in der Literatur aufgezeigten Lösungswege zum Verhältnis Tatortprinzip-Schutzlandprinzip können nicht überzeugen.

Um die dogmatischen Fragen nicht offen zu lassen, könnte man geneigt sein, sich einer der beiden Lösungen anzuschließen. Diese Lösung wäre aber den geäußerten Bedenken weiterhin unvermindert ausgesetzt. Sie bliebe le-

---

[244] Begründung Regierungsentwurf, BT-Drs. 14/343 S. 12

diglich die weniger schlechte. Auch dies ist unbefriedigend. Es ist folglich zu prüfen, ob es nicht eine andere Lösungsmöglichkeit gibt.

2. Stellungnahme

Eine Lösungsmöglichkeit könnte darin liegen, das Verhältnis vom Schutzlandprinzip zum Deliktstatut zu überdenken und Urheber- und Deliktsstatut parallel anzuwenden.

Die herrschende Meinung geht offenbar von einem Exklusivitätsverhältnis aus und sieht sich infolgedessen zu einer Entweder-Oder-Entscheidung genötigt. Sie befürchtet, dass das Tatortprinzip im Falle seiner Anwendbarkeit das Schutzlandprinzip komplett verdränge und somit im Fall einer Rechtsverletzung „das Urheberrecht" nicht an das Schutzland, sondern an den Tatort anzuknüpfen sei.

Dieser Ausgangspunkt offenbart ein Verständnis der vorherrschenden Ansicht vom Verhältnis der Schutzlandregel zum allgemeinen internationalen Deliktsrecht, dem nicht gefolgt werden sollte. Nach einer begrifflichen Klarstellungen (a.) wird dazu Stellung genommen (b.-c.).

a. Keine Identität von Urheberstatut und Deliktsstatut

Das Urheberstatut ist nicht mit dem Deliktstatut identisch. Obwohl sich dies offensichtlich von selbst ergibt, wird in einigen Stellungnahmen das Urheberstatut mit dem auf Urheberrechtsverletzungen anwendbaren Recht gleichgestellt[245]. So schreibt etwa *Intveen*[246]: „Die eigentliche Folge des Territorialitätsprinzips liegt in der Kollisionsnorm der lex loci protectionis oder, weniger vornehm ausgedrückt, des Deliktsstatuts."

Dies ist indes unzutreffend. Das Internationale Urheberrecht erschöpft sich nicht im Recht der internationalen Rechtsverletzungen. Zwar mag die Frage, welche Rechte wem bei einer Rechtsverletzung zugestanden werden und wie diese ausgestaltet sind, in der Praxis dominieren. Das Urheberstatut bestimmt das auf das Urheberrecht anwendbare Recht aber auch dann, wenn keine Rechtsverletzung vorliegt und somit das Deliktsstatut nicht einschlägig ist. Ganze Bereiche des Urheberrechts sind deliktsunabhängig: So etwa die Frage des Entstehens, der Fortdauer oder der Inhaberschaft eines Rechts. Im übrigen sind auch Rechtstreitigkeiten ohne eine unerlaubte Handlung durch-

---

[245] *Freitag*, in: Kröger/Gimmy (Hrsg.), Internetrecht, S. 375; *Walter*, Stand der Harmonisierung, Rn. 110, in: Walter (Hrsg.), Europäisches Urheberrecht; *Bühler*, S. 393 „deliktisch verstandenes Schutzlandprinzip".

[246] S. 25 f.

aus denkbar, so etwa bei Bestandsklagen, Klagen auf Feststellung der Inhaberschaft (§ 19 UrhG [AUT], Art. 61 UrhG [CH] oder § 138 UrhG), Klagen auf Übertragung eines Urheberrechts im Wege der Vertragserfüllung oder Klagen auf Vergütung einer rechtmäßigen Handlung (vgl. § 26; § 27 UrhG).

Eine Identität von Deliktsstatut und Urheberstatut kann somit nicht gegeben sein.

b. Kein genereller Vorrang eines Statuts

Geht man wie die herrschende Meinung davon aus, dass das auf Urheberrechtsverletzungen anwendbare Statut den Sachverhalt umfassend regelt und Vorrang vor anderen Statuten hat, so kann man Urheberrechtsverletzungen entweder dem Urheberstatut oder dem Deliktsstatut zuordnen. Beides aber ist mit Problemen verbunden:

Gibt man dem Urheberstatut den Vorrang, würde die Rechtsordnung, die das Recht beherrscht, auch auf Rechtsverletzungen anwendbar sein[247]. Es bedürfte dann aber einer Rechtfertigung, warum die Art. 40 ff. EGBGB verdrängt werden. Zudem müsste man so auf das grundsätzlich sachgerechte aufgelockerte Tatortprinzip verzichten und mit dem Urheberstatut ein Recht wählen, das nicht die Tat in den Vordergrund stellt, obwohl diese den Verletzungssachverhalt prägt.

Unterstellt man den Sachverhalt dagegen dem Deliktsstatut, so erhält man eine Aufspaltung urheberrechtlicher Sachverhalte in solche deliktischer und nicht deliktischer Art. Das Urheberstatut hätte bei einem deliktischen Sachverhalt keinen eigenständigen Regelungsbereich, während es bei Sachverhalten ohne Rechtsverletzung allein umfassend entscheidungserheblich wäre. Diese Aufspaltung ist nicht sachgerecht und würde den inneren Entscheidungseinklang beeinträchtigen. Die den Kern des Urheberrechts betreffenden Fragen müssen einheitlich angeknüpft werden und zwar unabhängig davon, welche Gestalt der übrige Sachverhalt hat. Fragen der Existenz, der Schutzdauer oder der Inhaberschaft können nicht davon abhängen, ob Rechtsschutz gegen eine Rechtsverletzung begehrt wird oder ob beispielsweise ein nicht deliktisches Rechtsverhältnis festgestellt werden soll.

Zudem sind Qualifikationsprobleme zu erwarten, weil die Zuordnung eines Sachverhalts in eine deliktische oder nicht deliktische Kategorie nicht immer eindeutig erfolgen kann.

---

[247] So wohl BGHZ 136, 360 *Spielbankaffaire* und Stellungnahme des MPI, GRUR Int. 1985, 104, 105.

c. Aufspaltung des Sachverhalts in Urheber- und Deliktsstatut

Die Probleme der Verdrängung eines Statuts entstehen dann nicht, wenn der Sachverhalt in zwei Teile aufgespaltet wird, wobei ein Teil dem Deliktsstatut, der andere Teil dem Urheberstatut zugeordnet wird. Unter das Urheberstatut sind alle den Kern des Urheberrechts betreffenden Fragen zu qualifizieren, unter das Deliktsstatut alle solchen, die das Delikt betreffen.

Eine solche Aufspaltung ist im Internationalen Privatrecht keineswegs unüblich. Präjudizielle Fragen, die sich bei einer kollisionsrechtlichen oder einer materiellrechtlichen Norm stellen (Vorfragen[248]), sind nach zutreffender und herrschender Meinung selbständig anzuknüpfen[249]. Dadurch wird im Ergebnis nichts anderes als eine Aufspaltung erzielt.

Auch beim Deliktsstatut gibt es Vorfragen, die anerkanntermaßen selbständig anzuknüpfen sind. Diesem Statut kommt nämlich allgemein kein umfassender Regelungsbereich zu. Das Deliktstatut sagt grundsätzlich selbst nichts über Entstehung, Bestand und Inhalt eines potentiell verletzten Rechts aus[250]. Diese Vorfragen sind dem Deliktsstatut entzogen. So bestimmen sich etwa gesellschaftsrechtliche, sachenrechtliche oder familienrechtliche Fragen, die für einen deliktischen Anspruch relevant werden, nach dem jeweiligen, selbständig anzuknüpfenden Gesellschafts-, Sachen- oder Familienrechtsstatut[251].

Beispielsweise entscheidet das Sachenrechtsstatut grundsätzlich über die Rechte an einer Sache sowie über die Ansprüche, die aus diesen Rechten folgen. Nach deutschem Internationalem Privatrecht bestimmen sich auch Schadensersatzansprüche aus dem Eigentümer-Besitzer-Verhältnis nach Art. 43 EGBGB[252]. Gleichwohl verdrängt das Sachenrechtsstatut bei Eigentumsverletzungen nicht das Deliktsstatut, wie folgende Konstellation verdeutlicht:

Die in Deutschland sesshaften A und B geraten in Frankreich in einen von A verschuldeten Verkehrsunfall, in dem das Auto des B zerstört wird. Die von B geltend gemachten Ansprüche bestimmen sich gemäß Art. 40

---

[248] Diese werden teilweise auch als Erstfragen bezeichnet. Zur unterschiedlichen Verwendung der Begriffe von Erst-, Teil und Vorfrage *von Hoffmann*, IPR, S. 221 ff. und *Kropholler*, IPR, S. 129 ff.

[249] *Kropholler*, IPR, S. 129 ff.

[250] Stellungnahme des MPI, GRUR Int. 1985, 104, 105

[251] Zahlreiche Nachweise für Rechtsprechung und Literatur, auch zu Gegenstimmen, bei Staudinger-*von Hoffmann*, Vorbem. zu Art. 40 EGBGB Rn. 61 ff.

[252] *Von Hoffmann*, IPR, S. 479; Palandt-*Heldrich*, Art. 43 EGBGB Rn. 4; *Kegel/Schurig*, S. 767; BGHZ 108, 353; BGH IPRax 1999, 45, 46

Abs. 2 EGBGB nach deutschem Recht[253]. Wird aber etwa streitig, ob B überhaupt Eigentümer und somit passivlegitimiert ist, ist diesbezüglich Art. 43 und somit französisches Recht als das Recht des Belegenheitsorts zum Zeitpunkt der Beeinträchtigung anwendbar. Diese Vorfrage ist selbständig anzuknüpfen. Es sind somit Delikts- und (Sachen-) Rechtsstatut anwendbar, ohne dass etwa das Deliktstatut die lex-rei-sitae-Regel verdrängen würde. Während das Deliktsstatut hier die Haftungsfragen regelt, richten sich die Kernfragen des verletzten Rechts nach dem Rechtsstatut, im Beispiel also nach dem Sachenrechtsstatut.

Dies könnte nun auf das Urheberrecht übertragen werden. Wäre deutsches Recht gemäß Art. 40 ff. EGBGB Tatortrecht, so würde sich der Schadensersatz etwa nach § 97 Abs. 1 UrhG, §§ 823 Abs. 1 BGB, 97 Abs. 3 UrhG richten. Ob und wessen Urheberrecht verletzt worden ist, würde hingegen das Urheberstatut bestimmen. Rechtstechnisch sind somit die Fragen, welche die Natur des Urheberrechts betreffen, als Vorfragen selbständig am Urheberstatut anzuknüpfen.

Vorteil dieser Aufspaltung ist, dass die besondere Sachnähe beider Statuten zur Geltung kommt. So kämen sowohl das ausgewogene System des aufgelockerten Tatortprinzips zum Tragen als auch die Überlegungen des Urheberstatuts. Somit kann insgesamt eine sehr enge Verbindung des Sachverhalts zum anwendbaren Sachrecht erzielt werden. Es spricht daher sehr viel für eine Aufspaltung.

Ob sie aber letztlich auch überzeugt, wird an späterer Stelle zu klären sein. Nach hier vertretener Auffassung sollte das Urheberstatut nicht das Schutzlandprinzip inkorporieren, sondern vielmehr das Ursprungslandprinzip. Eine Aufspaltung würde also zur partiellen Anwendbarkeit von Tatortrecht und dem Recht des Ursprungslandes führen. Insoweit wird sich die vorzunehmende sachliche Erörterung einer solchen Aufspaltung in eine andere Richtung entwickeln, weshalb sie an späterer Stelle erfolgen wird.

3. Zusammenfassung

Resümierend bleibt festzuhalten, dass die von der herrschenden Meinung angeführten Lösungsmöglichkeiten zum Verhältnis von Tatort- und Schutzlandprinzip inhaltlich nicht überzeugen können. Auch die Befürchtung der herrschenden Ansicht, das Deliktstatut müsse im Falle seiner Anwendbarkeit die Schutzlandregel verdrängen, ist nicht berechtigt. Es steht vielmehr die

---

[253] Es ist zu unterstellen, dass Art. 41 und 42 EGBGB nicht eingreifen.

Möglichkeit offen, Delikts- und Urheberstatut anzuwenden und den Sachverhalt aufzuspalten.

Insgesamt muss daher die Konzeption, mit der die herrschende Ansicht das auf Urheberrechtsverletzungen anwendbare Recht nach dem Schutzland bestimmen will, als nicht überzeugend angesehen und mithin abgelehnt werden.

IV. Kritik an dem auf Verfügungen anwendbaren Recht

Bei dem auf Urheberrechtsverträge anwendbaren Recht ist zunächst zwischen dem obligatorischen Teil und dem quasi-dinglichen Teil zu unterscheiden. Der obligatorische Teil wird zu Recht allgemein auch bei urheberrechtlichen Verträgen unter das Vertragsstatut qualifiziert.

Nach der herrschenden Einheitstheorie trifft dies auch auf den quasidinglichen Teil zu. Im folgenden wird zu untersuchen sein, ob diese Einheitstheorie tatsächlich inhaltlich überzeugen kann und vor allem ob die herrschende Meinung nicht zu Unrecht in dieser Frage das materielle deutsche Urheberrecht heranzieht.

1. Inkonsequenz der Einheitstheorie

a. Teilabweichung vom Territorialitätsprinzip

Die Einheitstheorie sieht ihren wesentlichen Vorteil darin, ein Kollisionsrechts-Puzzle zu vermeiden[254]. Dies erhalte man, wenn man mit der Spaltungstheorie für jede Verfügung das anwendbare Recht selbständig bestimme.

Die Einheitstheorie verkennt hierbei aber, dass das Kollisionsrecht-Puzzle nicht durch die Spaltungstheorie entsteht, sondern dass es bereits im Territorialitätsprinzip unumgänglich angelegt ist. Da auch die Einheitstheorie das Territorialitätsprinzip anerkennt, sind die Anwendungsschwierigkeiten, die es zu lösen gilt, sozusagen hausgemacht:

Durch das Territorialitätsprinzip entsteht nicht *ein* Recht, sondern ein ganzes Bündel an Rechten[255]. Da jedes dieser Bündelrechte nur für ein Territorium existiert, wirkt sich eine inländische Rechtsänderung grundsätzlich rechtlich nicht direkt im (Nachbar-) Land aus. Dies heißt nicht nur, dass jedes dieser Rechte einzeln übertragen werden kann. Es bedeutet auch, dass

---

[254] Schricker-*Katzenberger*, vor §§ 120 ff. Rn. 149

[255] Zur Ungenauigkeit dieses Begriffs siehe oben FN 83.

jedes Recht einzeln übertragen werden muss, auch wenn eine diesbezüglich einheitliche Verpflichtung eingegangen worden ist. Diese Einzelbetrachtung stellt eine Konsequenz des Territorialitätsprinzips dar.

Bündelwirkung, Territorialitätsprinzip und Kollisionsrechts-Puzzle beschreiben folglich dasselbe Phänomen, nämlich dass die Schutzrechte jeder einzelnen Rechtsordnung selbständig nebeneinander und unabhängig voneinander existieren.

Während aber Bündelwirkung und Territorialitätsprinzip allgemein anerkannt werden, wird das Kollisionsrechts-Puzzle als unsachgerecht und nicht praktikabel angesehen. Wenn versucht wird, die Rechtszersplitterung bei den Verfügungen im Rahmen eines Welturheberrechtsvertrags zu vermeiden und mittels Einheitstheorie zu einer ganzheitlichen Rechtsordnung zu gelangen, so wird in Wirklichkeit punktuell wegen sachlicher Bedenken vom Territorialitätsprinzip abgerückt. Nun kann nämlich ein Verhalten (Vertrag, Übertragung) im Land A, die Rechtslage im Land B verändern. Dies ist im Ergebnis durchaus zu begrüßen. Es lässt sich aber nicht in das heutige Modell einfügen. Denn auch die Vertreter der Einheitstheorie gehen unverändert von der historisch zwanghaften Geltung des Territorialitätsprinzips aus.

b. Beschränkung auf Übertragung

Selbst aber wenn man der Einheitstheorie folgt und die Verfügungen dem Vertragsstatut unterstellt, bleibt die durch das Territorialitätsprinzip bedingte Rechtszersplitterung auch bei der Abwicklung länderübergreifender Verträge weiterhin bestehen: Da ein gutgläubiger Erwerb urheberrechtlicher Befugnisse nicht möglich ist, muss, um die Wirksamkeit der Übertragung und damit zum Beispiel die Vertragserfüllung festzustellen, der Verfügende auch der Rechtsinhaber sein. Die Rechtsinhaberschaft bestimmt sich indes nach vorherrschender Ansicht nach dem Schutzland und es ist nicht ersichtlich, dass die Einheitstheorie hier eine Gegenansicht bilden möchte. Somit muss auch nach der Einheitstheorie für jedes Territorium die Inhaberschaft gesondert festgestellt werden. Das Kollisionsrechts-Puzzle bleibt insoweit unverändert bestehen.

Dasselbe gilt bezüglich der Übertragbarkeit, welche immer die Voraussetzung für eine wirksame Übertragung ist. Sie richtet sich auch nach der Einheitstheorie nach dem Recht des Schutzlandes.

Die Einheitstheorie kann also das von ihr so kritisierte Kollisionsrechts-Puzzle nicht, jedenfalls nicht vollständig, auflösen, sondern es besteht auch nach ihr als Konsequenz des Territorialitätsprinzips fort.

c. Zusammenfassung

Die Einheitstheorie kann somit nicht überzeugen. Sie ist in doppelter Hinsicht inkonsequent:

Sie anerkennt erstens das Territorialitätsprinzip und die Bündelwirkung als Grundsatz des Internationalen Urheberrechts, möchte aber die daraus resultierenden Konsequenzen bei der Abwicklung von Welturheberrechtsverträgen nicht tragen.

Sie weicht zweitens, um eine Vereinheitlichung zu erzielen, für Verfügungen vom Schutzlandprinzip ab, belässt es aber bei der Rechtsinhaberschaft und der Übertragbarkeit beim Schutzlandprinzip, obwohl dadurch eine einheitliche, länderübergreifende Betrachtung im Ergebnis ebenso verwehrt bleibt.

2. Unerheblichkeit des materiellen Rechts der lex fori

Wie bereits dargestellt gehen die Vertreter der Einheitstheorie davon aus, dass das deutsche materielle Urheberrecht den Ausgangspunkt für die internationalprivatrechtliche Anknüpfung darstellt. Je nachdem, ob das Abstraktionsprinzip im Urheberrecht anzuerkennen ist oder nicht, soll die Qualifikation unter das Vertrags- oder Urheberstatut erfolgen.

Das deutsche Recht muss dabei weder Urheber- noch Vertragsstatut sein. Es genügt, dass der Sachverhalt nach dem deutschen Internationalen Privatrecht zu entscheiden ist. Dies ist stets dann der Fall, wenn deutsche Gerichte zur Entscheidung berufen sind, denn Gerichte wenden grundsätzlich immer das eigene Internationale Privatrecht an.

Der Ausgangspunkt von Spaltungs- und Einheitstheorie ist somit deckungsgleich mit der Aussage, dass die Qualifikation von urheberrechtlichen Verfügungen immer vom Sachrecht der lex fori abhängt. Das Abstellen auf die lex fori gefährdet aber den internationalen Entscheidungseinklang. Diese Maxime des Internationalen Privatrechts besagt, dass das Ergebnis der Anknüpfung möglichst davon unabhängig sein soll, in welchem Land die Gerichte zur Entscheidung angerufen werden. Jedes Gericht, so das Ziel, soll den Sachverhalt der gleichen Rechtsordnung unterstellen.

Dass dies durch den streitigen Ausgangspunkt nicht erreicht wird, soll anhand eines Beispiels gezeigt werden.

> *Bsp.: Das Vertragsstatut (Land V) und das Urheberstatut (Land U) ordnen beide die urheberrechtlichen Verfügungen dem Urheberstatut zu. Ebenso das Internationale Privatrecht des Landes Y. In X hingegen*

herrscht die Einheitstheorie, was zur Zuordnung unter das Vertragsstatut führt. In den Ländern V und U sowie X und Y ist jeweils ein Gerichtsstand eröffnet.

> *Fall 1: Wird ein Gericht des Landes V angerufen, so verweist dieses auf das Recht in U, welches die Verweisung annimmt. Anwendbar ist das Recht des Landes U.*
>
> *Fall 2: Dasselbe Ergebnis wird erreicht, wenn Land Y die lex fori ist.*
>
> *Fall 3: Ist das Land U die lex fori, so verweist dessen Internationales Privatrecht auf innerstaatliches Recht, was zur Anwendung des Rechts des Landes U führt.*
>
> *Fall 4: Werden Gerichte des Landes X angerufen, so wird auf das Recht in V (Vertragsstatut) verwiesen. Diese Verweisung wird in aller Regel eine Sachnormverweisung darstellen*[256]*. Anwendbar ist somit das Recht des Landes V.*

Man hätte nun folgendes Ergebnis: Während in den Fällen 1–3 jeweils einheitlich die Rechtsordnung in U Anwendung findet, ist in Fall 4 das Recht in V anwendbar. Das auf Verfügungen anwendbare Recht würde im Ergebnis davon abhängen, ob das Sachrecht der lex fori das Abstraktionsprinzip kennt oder nicht. Die Anknüpfung wäre somit international gerade nicht einheitlich und von der jeweiligen lex fori nicht unabhängig. Der internationale Entscheidungseinklang wäre mithin nicht verwirklicht.

In Fall 4 besteht dieses Ergebnis zudem, obwohl hier Vertrags- und Urheberstatut insoweit einheitlich konzipiert sind und nur die lex fori davon abweicht. Auch käme in Fall 4 das Recht des Landes V zur Anwendung, obwohl dessen Internationales Privatrecht den Sachverhalt anders anknüpfen würde und insoweit keinen Anwendungswillen hat. Durch die Sachnormverweisung und die Einheitstheorie würde das Internationale Privatrecht der lex fori dasjenige des Vertragsstatuts dominieren.

---

[256] Für Deutschland: Art. 35 Abs. 1 EGBGB; für Mitgliedstaaten des EVÜ: Art. 15 EVÜ

Umrissen werden sollen auch die Komplikationen, die entstehen, wenn die Verweisung des Vertragsstatuts keine Sachnormverweisung darstellt[257]. Hier könnte eine Verweisungskette entstehen, deren Abbruch von der Betrachtung bzw. Anerkennung des Renvoi durch die jeweilige Rechtsordnung abhinge. Bei Art. 4 Abs. 1 Satz 2 EGBGB entsprechenden Regelungen käme es zudem darauf an, an welchem Glied die Verweisungskette begonnen wird. Dies heißt wiederum im Extremfall nichts anderes, als das jede(!) lex fori zu einem anderen Ergebnis gelangen könnte.

Diese Probleme können nur dann vermieden werden, wenn man Verfügungen generell und unabhängig von der lex fori entweder dem Urheberstatut oder dem Vertragsstatut zuordnet. Dann nämlich verweist jede lex fori auf dasselbe Recht. Das Ergebnis der Anknüpfung wäre dann in allen Fällen 1-4 das gleiche.

Das Beispiel und die angedeuteten Komplikationen zeigen auf, dass die Beachtung der sachrechtlichen Konzeption der lex fori den internationalprivatrechtlichen Interessen nicht gerecht wird. Die lex fori kann daher die Anknüpfung nicht von ihrer sachrechtlichen Gestaltung abhängig machen[258]. Die Konzeption des deutschen Urheberrechts kann somit weder für die Anknüpfung an das Urheberstatut noch für die an das Vertragsstatut ins Feld geführt werden. Dieser Ansatz, der sowohl der Spaltungs- wie der Einheitstheorie zu Grunde liegt, kann somit aus internationaler Sichtweise nicht überzeugen.

Diese Erkenntnis ist indes nicht so neu, wie sie angesichts der Diskussion von Einheits- und Spaltungstheorie zu sein scheint. Im Sachenrecht etwa erfolgt die Anknüpfung von Verfügungen einheitlich nach der lex-rei-sitae-Regel und unabhängig davon, ob das jeweilige Sachrecht das Abstraktionsprinzip kennt oder nicht. Auch Frankreich, welchem das Abstraktionsprinzip unbekannt ist[259], knüpft im Kollisionsrecht die Übertragung von Sachen nicht an das Vertragsstatut, sondern an das Sachenrechtsstatut an. Verkauft beispielsweise[260] A dem B in Frankreich eine dort befindliche Sache und wurde für den Kaufvertrag wirksam deutsches Recht gewählt, so gilt, wenn im Rahmen einer Kaufpreisklage vor deutschen Gerichten die erfolgte Übereignung zu klären, Folgendes: Auf den Kaufvertrag findet deutsches Recht

---

[257] Es kommt eine Vereinbarung einer Gesamtverweisung durch die Parteien in Betracht. Dazu etwa im schweizerischen Recht: IPRG-*Amstutz/Vogt/Wang*, Art. 116 Rn. 53.

[258] Ähnlich *Hausmann*, FS-Schwarz, S. 63, der jedoch i.E. an das Schutzland anknüpfen möchte.

[259] Zum Eigentumserwerb qua contractu im französischen Recht von Bar-*Beysen*, S. 239

[260] In Anlehnung an *von Hoffmann*, IPR, S.479

Anwendung (Art. 27 Abs. 1 EGBGB), auf die Eigentumslage dagegen französisches Recht (Art. 43 Abs. 1 EGBGB). Ob B durch eine Übereignung oder unmittelbar durch den Kaufvertrag Eigentümer geworden ist, ist daher nach französischem Recht zu entscheiden[261].

3. Zwischenergebnis

Die herrschende Meinung unterstellt die Verfügungen dem Vertragsstatut. Allerdings kann einerseits ihre Begründung nicht überzeugen. Der im deutschen materiellen Urheberrecht bestehenden Streit über die Durchbrechung des Abstraktionsprinzips hat nach richtiger Auffassung nämlich für die internationalprivatrechtliche Anknüpfung der Verfügungen keine Bedeutung. Andererseits kann die Einheitstheorie die durch das Territorialitätsprinzip hervorgerufenen Probleme nicht schlüssig und konsequent lösen. Das nach geltender Rechtslage auf Verfügungen anwendbare Recht kann damit insgesamt nicht überzeugen.

V. Inhaltliche Bedenken

Nach geltendem Recht bestehen die einzelnen Urheberrechtsordnungen unabhängig voneinander. Die Rechtsposition eines Urhebers ist gekennzeichnet durch die lose Bündelung der einzelnen nationalen Schutzrechte. Es ist nun zu fragen, ob die damit im Internationalen Urheberrecht einhergehende Rechtszersplitterung sachgerecht ist oder ob ihr nicht vielmehr inhaltliche Gründe entgegenstehen.

Auf mögliche Anwendungsschwierigkeiten bei Internetsachverhalten wird noch gesondert im folgenden Abschnitt (VI.) einzugehen sein

---

[261] Für den Fortgang der Prüfung dieses Beispielfalls muss folgendes klargestellt werden: Besteht nach der berufenen Rechtsordnung (lex causae) kein Abstraktionsprinzip, hängt die Wirksamkeit der Verfügung von der Wirksamkeit des Verpflichtungsgeschäftes ab. Da dieses aus einem Vertrag besteht, muss, wenn er einen länderübergreifenden Bezug aufweist, das Vertragsstatut ermittelt werden. Im Beispielsfall kennt das französische Sachenrecht kein Abstraktionsprinzip. Die Eigentumslage in Frankreich wird unmittelbar durch das Verpflichtungsgeschäft geändert. Es hängt mithin die Wirksamkeit der Übereignung von der Wirksamkeit des Kaufvertrages ab. Dessen Vertragsstatut ist das gewählte deutsche Recht. Ist der Vertrag nach deutschem materiellen Recht wirksam, ist auch das Eigentum wirksam auf B übergegangen. Insofern hängt der Übertragungsakt doch vom Vertragsstatut ab. Dies ist aber nicht mit der Qualifikation von Verfügungen unter das Vertragsstatut identisch: Während im einen Fall die lex fori über das Abstraktionsprinzip entscheidet, ist es im anderen Fall die lex causae!

1. Die Bündelwirkung im eigentlichen Sinne

Die Aufspaltung in zahlreiche territoriale Urheberrechte führt dazu, dass dem Urheber nicht ein Recht, sondern ein ganzes Bündel an Rechten zusteht[262]. Das Bündel tritt anstelle des einen weltweiten Rechts. Dadurch steht dem Urheber aber grundsätzlich nicht mehr Schutz zu, als er bei einem einzigen Recht hätte.

Ein inländisches Recht kann unter Umständen mit dem entsprechenden Recht im Nachbarstaat nur ganz geringe Gemeinsamkeiten haben. Die Urheberrechtsordnungen können sich theoretisch von einem Extrem zum anderen erstrecken: Vom Mangel jeglichen Rechtsschutzes bis hin zum ewigen Rechtsschutz und vom absoluten Ausschließungsrecht bis hin zum reinen Vergütungsrecht. Eine homogenes Internationales Urheberrecht kann durch diese Zersplitterung nicht erzielt werden, obwohl es in der heutigen Zeit mehr denn je geboten ist. Denn Handel, Wirtschaftsbeziehungen, aber auch das alltägliche Leben der Bürger spielen sich nicht mehr wie vielleicht früher nur innerhalb einer Rechtsordnung ab. Gerade das Internet hat dafür gesorgt, dass auch für den normalen Bürger ein internationaler Bezug nicht mehr mit einem körperlichen Grenzenwechsel einherzugehen hat, sondern allein durch einen Datentransfer hergestellt werden kann.

Vor diesem Hintergrund wird deutlich, dass es gerade heutzutage für das Urheberrecht enorm wichtig ist, auch internationale Fragen und Probleme zufriedenstellend zu lösen. Für einen effektiven Urheberrechtsschutz ist es nicht mehr ausreichend, dass er innerhalb einer Rechtsordnung funktioniert, sondern er muss über Grenzen hinweg sichere und klare Rechtsverhältnisse schaffen und auch die sich durch internationale Beziehungen ergebenden Interessen gebührend berücksichtigen.

Es ist zwar schon früh erkannt worden, dass die Staaten auf sich allein gestellt das Urheberrecht nicht wirksam weltweit schützen können[263]. Diese Erkenntnis hat jedoch weder dazu geführt, ein international einheitliches Urheberrecht zu begründen, noch dazu, einem nationalen Schutzrecht Geltung auch über die Landesgrenzen hinweg zu sichern. Sie hat lediglich zu Versuchen geführt, durch internationale Abkommen einen Mindeststandard festzulegen und eine vorsichtige Annäherung der Rechtsordnungen zu erzielen. Vor allem im europäischen Raum wird eine weitere Harmonisierung des materiellen Rechts anvisiert.

---

[262] Zum Bündelbegriff und dessen sprachlicher Ungenauigkeit siehe oben FN 83.

[263] *Schack*, Anknüpfung, Nr.24

Es ist daher festzustellen, dass das Schutzlandprinzip und die aus ihr folgende Bündelwirkung entscheidend zur Zersplitterung und Lückenhaftigkeit des Urheberrechtsschutzes beigetragen haben und dass beide keinen Ansatz für einen einheitlichen umfassenden Schutz der Rechtsinhaber über die Landesgrenzen hinaus bieten.

2. Bündelung von Inhaberschaften (Nebenschöpferschaft)

Die Anwendung der Bündeltheorie zieht aber noch eine weitere, inhaltlich bedenkliche Konsequenz nach sich, die hier Nebenschöpferschaft genannt werden soll, und welche die Möglichkeit der Bündelung von Inhaberschaften umschreibt. Gemeint ist die Tatsache, dass je nach Schutzland für ein und dasselbe Werk eine andere Person oder Personenmehrheit Urheber sein kann, obwohl bei einer natürlichen Sicht nur eine Person oder Personenmehrheit für das Werk verantwortlich sein kann.

Mit dem Begriff *Neben*schöpferschaft soll zum Ausdruck gebracht werden, dass eine Beziehung zwischen den verschiedenen Urhebern nicht besteht und dass deren Inhaberschaft unabhängig und selbständig ist. Sie ist lediglich territorial abgegrenzt. Der Begriff distanziert sich somit von den übrigen Sachverhalten, bei denen eine Personenmehrheit die Urheberschaft inne hat, insbesondere von der Miturheberschaft (vgl. § 8 UrhG), deren Legitimation einheitlich ist und bei welcher bei der Ausübung des Rechts die anderen Rechtsinhaber berücksichtigt werden müssen.

Die Nebenschöpferschaft ist kein rein akademisches Gebilde, sondern kann immer dann vorkommen, wenn in den einzelnen Urheberrechtsordnungen die Inhaberschaft verschieden zugeordnet wird. Hier werden insbesondere zwei Konstellationen relevant.

Eine unterschiedliche Zuordnung der Urheberschaft kommt zunächst bei so genannten Arbeitnehmerurheberschaften (*work made for hire*) in Betracht[264]. Die Frage der Urheberschaft ist nämlich dann problematisch, wenn der Schöpfungsakt im Rahmen der Erfüllung eines Arbeitsverhältnisses erbracht worden ist. Das deutsche Recht geht hier vom Schöpferprinzip aus und erkennt dem Schöpfer die Urheberschaft zu (§ 43 UrhG), auch wenn dieser ein Werk in Erfüllung seiner Verpflichtungen aus einem Vertragsverhältnis geschaffen hat. Eine andere Gestaltung findet sich etwa im US-

---

[264] *Birk*, UFITA 108 (1988), S. 101 ff.

amerikanischen oder im britischen Recht[265]. Die Urheberschaft an einem *work made for hire* steht danach regelmäßig dem Arbeit- oder Auftraggeber zu. Bei einer Arbeitnehmerurheberschaft ist somit entweder der Arbeitnehmer oder der Arbeitgeber Rechtsinhaber, je nachdem welchem Prinzip die jeweilige nationale Rechtsordnung folgt.

Unterschiede zwischen den einzelnen Rechtsordnungen ergeben sich bezüglich der Inhaberschaft weiter im Bereich der Übertragbarkeit der Urheberschaft als solcher. Der im deutschen Urhebergesetz in § 29 UrhG normierte Ausschluss der Übertragbarkeit des Urheberrechts[266], findet sich nicht in allen Rechtsordnungen[267]. So ist etwa in der Schweiz das Urheberrecht grundsätzlich[268] übertragbar (Art. 16 UrhG [CH]). Auch in den USA ist ein *transfer of ownership*[269] möglich. Wird nun eine solche Transaktion der Urheberschaft vorgenommen, so kommen je nach Rechtsordnung wieder zwei Urheber in Betracht, nämlich der Erwerber und der ursprüngliche Inhaber.

Verbindet man nun beide Elemente, so wird die Inhaberschaft noch mehr aufgespaltet, wie das folgende Beispiel zeigt:

Wird in einem Arbeitsverhältnis ein Werk geschaffen und überträgt der Arbeitnehmer und Schöpfer seine Rechte an einen Dritten, so ergibt sich bezüglich der Rechtsinhaberschaft folgendes Bild: In den Ländern, in denen es das *work made for hire* gibt, ist der Arbeitgeber originärer Urheber. Der Übertragungsakt des Schöpfers an einen Dritten ist mangels eines gutgläubigen Erwerbs unbeachtlich. In den Ländern, in denen es eine dem deutschen Recht vergleichbare Regel gibt, ist jedoch Urheber der Arbeitnehmer. Je nachdem, ob diese Länder dann das Urheberrecht für übertragbar halten oder nicht, führt die Vereinbarung von Schöpfer und Drittem zur Transaktion der Urheberschaft.

---

[265] USA: Title 17 U.S.C. § 201 (b) (siehe dazu oben FN 25); Großbritannien: Sec. 11 Abs. 2 CDA. Weitere Nachweise für Irland, Israel, Japan, Kanada, Neuseeland, den Niederlanden und die Türkei bei Schricker-*Rojahn*, § 43 Rn. 3.

[266] Ob die „Übertragung" etwa im deutschen Recht, welches die Übertragbarkeit nicht kennt, in eine Einräumung von (ausschließlichen) Nutzungsrechten umgedeutet werden kann, mag hier dahinstehen. Denn dies ändert nichts daran, dass der „Übertragende" Urheber bleibt.

[267] Ein rechtsvergleichender Überblick für Österreich, Schweiz, Frankreich, Großbritannien und die USA findet sich bei *Eggersberger*, S. 154 ff.

[268] Ausgenommen seien die persönlichkeitsrechtlichen Aspekte, *Rehbinder*, Schweizerisches Urheberrecht, S. 132 und 136. Zu weiteren Literaturmeinungen (vor der Reform des schweizerischen UrhG vom 1. Juli 1993): *Eggersberger*, S. 186 ff.;

[269] Title 17 U.S.C. § 201 (d); dazu: *Klett*, S. 30.

Im Beispielsfall wäre etwa nach US-amerikanischem Recht der Arbeitgeber, nach deutschem Recht der Arbeitnehmer und nach dem Recht der Schweiz der Dritte Inhaber der Urheberschaft. In drei verschiedenen Ländern kann das Schutz- und Territorialitätsprinzip somit zu drei(!) verschiedenen Urhebern gelangen. Bei Urheberrechtsklagen wären somit im Grunde drei verschiedene Personen aktivlegitimiert[270].

Diese Aufspaltung würde sich sogar noch erweitern lassen, wenn man berücksichtigt, dass nicht in jeder Rechtsordnung die Urheberschaft von juristischen Personen anerkannt ist[271].

Diese Bündelung von Inhaberschaften wiederspricht der Einmaligkeit der Beziehung von Werk und Urheber, auf die noch einzugehen ist[272]. Ein Werk kann nur eine Person oder Personenmehrheit als Urheber haben. Davon darf im Grunde die rechtliche Betrachtung nicht abweichen.

Dieses Ergebnis steht auch im Widerspruch zu den einzelnen Urheberrechtsordnungen. Es gibt nämlich weder im deutschen Recht noch in anderen nationalen Rechten die Möglichkeit, dass ein Urheberrecht gleichzeitig mehreren voneinander unabhängigen Personen zugeordnet wird. Die Rechtsfigur der Nebenschöpferschaft ist auch nicht bewusst auf internationaler Ebene eingeführt worden, da es nach geltendem Recht gerade keine solche länderübergreifende Abstimmung gibt, sondern sich das Internationale Urheberrecht als bloße Bündelung der nationalen Schutzrechte darstellt.

Die nach geltendem Recht mögliche und von der herrschenden Ansicht hingenommene Zersplitterung der Urheberschaft lässt sich mithin nicht rechtfertigen. Die Möglichkeit der Nebenschöpferschaft ist damit insgesamt nicht sachgerecht.

3. Einmaligkeit von Schöpfung und Werk

Gegen die mit der Bündelwirkung verbundene Rechtszersplitterung spricht auch die Grundkonzeption und die natürliche Gegebenheit des Urhe-

---

[270] Außer Betracht bleiben sollen hier die jeweiligen prozessualen Möglichkeiten, die Aktivlegitimation zu vereinheitlichen.

[271] Im deutschen Recht kann gemäß §§ 7, 2 Abs. 2 UrhG nur eine natürliche Person originärer Urheber sein, während nach Aufhebung der § 8 Abs. 2 LUG, § 10 Abs. 2 KUG im Wege der Erbeinsetzung eine Urheberschaft einer juristischen Person möglich ist, Schricker-*ders.*, § 28 Rn. 4. Im angloamerikanischen Recht können aber auch juristische Personen originäre Rechtsinhaber sein, *Gesmann-Nuissl*, in: Enstha-ler/Bosch/Völker (Hrsg.), Urheberrecht und Internet, S. 424 m.w.N.

[272] Siehe dazu den folgenden Abschnitt 3.

berrechts. Beide werden von der Einmaligkeit von Schöpfer, Schöpfungsakt und Werk geprägt.

Ein Werk entsteht durch eine schöpferische, geistige Leistung eines Urhebers (vgl. § 2 Abs. 2 UrhG). Dieser Akt der Schöpfung, der zugleich Zeitpunkt der Werkentstehung ist, bringt erstmalig ein Werk hervor. Dieses kann danach nicht erneut geschaffen werden[273]. Die Schöpfung ist genauso unwiederholbar und einzigartig wie die Geburt eines Lebewesens. Zwar kann ein Schöpfer mehrere Schöpfungsakte vornehmen und dadurch mehrere unabhängige Werke schaffen. Eine schöpferische Leistung kann jedoch nur ein Werk zum Ergebnis haben. Aus einem kreativen Akt kann nur ein Werk[274] entstehen.

Diese eine geistige Leistung kann auch nur von einer Person oder Personengruppe erbracht werden. Beispielsweise wird ein Bild nur einmal von einem bestimmten Maler gemalt, ein Gedicht nur einmal von einem bestimmten Poeten verfasst und ein Musikstück nur einmal von einem bestimmten Komponisten komponiert.

Es ist eine natürliche Gegebenheit, dass Schöpfer, Schöpfungsakt und Schöpfung sowie deren Verbindung zueinander, Unikate und folglich auch eindeutig zuordenbar sind. Folgt man einer solchen natürlichen Betrachtung, muss ihr die Ausgestaltung des rechtlichen Schutzes entsprechen: Das Urheberrecht muss daher ein einmaliges und einheitliches Schutzrecht sein, das die Beziehung von Werk, Schöpfer und Umwelt eindeutig festlegt. Diese Grundkonzeption wird im Grunde jenseits jeder rechtlichen Konzeption auch allerorts anerkannt. Die Eindeutigkeit und Einmaligkeit des Urheberrechtsschutzes findet sich sowohl in der deutschen als auch in den anderen nationalen Rechtsordnungen wieder. Im deutschen Urheberrecht ist es dogmatisch klar, wer Urheber eines Werks ist, welches die Voraussetzungen des § 2

[273] Dem steht auch nicht das Institut der Doppelschöpfung entgegen. Dieses liegt vor, wenn zwei Urheber unabhängig voneinander zwei gleiche Werke schaffen. Denn auch hier liegt nicht ein Werk vor, das auf zwei Schöpfungsakte zurückgeht, sondern es liegen gerade zwei Werke vor, die nebeneinander existieren und auch so zu schützen sind. Eine Besonderheit liegt hier insoweit nur darin vor, dass die beiden schöpferischen Leistungen ein gleiches oder zumindest stark ähnliches Ergebnis hervorbringen. Zum Rechtsinstitut der Doppelschöpfung: Fromm/Nordemann-*Vinck*, § 24 Anh. Rn. 11; Schricker-*Loewenheim*, § 23 Rn. 27-29 m.w.N.

[274] Bei der Weiterverarbeitung eines oder der Verbindung zweier Werke liegt gerade in der Weiterverarbeitung oder in der Verbindung einer neuer selbständiger Schöpfungsakt.

UrhG erfüllt[275], und welche Rechtsposition er innehat. Dass diese unter Umständen aus mehreren verschiedenen einzelnen Befugnissen besteht, ändert an der grundsätzlichen Einmaligkeit der Rechtsposition nichts.

Die Berücksichtigung der natürlichen Gegebenheiten und die diesbezüglich bestehende grundlegende Übereinstimmung in den nationalen Rechtsordnungen legen es nahe, diese einheitliche Konzeption auch dem Internationalen Urheberrecht zu Grunde zu legen und so eine globale Einheitlichkeit zu erreichen. Umso verwunderlicher ist es, dass die herrschende Ansicht dem nicht nachkommt. Denn trotz der grundsätzlichen Anerkennung der natürlichen Gegebenheiten in den nationalen Urheberrechtsordnungen zeichnet sich die internationale Wirklichkeit nicht durch Einheitlichkeit oder Universalität der Rechte aus, sondern vielmehr durch das zur Rechtszersplitterung führende Territorialitätsprinzip.

So kann etwa eine Nebenschöpferschaft entstehen, das heißt einem Werk in verschiedenen Rechtsordnungen verschiedene Schöpfer zugeordnet werden. Auch kann ein Schöpfungsakt in einer Rechtsordnung die Schutzgrenze überschreiten und dadurch ein Schutzrecht entstanden sein, während in einer anderen die Schutzvoraussetzungen noch nicht erfüllt sind[276].

Im Ergebnis führt dies dazu, dass es international betrachtet im Gegensatz zu einer rein nationalen Betrachtung nicht *den* Schöpfer, *den* Schöpfungsakt und *die* Schöpfung gibt, sondern dass diese drei Begriffe von jeder Rechtsordnung selbständig und unabhängig definiert werden. Dies kann sogar dazu führen, dass Schöpfer, Schöpfungsakt und Werk von jeder Rechtsordnung unterschiedlich festgelegt werden.

Dieser Widerspruch der internationalen Rechtslage zu der natürlichen Gegebenheit des Urheberrechts muss dem geltenden Recht entgegengehalten werden. Er spricht sowohl gegen das Territorialitätsprinzip als auch gegen das Schutzlandprinzip.

---

[275] Diese Klarheit und Eindeutigkeit der Grundkonzeption erstreckt sich freilich nicht auf die Subsumtion eines Sachverhaltes unter eine Norm eines Urhebergesetzes. So kann es im Einzelfall erhebliche Schwierigkeiten bereiten, ob überhaupt ein (schutzfähiges) Werk existiert und wenn ja, wer nun dessen Urheber ist. Das ändert aber an der eindeutigen, theoretischen Ausgestaltung der deutschen Urheberrechtsordnung nichts. Und nur diese steht hier in Rede.

[276] So war beispielsweise in den USA bis 1978 eine Registereintragung samt zu zahlender Gebühr und das Copyright-Vermerk (©) konstitutive Voraussetzungen, während dies etwa im deutschen Recht entbehrlich war und ist, *Rehbinder*, Urheberrecht, Rn. 20. Hierzu OLG Frankfurt a.M., GRUR-RR 2004, 99, 100 *Anonyme Alkoholiker*, das dabei ausschließlich auf die Schutzfähigkeit nach inländischem Recht abstellte.

4. Grenzenlosigkeit des ideellen Aspekts

Die nach der herrschenden Meinung vorzunehmende territoriale Begrenzung der einzelnen Urheberrechte widerspricht auch dem länderübergreifenden ideellen Aspekt des Urheberrechts. Dieser Aspekt bringt die besondere Beziehung von Geist und Gut zum Ausdruck, die im Urheberrecht besteht. Das Werk stammt aus dem ideellen Gedankengut seines Schöpfers und ist somit mittelbar mit dessen Persönlichkeit verbunden. Seit der Überwindung des Privilegienwesens vereint alle Urheberrechtstheorien die Anerkennung eines ideellen, in der Person des Schöpfers begründeten Aspekts, mag dieser auch unterschiedlich ausgeprägt sein. Eine erhebliche Aufwertung hat die ideelle Beziehung des Urhebers zu seinem Werk zudem durch die Anerkennung des Urheberrechts als Menschenrecht[277] erfahren. Dadurch kommt jedem Schöpfer aufgrund seiner Eigenschaft als Mensch ein gewisser Schutz an seinen geistigen Produktionen zu. An dieser Menschenrechtscharta hat sich grundsätzlich jede Rechtsordnung auszurichten.

Der ideelle Aspekt des Urheberrechts ist in der Persönlichkeit des Schöpfers, zumindest aber in dessen ideellem Gedankengut verankert. Beides lässt sich nicht an territoriale Grenzen binden[278]. Die Abgrenzung nach Landesgrenzen ist hinsichtlich dieses ideellen Aspekts willkürlich und nicht sachlich gerechtfertigt. Der Geist und die Persönlichkeit[279] eines Menschen sind überall und nirgendwo. Jedenfalls aber nicht ausschließlich im Land A oder im Land B[280]. Auch Menschenrechte kennen grundsätzlich keine Landesgrenzen. Sie kommen dem Menschen allein aufgrund seiner Existenz zu, gleich wo oder wie er zu leben vermag. Weiter ist das körperliche Eigentum, welchem nach der Theorie des geistigen Eigentums das geistige Eigentum gleichzustellen ist, nicht territorial, sondern universal ausgestaltet und beansprucht im Grunde weltweite Geltung.

Im Ergebnis ist der herrschenden Meinung und dem geltenden Recht auch bezüglich des ideellen Aspekts des Urheberrechts ein Widerspruch zur

---

[277] Art. 27 Abs. 2 der UN-Menschenrechtserklärung hat folgenden Wortlaut: „Jeder Mensch hat das Recht auf Schutz der moralischen und materiellen Interessen, die sich aus jeder wissenschaftlichen, literarischen oder künstlerischen Produktion ergeben, deren Urheber er ist.“

[278] *Von Gamm*, Einf., Rn. 29

[279] Die Persönlichkeit ist nicht mit dem Persönlichkeitsrecht gleichzusetzen. Das in Art. 2 GG verankerte Persönlichkeitsrecht ist an den Geltungsbereich des Grundgesetzes gebunden.

[280] *Kohler*, S. 440

Tatsächlichkeit entgegen zu halten[281]. Sie wird dem landesgrenzenunabhängigen Charakter des ideellen Gedankengutes des Urhebers nicht gerecht.

5. Keine Reaktion auf die Tendenz zur Globalisierung in der Weltwirtschaft

Der herrschenden Meinung ist ein weiterer Punkt entgegenzuhalten, der das Verhältnis von der rechtlichen Konzeption und den tatsächlichen, ökonomischen Tendenzen betrifft. Infolge des Territorialitätsprinzips ignorieren die nationalen Rechtsordnungen die internationale Tendenz der Globalisierung und Verflechtung. Jedenfalls geht vom geltenden Recht kein Impuls aus, Unterschiede der einzelnen Rechtsordnungen, die den Globalisierungsprozess hemmen, abzubauen.

a. Tendenz der Globalisierung

In den letzten Jahren zeigt sich verstärkt eine Tendenz zur Globalisierung. Globalisierung umschreibt das Zusammenrücken der Staaten und Gesellschaften, welches auf die in der Vergangenheit stetig ansteigende Zahl von Grenzüberschreitungen und internationalen Verflechtungen folgt[282]. Dieses Zusammenrücken erfolgt nicht nur weltweit, sondern auch regional[283], das heißt innerhalb einzelner Ländergruppierungen. Beispiel hierfür ist etwa die Europäische Union.

Die Tendenz zur Globalisierung zeigt sich ganz plastisch daran, dass für den Waren- und Personenverkehr (Landes-) Grenzen an Bedeutung verlieren und dass Markt, Handel oder Rechtsverkehr immer seltener nur nationale Interessen berühren, sondern vielmehr länderübergreifend orientiert sind.

Im Kollisionsrecht äußert sich dies vor allem dadurch, dass infolge des Anstiegs länderübergreifender Verflechtungen die internationalen Sachverhalte stetig zunehmen. Ihre erhöhte praktische Relevanz lässt das Kollisionsrecht insgesamt gewichtiger werden. Insbesondere besteht ein gesteigertes

---

[281] *Schack*, MMR 2000, 59, 63

[282] Eine grammatikalische Definition des Begriffs Globalisierung ist ungemein schwierig, fast unmöglich, umschreibt er doch wirtschaftliche, soziale und politische Konsequenzen, die sich aufgrund von technischen und technologischen Entwicklungen ergeben haben. Am ehesten sollte Globalisierung als „Prozess einer wachsenden Vernetzung von Gesellschaften" (*Baylis/Smith*, Globalization, S. 7) oder als „erfahrbares Grenzenloswerden alltäglichen Handelns" (*Beck*, S. 44) bezeichnet werden. Zu weiteren Begriffsbestimmungen: *Basedow*, FS-Stoll, S. 406 f. und *Behrens*, in: Basedow (Hrsg.), Aufbruch, S. 382 f.

[283] Man könnte deswegen auch von Globalisierung und Regionalisierung sprechen.

Interesse daran, ein ausgewogenes und sachgerechtes, der Internationalität gerecht werdendes Ergebnis zu erzielen.

b. Anforderungen an das Recht

Eine „gute" Rechtsordnung berücksichtigt die tatsächlichen, sozialen und ökonomischen Gegebenheiten innerhalb ihres Anwendungsbereichs und legt sich diese zu Grunde. Ändert sich der status quo infolge einer Weiterentwicklung dieser Gegebenheiten, darf eine Rechtsordnung davor ihre Augen nicht verschließen, wenn sie nicht an Qualität und Sachnähe verlieren will.

Mit anderen Worten darf auch die Tendenz zur internationalen Verflechtung in der rechtlichen Entwicklung nicht unberücksichtigt bleiben[284]. Als Reaktion kommt neben der international abgestimmten Harmonisierung des Sachrechts oder des Kollisionsrechts vor allem die Ermöglichung eines Systemwettbewerbs in Betracht, innerhalb dessen um die beste rechtliche Konzeption gerungen wird[285]. Welche am meisten erfolgversprechend ist, kann nicht abstrakt beurteilt werden, sondern muss anhand des einzelnen Sachgebiets festgestellt werden.

Dass aber eine Reaktion erfolgen muss, ist anerkannt und zeigt sich auch an der Tatsache, dass diese Entwicklung bereits vielerorts auf die Rechtswissenschaft und die nationalen Rechtsordnungen eingewirkt hat[286].

Auch im Internationalen Urheberrecht sollte sich infolgedessen die Perspektive, mit der die Effektivität des Rechtsschutzes und die Stellung des Urheberrechtsinhabers insgesamt betrachtet wird, von der nationalen hin zu einer internationalen Perspektive bewegen[287]. Man muss stärker als bisher darum bemüht sein, gravierende strukturelle und inhaltliche Unterschiede der einzelnen Rechtsordnungen aufzulösen bzw. erst gar nicht entstehen zu lassen. Denn solch starke Abweichungen zwischen den Rechtsordnungen können auf den wirtschaftlichen Integrationsprozess eine hemmende Wirkung entfalten. Für einen einheitlichen Markt ist eine zumindest ansatzweise einheitliche Rechtsgestaltung erforderlich. Zudem würde diese Anpassung den engeren wirtschaftlichen und tatsächlichen Verbindungen der Länder in Zeiten der Globalisierung entsprechen.

---

[284] Allgemein zu den Auswirkungen der wirtschaftlichen Entwicklung auf die rechtliche Gestaltung *Kobrin*, S. 146 ff.

[285] Ausführlich zum Systemwettbewerb unten in Kapitel 4., A., III. 6. und 7.

[286] Allgemein dazu: *Ebke*, FS-Druey, S. 109 ff., 112 ff.

[287] So für das Kennzeichenrecht: *Kur*, WRP, 2000, 635

c. Auswirkungen des Territorialitäts- und Schutzlandprinzips

Eine selbständige Reaktion auf diese Tendenzen ist im geltenden Recht nicht angelegt. Vielmehr bleiben länderübergreifende Entwicklungen nach dem Territorialitätsprinzip und dem Schutzlandprinzip grundsätzlich außer Betracht.

Nach dem Territorialitätsprinzip sind an einem zu beurteilenden Rechtsverhältnis nur inländische Schutzrechte, Inländer und wie Inländer zu behandelnde Ausländer beteiligt (vgl. § 120 f. UrhG). Eine Rechtsordnung wird nur selten mit Rechtsinstituten einer anderen konfrontiert. Gesetzgeber und Rechtsanwender beschränken ihren Blick folglich auf das Inland. Das eigene Staatsgebiet wird gleichsam zu einer Insel im internationalen Rechtsverkehr.

Auf die Rechtsentwicklung hat folglich nur die inländische Interessenlage Einfluss. Strukturen und Entwicklungen anderer Rechtsordnungen sind für die nationalen Rechtsordnungen genauso unbedeutend, wie Tendenzen der Globalisierung oder Regionalisierung.

Da der Maßstab einer Rechtsordnung immer nur innerhalb eines Staatsgebiets, nicht aber über dessen Grenzen hinaus gilt, besteht tendenziell kein Bedürfnis, diesen in einen internationalen Kontext zu setzen. Gravierende, den grenzüberschreitenden Rechts- oder Handelsverkehr hemmende Differenzen einzelner Rechtsordnungen werden nach dem Territorialitäts- und nach dem Schutzlandprinzip als solche möglicherweise gar nicht erkannt, zumindest geht kein Impuls von ihnen aus, diese abzubauen. Rein national orientierte Festsetzungen können daher den länderübegreifenden Austausch verhindern oder hemmen und somit die weltweite staatenübergreifende Nutzung erschweren[288]. Betrachtet man die Grundstruktur des Territorialitätsprinzips, so muss man sogar zu dem Schluss kommen, dass dieses Prinzip ähnlich der Kleinstaaterei auf damals deutschem Gebiet im 19. Jahrhundert der Bildung von gemeinschaftlichen, international orientierten Interessen entgegensteht.

Dies wird etwa am Beispiel des Binnenmarktes der Europäischen Union deutlich[289]. Obwohl ein politischer Konsens zur Schaffung und Verwirklichung eines Binnenmarktes, welcher auch das Urheberrecht miterfasst[290], schon früh bestand, erfolgte eine Abstimmung der einzelnen Rechtsordnun-

---

[288] Schack, MMR 2000, 59, 60

[289] „Das Territorialitätsprinzip als Gefahr für die Europäische Gemeinschaft", *Hamann*, S. 19 ff.

[290] *Schippan*, Harmonisierung, S. 13

gen zunächst nicht[291]. Erst durch die Rechtsprechung der europäischen Gerichte[292] und das Tätigwerden der Organe der Europäischen Union[293] wurde nach und nach versucht, bestehende Disharmonien zu entschärfen. Mittel zum Zweck hierfür war freilich nicht eine gemeinsame Anknüpfung im Kollisionsrecht, sondern die Angleichung und Harmonisierung der materiellen Rechte[294]. Motor für diese Anpassung war auch nicht das Recht selbst, sondern die supranationale Gewalt der Institutionen der Europäischen Union. Es ist gewiss nicht feststellbar, ob die bereits erzielten Ergebnisse besser, schneller oder effektiver erreicht worden wären, wenn der Impuls zur Ausräumung grober Differenzen nicht von der EU, sondern nur oder auch von einer vereinheitlichenden Kollisionsnorm ausgegangen wäre. Dass sie jedoch ohne das Tätigwerden der supranationalen Institutionen nicht, nicht so, zumindest jedoch nicht im erforderlichem Maß erreicht worden wären, ist meines Erachtens offensichtlich. Die nationalen Interessen jedes Einzelstaats hätten über den internationalen Vereinheitlichungsinteressen gestanden.

Nimmt man nun diese Erkenntnisse und überträgt sie in einen internationalen Rahmen, in welchem eine solche Supranationalität nicht existiert, so muss man zum Schluss kommen, dass das geltende Recht den durch die Globalisierung gestellten Anforderungen nicht gerecht wird.

d. Zusammenfassung

Ein Impuls, auf die zunehmende Globalisierung zu reagieren und Hemmnisse im internationalen Rechts- und Handelsverkehr abzubauen, geht von der herrschenden Konzeption nicht aus. Die erfolgten internationalen Abstimmungen basieren auf anderen wirtschaftspolitischen Beweggründen. Schutzland- und Territorialitätsprinzip fixieren den Blick von Gesetzgeber und Rechtsanwender auf das Inland und unterbinden damit eine internationale Perspektive. Diese ist jedoch nicht zuletzt wegen der zunehmenden grenzüberschreitenden Verflechtungen geboten.

---

[291] *Vogel*, in: Ress/Stein (Hrsg.), Vorträge, S. 4 ff. und 8 ff. m.w.N

[292] Etwa EuGH GRUR Int. 1994, 53 *Phil Collins*, EuGH GRUR Int. 1995, 65 *Rolling Stones*, EuGH GRUR 1998, 47 *La Boheme*

[293] Zur geschichtlichen Entwicklung dieses Tätigwerdens *Schippan*, Harmonisierung, S. 49 ff.

[294] Auf die grundsätzliche Möglichkeit, die Probleme des internationalen Urheberrechts im Wege einer materiellen Angleichung zu lösen, wird im nächsten Kapitel ausführlich eingegangen werden.

6. Die Unmöglichkeit der abstrakten Feststellung eines urheberrechtlichen Rechtsverhältnisses

Folgt man dem Territorialitäts- und dem Schutzlandprinzip, so ergibt sich eine weitere nachteilige Konsequenz. Es ist dies die Tatsache, dass die abstrakte, das heißt von einem Schutzland losgelöste, Würdigung eines urheberrechtlichen Rechtsverhältnisses nicht möglich ist.

Da nach dem heutigen Modell das Recht desjenigen Landes Anwendung findet, für dessen Staatsgebiet Schutz begehrt wird, muss vor der Klärung einer materiellen Rechtsfrage immer erst ein Schutzland „bestimmt" werden oder die Rechtsfrage muss nach der Rechtsordnung jedes in Betracht kommenden Schutzlandes getrennt beantwortet werden. Selbst die für das Urheberrecht so elementaren Fragen, ob ein Werk überhaupt schutzfähig ist, ob ein Schutz besteht und wer ihn verlangen kann, können nach geltendem Recht nicht unabhängig von einem räumlichen Bezug oder einem konkreten Schutzbegehren beantwortet werden. Bei keinem urheberrechtlichen Vorgang ist jedoch zur Zeit seiner Vornahme ersichtlich, wie ein zukünftiges Schutzbegehren ausgestaltet sein wird. Damit ist es nicht möglich, zu bestimmen, nach welchem Recht er zu beurteilen ist. Im Voraus, das heißt bis zum Entstehen eines Schutzbegehrens, ist das anwendbare Recht somit nicht bestimmbar.

Das Schutzlandprinzip ist insofern auf eine konkrete Betrachtung ex post ausgerichtet. Wenn nämlich ein vergangenes Verhalten zu beurteilen ist, kann dieses einem Territorium zugeordnet werden, nach welchem sich dann das anwendbare Recht ergibt. Eine Betrachtung ex ante indes ist nur äußerst selten auf einen konkreten Sachverhalt gerichtet[295]. Mit ihr soll gerade generell und abstrakt von bestimmten Konstellationen die Lage dargestellt werden. Dies ist unter der Geltung des Schutzlandprinzips nicht möglich.

Das geltende Recht führt deshalb zu einer Planungsunsicherheit für den Schöpfer und alle anderen Beteiligten: Möchte etwa ein Schöpfer im Vorfeld zur Begründung eines länderübergreifenden Rechtsverhältnisses wissen, welche Gestaltungsmöglichkeiten er hat, wie er seine Interessen am besten verwirklichen kann, welche Risiken und Gefahren ihm drohen oder welche Rechtsmittel er gegebenenfalls zur Hand hat, so kann dies nicht abstrakt geprüft werden. Dies gilt aber auch für die anderen Beteiligten: Auch sie müs-

---

[295] Eine solche Konkretisierung liegt etwa dann vor, wenn ein ganz bestimmtes Verhalten erwartet wird, gegen welches vorbeugend vorgegangen werden soll. Dann kann die Rechtslage bezüglich dieses konkreten Verhaltens geprüft werden, noch bevor es überhaupt stattfindet. Zur vorbeugenden Unterlassungsklage im Urheberrecht: Schricker-*Wild*, § 97 Rn. 43.

sen wissen, welche ihrer Interessen befriedigt werden können, welche Grenzen sie beachten müssen und mit welchen Maßnahmen sie im Falle eines Verstoßes möglicherweise zu rechnen haben. Um ihre Rechtsunsicherheit zu beseitigen, müssen die Beteiligten die Rechtsfragen getrennt für jedes potentiell betroffene Land nach der jeweils inländischen Rechtsordnung klären. Allen Beteiligten obliegt bei länderübergreifenden Sachverhalten eine zeit- und arbeitsintensive Recherche. Selbst wenn ein Beteiligter diesen Aufwand auf sich nehmen würde, wäre das Ergebnis der Prüfung für ihn jedoch stark unbefriedigend, weil ihm wegen der Rechtszersplitterung nur relative und keine absolute Aussagekraft zukommt.

Die Rechtsunsicherheit infolge der Aufspaltung des Internationalen Urheberrechts in zahlreiche Rechtsordnungen steht mithin der Förderung und Vereinfachung von grenzüberschreitender Zusammenarbeit auf dem Gebiet des Urheberrechts entgegen.

Zudem ist die Relativität der Rechtspositionen mit der Bedeutung des Urheberrechts in der heutigen Zeit nicht zu vereinbaren. Es herrscht generell ein Bedürfnis, urheberrechtliche Rechtslagen klar und grenzenunabhängig bestimmen zu können. Diesem Bedürfnis wird mit der repressiv orientierten Schutzlandregel und dem räumlich aufspaltenden Territorialitätsprinzip nicht entsprochen.

Schließlich besteht bei einer nachträglichen Bestimmung einer Rechtsordnung die prinzipielle Gefahr, dass diese zur Zeit der Entstehung des Rechtsverhältnisses keinen Kontakt zum Sachverhalt hatte[296] und somit das anwendbare Recht die erforderliche Sachnähe vermissen lässt.

7. Zusammenfassung der inhaltlichen Bedenken

Die internationale Rechtslage ist nach dem geltenden Recht von einer als Bündelwirkung bezeichneten Rechtszersplitterung gekennzeichnet. Eine homogene länderübergreifende Rechtsposition gibt es deswegen nicht. Diese setzt sich vielmehr nur aus den einzelnen nationalen Schutzrechten zusammen, die jedoch wegen ihrer Unabhängigkeit stark voneinander abweichen können und so die Gefahr eines nur lückenhaften Schutzes schaffen.

Durch die Rechtszersplitterung kann auch eine Bündelung an Urheberschaften auftreten, obwohl dies nach den einzelnen nationalen Urheberrechtsordnungen nicht möglich ist.

Des Weiteren widerspricht das geltenden Recht durch die Zersplitterung der natürlichen Gegebenheit, die von der Einmaligkeit von Schöpfer, Schöp-

---

[296] *Cigoj*, FS-Firsching, S. 72

fungsakt und Schöpfung sowie der Einheitlichkeit und Eindeutigkeit deren Beziehungen zueinander geprägt ist.

Auch widerspricht die Aufspaltung in zahlreiche Rechtsordnungen der universal geltenden Persönlichkeit des Urhebers, in welcher der ideelle Aspekt des Urheberschutzes eingebettet ist.

Diese Widersprüche treten ausschließlich im Rahmen eines länderübergreifenden Sachverhalts auf und bestehen in keiner nationalen Rechtsordnung. Bereits deshalb kann ein Abrücken von diesen nationalen Grundsätzen ausschließlich bei einer länderübergreifenden Bewertung nicht überzeugen.

Schließlich fördert das geltende Recht das unabhängige Nebeneinander einzelner Rechtsordnungen und gibt keinerlei Impuls, zumindest die gravierenden Differenzen der einzelnen Rechtsordnungen abzubauen. Damit wirkt es den Vereinheitlichungstendenzen entgegen, die regional, ganz deutlich in der Europäischen Union und auch global zu erkennen sind.

Zuletzt aber nicht als Letztes kann eine abstrakte und von einem konkreten Schutzland losgelöste Beurteilung eines Sachverhaltes vor Entstehen eines konkreten Schutzbegehrens nicht einheitlich und von den Beteiligten möglicherweise nur mit erheblichem Aufwand erstellt werden. Dies erschwert eine länderübergreifende Kooperation im Urheberrecht.

VI. Probleme der Anwendbarkeit bei Internetsachverhalten

In den vorangegangen Abschnitten wurden die Mängel aufgezeigt, die dem geltenden Recht generell anhaften. Im Folgenden geht es um die besonderen Schwierigkeiten, die bei der Anwendung des geltenden Rechts auf Internetsachverhalte bestehen.

Die Relevanz des Internet liegt zum einen darin, dass dieses Medium einen immer wichtigeren Platz im Internationalen Urheberrechts einnimmt (1.). Zum anderen entstehen durch dieses Medium auch neue, internetspezifische Anwendungsschwierigkeiten (2.).

1. Erhöhte praktische Relevanz der bereits bestehenden Probleme

a. Digitalisierung und Urheberrecht

Damit urheberrechtlich geschützte Werke in der Computerwelt und im Internet verkehrsfähig sind, müssen sie in digitalisierter Form vorliegen.

Durch die Digitalisierung wird erreicht, dass ursprünglich verschieden beschaffene Werke in ein und demselben technischen Format vorliegen[297].

Die Digitalisierung hat für die Verkehrsfähigkeit eines Werks enorme Auswirkungen[298]: Eine Kopie kann mit einem einzigen Mausklick oder wenigen Tastaturbedienungen vollzogen werden. Praktisch bei jedem Internetverhalten wird eine Kopie der betreffenden Datenmenge hergestellt. Ebenso einfach kann das digitalisierte Werk im Internet verbreitet werden, etwa durch Versenden in einer e-Mail. Die Geschwindigkeit mit der eine Kopie hergestellt oder verbreitet werden kann, übertrifft die der herkömmlichen Methoden bei weitem. Ein mehrminütiges Musikstück oder ein mehrere tausend Seiten umfassendes Werk der Literatur kann in wenigen Sekunden massenhaft vervielfältigt werden. Der temporale Aspekt spielt bei der Verbreitung praktisch keine Rolle[299]. Endlich ist die digitale Vervielfältigung auch sehr billig, kostet sie doch nicht mehr, als für die Nutzung des Internet an sich aufgebracht werden muss. Die Versendung einer e-Mail ist in aller Regel kostenlos, gleich ob oder wie viele Daten mit ihr verschickt werden. Eine digitale Vervielfältigung offline, das heißt an einem nicht mit dem Internet verbundenen Rechner, ist gänzlich kostenlos. Hinzu kommt, dass bei einer digitalen Vervielfältigung ein technisch bedingter Qualitätsunterschied zwischen Kopie und Original nicht entsteht. Die Datenstränge haben immer dieselbe Qualität. Dies macht es sogar technisch unmöglich, im Nachhinein Kopiervorlage und Kopie zu bestimmen[300]. Zusätzlich hat die digitale Beschaffenheit den Vorteil, dass große Datenmengen nur sehr wenig Platz beanspruchen[301]. Ein digitales Werk kann mithin leichter, schneller und kostengünstiger als ein körperliches vervielfältigt und verbreitet werden. Dies gilt insbesondere für eine massenhafte Vervielfältigung oder Verbreitung.

Was für die Verkehrsfähigkeit gilt, trifft auch auf die Manipulierbarkeit zu. Es bedarf mittlerweile keiner besonderen Fachkenntnis mehr, mittels eines Bildbearbeitungsprogramms eine Grafik oder ein Bild zu verändern, mittels eines Textverarbeitungsprogramms auf einen literarischen oder wissen-

---

297 *Plate*, in: Götting (Hrsg.), Multimedia, S. 8

298 Digitalisierung und Internet führen zu einzelnen materiellrechtlichen Problemen. Auf diese wird im Rahmen dieser Untersuchung nicht eingegangen. Hierzu *Freitag*, in: Kröger/Gimmy (Hrsg.), Internetrecht, S. 332 ff.

299 *Tonninger*, S. 26

300 *Lehmann*, in: Lehmann (Hrsg.), Cyberlaw, S. 28

301 Auf eine CD-Rom mit 700 MB Speicherplatz passen etwa 350000 Textseiten, *Plate*, in: Götting (Hrsg.), Multimedia, S. 8; *Salmony*, in: Lehmann (Hrsg.), Cyberlaw, S. 19. Dies entspricht etwa 20 Mal der Brockhaus-Enzyklopädie in 24 Bänden!

schaftlichen Text einzuwirken oder ihn zu übernehmen[302]. Sogar Musik- oder Filmwerke können durch entsprechende Software von interessierten Laien bearbeitet werden.

Die Natur des Internet bringt es somit mit sich, dass die Verkehrsfähigkeit urheberrechtlicher Werke eine neue Dimension angenommen hat. Einerseits erfordern nicht einmal massenhafte Vervielfältigungen einen besonderen Aufwand an Kosten, Zeit und Arbeit, andererseits werden der Manipulierbarkeit Tür und Tor geöffnet. Folglich nehmen auch die Urheberrechtsverletzungen eine neue Dimension an.

b. Internationalität des Internets

Das Internet ist ein dezentral strukturierter Verbund einzelner, unabhängiger Netzwerke, der global gesehen ein eigenes homogenes Netzwerk darstellt[303]. Es untersteht keiner nationalen oder internationalen Kontrollbehörde und wird daher als „anarchisch" bezeichnet[304].

Die Wurzeln des Internet liegen in den USA, seine ursprüngliche Zielsetzung ist militärischer Art[305]. Diese Ausrichtung hat sich längst in eine wirtschaftliche und gesellschaftliche gewandelt und auch die Landesgrenzen der USA wurden in der Entwicklung rasch überschritten. Mittlerweile ist fast jedes Land der Welt diesem Medium angeschlossen[306]. Es ist heute weltumspannend.

Von einem Rechner, der an das Netz angeschlossen ist, können an jeden Rechner der Welt Daten transferiert werden. Ein Angebot, das von einer Website ausgeht, ist von jeder Stelle der Welt abrufbar. Für die im Internet verfügbaren Daten folgt daraus ihre Ubiquität, das heißt ihre Überallerhältlichkeit. Diese kann, selbst wenn man es wollte, nicht verhindert werden, denn Landesgrenzen sind dem Internet fremd[307]. Es besteht noch nicht ein-

---

[302] *Roßnagel*, MMR 2002, 67, 68

[303] *Tonninger*, S. 8; zur Struktur und Funktionsweise des Internet statt vieler: *Lührig*, in: Ensthaler/Bosch/Völker (Hrsg.), Urheberrecht und Internet, S. 37-43; zu den technischen Grundlagen des Internet statt vieler: *Sieber*, JZ 1996, 429, 430 ff.

[304] *Schwarze*, in: Schwarze (Hrsg.), Rechtsschutz, S. 9

[305] Zur Entstehung und Entwicklung des Internet statt vieler: *Lührig*, in: Ensthaler/Bosch/Völker (Hrsg.), Urheberrecht und Internet, S. 33-37.

[306] Eine eindrucksvolle Graphik der explosionsartigen Entwicklung der Internetnutzung zwischen September 1991 und Juni 1997 findet sich bei *Tonninger*, S. 9.

[307] „Cyberspace knows no national border" *Ginsburg*, in: Hugenholtz (Hrsg.), Future of Copyright, S. 190; *Klett*, S. 53; *Intveen*, S. 11.

mal die technische Möglichkeit, einen Internetinhalt auf ein Landesgebiet zu begrenzen oder von einem einzelnen Landesterritorium fernzuhalten[308].

Die Internationalität ist mithin bei Datentransfers im Internet nicht der Ausnahmefall, sondern die Regel. Sie wird deswegen auch als das Charakteristikum des Internet bezeichnet[309]. Insbesondere genügt für einen Auslandsbezug, dass Datenmengen Landesgrenzen überschreiten. Dieser „virtuelle" Grenzübertritt bei einer Datenübertragung ist internettypisch, auch wenn er gar nicht erkennbar sein sollte.

c. Zwischenergebnis

Durch die Digitalisierung der Werke einerseits und die globale Vernetzung andererseits steigert das Internet die Verkehrsfähigkeit von urheberrechtlich geschützten Werken enorm. Urheberrechtlichen Sachverhalten im Internet kommt somit eine große praktische Bedeutung zu, die sich mit steigender Internetnutzung noch vergrößern wird. Da das Internet keine Landesgrenzen kennt und Internationalität und Globalität internettypisch sind, nimmt es auch im Internationalen Urheberrecht eine bedeutende Rolle ein. Die bisher das Internationale Urheberrecht prägenden Bereiche des Verlagsrechts, des Film- und Rundfunkwesens, werden vom Internet überholt, zumindest aber um einen umfassenden Bereich ergänzt.

Mit der Etablierung des Internet gewinnt aber umgekehrt auch das Internationale Urheberrecht stark an praktischer Bedeutung. Die Internationalität von Urhebersachverhalten kann nicht mehr als eine Randerscheinung begriffen werden, welche traditionell nach dem Schutzlandprinzip behandelt wird. War früher der Widerspruch zwischen globalem Interesse und territorialem Rechtsschutz noch nicht so präsent, so hat sich dies mit dem Internet in jedem urheberrechtlichen Bereich geändert. Beschäftigt man sich heute mit dem Internationalen Urheberrecht, dann müssen die Einflüsse und Interessen, die das Internet mit sich bringt, in gebührender Weise berücksichtigt werden. Sachgerechte länderübergreifende Regelungen sind notwendiger denn je. Mit Territorialitäts- und Schutzlandprinzip werden diese aber gerade nicht erreicht. Die Allgegenwärtigkeit der Internetinhalte ist mit dem geltenden Recht nicht sachgerecht zu regeln.

---

[308] Zu den verschiedenen Versuchen, siehe in Kapitel 3, C., III., 3., a.

[309] Statt vieler: *Köster*, in: Götting (Hrsg.), Multimedia, S. 154

2. Internetspezifische Schwierigkeiten

a. Mehrstufigkeit technischer Vorgänge

Das Schutzlandprinzip kommt zur Anwendung, wenn wegen eines urheberrechtlichen Verhaltens mit Auslandsbezug Schutz begehrt wird. Bei klassischen Werkarten spielt sich das Verhalten regelmäßig auf einer Stufe ab: ein Buch wird gedruckt, ein musikalisches Werk wird aufgeführt.

Im Internetbereich werden aber in der Regel mehrere Stufen berührt: Fast bei jeder Internethandlung wird eine Kopie erstellt[310]. Bei einer einzelnen Datenübertragung werden durch Routing[311] und Caching unter Umständen, wenn auch nur vorübergehend, zahlreiche Vervielfältigungen hergestellt. Nach geltendem Recht ist auf jede Vervielfältigung die Rechtsordnung anwendbar, in deren Staatsgebiet dasjenige Verhalten vorgenommen worden ist, gegen welches Schutz begehrt wird. Grundsätzlich ist jegliche Vervielfältigung zustimmungspflichtig, weswegen der Rechtsinhaber gegen jede ohne Zustimmung vorgenommene Vervielfältigung vorgehen kann. Dies könnte für Datentransfers im Internet bedeuten, dass jede Vervielfältigung im Rahmen einer Datenübertragung nach einer eigenen Rechtsordnung zu bewerten wäre.

Wird etwa ein Datentransfer von einem Server in der Schweiz auf einen Server in Deutschland vorgenommen und werden dabei im Wege des Routing Rechner in Amerika beansprucht sowie Daten in England und Frankreich „gecacht“, dann ist dieser Datentransfer nicht einheitlich einer Rechtsordnung unterworfen. Vielmehr bestimmen sich die einzelnen technischen Vorgänge jeweils nach dem Recht Frankreichs, Englands, Deutschlands, der Schweiz oder der USA.

Rechtsfolge des heutigen Modells ist mithin, dass auf eine homogene Datenübertragung mehrere Rechtsordnungen anwendbar sind[312]. Die technisch bedingten Teilungen und Zwischenspeicherungen der Datenmenge stellen keinen sachgerechten Anknüpfungsgegenstand dar, der eine enge Verbindung von dem Sachverhalt zu einer Rechtsordnung gewährt. Welche Rechner am Routing und Caching beteiligt sind, ist nicht vorhersehbar. Sie müssen auch nicht identisch sein, wenn der Vorgang der Übersendung wieder-

---

[310] *Rieder*, WRP 1996, 859, 861

[311] Zwar ist das Routing nach herrschender Ansicht im deutschen Recht nicht urheberrechtsrelevant. Jedoch richtet sich die Zustimmungspflicht immer nach dem anwendbaren Recht im Schutzland. Es ist nicht auszuschließen, dass Routing und Caching nach geltendem Recht in anderen Rechtsordnungen zustimmungspflichtig sind.

[312] *Klett*, S. 55; *Bühler*, S. 392

holt wird. Dies liegt darin begründet, dass die jeweiligen Rechner bzw. das Übertragungsprotokoll eigenständig den schnellsten Weg wählen. Da es in dem weltweiten Datennetz viele mögliche Wege zum Ziel gibt und diese zu unterschiedlichen Zeiten unterschiedlich ausgelastet sein können, erscheinen die Orte des Routing und Caching, auf welche nach dem Schutzlandprinzip abzustellen ist, in bezug auf die Datenübertragung willkürlich.

Die Zerstückelung des Übertragungsvorganges in Teilakte bringt schließlich für den Rechtsuchenden Nachteile mit sich. Er muss nach derjenigen Rechtsordnung suchen, die ihm den begehrten Schutz gewährt[313]. Ihm wird ist es aber regelmäßig nicht möglich sein, die technischen Abläufe zu rekonstruieren und alle berührten Länder festzustellen. Dadurch bleiben ihm potentielle Schutzrechtsordnungen unbekannt, sodass er ihm zustehende Schutzrechte nicht geltend machen kann.

b. Lokalisierung der Internetverhalten

Abgesehen davon, dass in der digitalen Welt die Anbindung eines Verhaltens an einen bestimmten Ort zufällig und nicht prägend ist, bereitet auch die Lokalisierung erhebliche Schwierigkeiten.

Zwar können manche Handlungsorte klar festgestellt werden, zum Beispiel der Standpunkt eines Servers oder eines festen Computers. Aber schon die Ortung des Up- und Downloads bzw. der diesbezügliche Ort des Computers, auf den oder von dem Daten geladen werden, kann in Zeiten des mobilen Internets fast unmöglich werden. Bei mobilen Computern (*notebooks*) und drahtloser Internetnutzung oder bei einem Internetzugang mittels Mobiltelefon kennt nur der Handelnde den Ort der Handlung. Bei der Lokalisierung der Rechner, die beim Routing und Caching beteiligt sind, kann indes auch der Handelnde nicht ohne weiteres den Ort angeben, da diese technischen Vorgänge auch für ihn nicht ersichtlich sind.

Die Lokalisierung der Internetverhalten belastet nicht nur die Gerichte, sondern auch den Rechtsuchenden. Zwar ist das anwendbare Recht keine Frage der Beweislast oder Beweisführung[314] und somit nicht vom Kläger zu

---

[313] *Bühler*, S. 392, weist zu Recht darauf hin, dass zwar das anwendbare Recht von Amts wegen zu prüfen ist, dass aber die Schlüssigkeit des Klägerbegehrens von ihm darzulegen ist.

[314] Die Frage, wer welche Umstände darlegen und beweisen muss (Beweislast) richtet sich nach zutreffender Ansicht nach der lex causae. Die Frage der Beweisführung im weiteren Sinn (Beweisantritt, -führung, -mittel und –würdigung) als Verfahrens- bzw. Prozesshandlung unterliegen dagegen wie das gesamte Verfahrensrecht der lex fori, BGHZ 42, 385, 388 f.; *Kegel/Schurig*, S. 1058.

beweisen, sondern vom Gericht von Amts wegen zu bestimmen[315]. Für eine schlüssige Darlegung in einer Klageschrift oder für eine vorprozessuale Klärung der Rechtslage, um etwaige Prozesschancen einschätzen zu können, ist die anwendbare Rechtsordnung aber auch für den potentiellen Kläger von entscheidender Bedeutung.

Das geltende Recht, nach dem die Lokalisierung der Internetsachverhalte unverzichtbar ist, führt zu großen praktischen Schwierigkeiten und bringt eine erhebliche Rechtsunsicherheit mit sich. Diese Nachteile sprechen mithin gegen das Schutzlandprinzip.

c. „Wahlmöglichkeit" des „Täters" bezüglich einzelner Verletzungshandlungen

Gegen das Schutzlandprinzip ist weiter einzuwenden, dass es bei Rechtsverletzungen dem Täter, also demjenigen, der die Verletzungshandlung vornimmt, praktisch eine Wahlmöglichkeit bezüglich des anwendbaren Rechts zuspricht.

Die anwendbare Rechtsordnung hängt nach dem geltenden Recht entscheidend von dem Ort der Verletzungshandlung ab. Im Internet ist dies etwa der Ort, an dem die Kopie erstellt wird, mithin der Ort, an dem der betreffende Server oder Computer steht. Durch die Wahl eines bestimmten Servers kann nun der Handlungsort auch von einem potentiellen Täter beeinflusst und somit das anwendbare Recht von diesem „bestimmt" werden. Die Wahlmöglichkeit hinsichtlich des anwendbaren Rechts besteht bei jedem Up- und Download und bei sämtlichen weiteren Verwertungshandlungen. Ausgenommen ist lediglich das Recht des *making available*, auf das sogleich eingegangen wird[316]. Ist etwa die Schutzdauer in Deutschland erloschen, kann problemlos ein deutscher Server gewählt werden. Besteht in einem anderen Land aus anderen Gründen kein Schutz, kann ein Server in diesem Staat anvisiert werden. Die Wahl des Servers erfolgt per Mausklick respektive Tastaturbedienung und erfordert keinen großen Aufwand.

Vom Handlungsort hängt aber nicht nur das anwendbare Recht ab, sondern unter Umständen auch die internationale Zuständigkeit. Es ist nämlich stets an dem Ort, an dem gehandelt wurde, der Gerichtsstand der unerlaubten Handlung eröffnet[317]. Da sich schließlich das Verfahrensrecht stets nach der

---

[315] BGH NJW 1993, 2305; 1995, 2097; 1996, 54; 1998, 1396 und 1321; BGH IPRax 2001, 454, 455

[316] Siehe im folgenden Unterabschnitt d.

[317] Der allgemeine Gerichtsstand ist freilich davon unabhängig eröffnet.

lex fori richtet[318], erstreckt sich das Wahlrecht mittelbar auch auf die übrigen Sachurteilsvoraussetzungen und den Verfahrensgang.

Der potentielle Täter einer Urheberrechtsverletzung im Internet hat somit bei allen Verwertungsrechten mit Ausnahme des Rechts zum *making available* durch die Wahl des Zielrechners die Möglichkeit, den Handlungsort zu bestimmen. Damit hat er Einfluss auf die anwendbare Rechtsordnung, auf die internationale Zuständigkeit und auf das anwendbare Verfahrensrecht.

Er kann ein ihm möglicherweise günstiges Recht wählen und den Schutz des Rechtsinhabers dadurch merklich vermindern. Dies wird als „Flucht in Haftungsoasen“ bezeichnet[319]. Darin liegt eine nicht zu rechtfertigende Begünstigung des Täters[320]. Wenn man neben allgemeinen Interessen auch die Interessen eines der Beteiligten besonders berücksichtigen will, so gebieten es allgemeine Gerechtigkeitserwägungen, nur diejenigen des Verletzten in Betracht zu ziehen. Andernfalls würde man dem Urheber mit der linken Hand einen materiellen Schutz gewähren, dessen Effektivität auf internationaler Ebene aber mit der rechten Hand gleichzeitig entziehen.

Dem kann auch nicht entgegengehalten werden, dass auch bei der Anknüpfung an den Handlungsort im allgemeinen Deliktsrecht eine solche Möglichkeit der Einflussnahme bestehe, weil auch hier der Täter den Tatort durch seine Handlung mitbestimmen könne. Denn erstens ist diese Einflussnahme bei den klassischen Delikten mit einem Ortswechsel verbunden, während der Täter im Internet den Handlungsort von überall her per Mausklick bestimmen kann. Er muss sich insofern nicht körperlich in einen anderen Rechts- oder Verkehrskreis begeben. Und zweitens ist das allgemeine Verkehrsinteresse, Handlungen den Verhaltensregeln des jeweiligen Tatorts zu unterwerfen[321], im Internet deshalb geringer, weil dort nur ein virtuelles Betreten vorliegt: Wenn lediglich Bits und Bytes Grenzen überschreiten, treffen den Täter die örtlichen Verhaltens- und Rechtsregeln nicht in dem sonst üblichen Maße. Es ist schließlich auch zweifelhaft, ob ein solches Verkehrsinteresse am körperlichen Tatort oder nicht vielmehr am virtuellen Rechtskreis ansetzen müsste

Dem Täter eines deliktischen Verhaltens Einfluss auf das anwendbare Recht zuzugestehen und den Verletzten daran zu binden, vermag nicht zu

---

[318] Statt vieler: *Schack*, IZVR, Rn. 40 ff. m.w.N.

[319] Statt vieler: *Hoeren*, MMR 1998, 297 f., der drei solcher Urheberrechtsparadiese benennt.

[320] *Köster*, in: Götting (Hrsg.), Multimedia, S. 160

[321] Kegel/Schurig, S. 721

überzeugen. Diese Konsequenz des geltenden Rechts ist nicht interessengerecht.

d. Stärkste Beschränkungen für einen Internetdienstanbieter

Eine Internetseite kann in vielfacher Hinsicht Urheberrechtsrelevanz haben. Sie kann urheberrechtlich geschützte digitale Werke enthalten oder anbieten, sie kann selbst als Ganzes oder partiell ein schutzfähiges Werk[322] sein oder sie kann ein Datenbankwerk[323] darstellen. Der Betreiber einer Internetseite muss demnach in vielfacher Hinsicht Urheberrechte anderer beachten. Hervorzuheben ist insbesondere das Recht des Urhebers, sein Werk öffentlich zugänglich zu machen (§ 19a UrhG). Darunter fällt auch das Recht, das Werk im Internet anzubieten. Werden auf Internetseiten folglich Werke ohne die Zustimmung des Urhebers zum Abruf bereitgehalten, so liegt eine Rechtsverletzung vor.

Diese Rechtsverletzung ist überall da begangen, wo das Internetangebot abgerufen werden kann[324]. Wegen der Struktur des Netzes kann von jedem mit dem Netzwerk verbundenen Rechner jedes Angebot abgerufen werden. Landesgrenzen spielen keine Rolle. Für die rechtliche Betrachtung gilt hingegen, dass die Landesgrenzen für die Frage ausschlaggebend sind, welche materielle Rechtsordnung anwendbar ist.

Das Zusammenspiel von tatsächlicher Globalität und rechtlicher Territorialität hat für den Internetanbieter weitgehende nachteilige Konsequenzen: Da das Angebot in jedem Land der Welt erhältlich ist und dessen Inhalte überall abrufbar sind, ist der Anbieter gezwungen, es an jeder Rechtsordnung auszurichten. Dies führt immer auch zur Anwendbarkeit der strengsten, rechtsinhaberfreundlichsten Rechtsordnung, denn auch in deren Staatsgebiet ist das Angebot zum Abruf angeboten. Auf der prozessualen Seite korreliert mit der Anwendung jeder Rechtsordnung die grundsätzlich weltweite Gerichtspflichtigkeit. Da an dem Ort, an dem ein Angebot abgerufen werden kann, auch ein prozessualer Handlungsort ist, ist dort ein Gerichtsstand eröffnet. Weil Internetangebote weltweit abrufbar sind, sind die Gerichte eines

---

322 *Koch*, NJW-CoR 1997, 298; *Köhler/Arndt*, S. 162 ff.; Schricker-*Loewenheim*, § 2 Rn. 201

323 *Köhler/Arndt*, S. 164 ff.; *Fröhlich*, S. 40

324 Jetzt ausdrücklich LG Hamburg, GRUR Int. 2004, 148, 152 *Thumbnails* (nicht rechtskräftig); Schricker-*Katzenberger*, vor §§ 120 ff. Rn. 145; *Gesmann-Nuissl*, in: Ensthaler/Bosch/Völker (Hrsg.), Urheberrecht und Internet, S. 415; *Hoeren/Thum*, in: Dittrich (Hrsg.), Beiträge zum Urheberrecht, S. 86 m.w.N.; „herrschende Meinung", *Hoeren*, in: Hoeren/Sieber (Hrsg.), Handbuch MMR, Rn. 19; a.A. *Dieselhorst*; ZUM 1998, 293, 299, der auf den Standpunkt des Servers abstellt.

jeden Landes international zuständig. Der Rechtsinhaber kann somit ein weltweites forum shopping betreiben und folglich auch immer an seinem Wohnsitz klagen.

Ein Internetanbieter steht somit vor der Wahl, sich unzähligen Rechtsordnungen und einer weltweiten Gerichtspflichtigkeit auszusetzen oder auf den Internetauftritt zu verzichten. Unter den Anhängern der herrschenden Ansicht wird diese Konsequenz mit dem Hinweis hingenommen, der Anbieter profitiere ja bei einem Internauftritt auch von der weltweiten Abrufbarkeit seiner Seiten[325].

Dem kann nicht gefolgt werden. Wenn man sich die Bedeutung des Internet in der heutigen Zeit vergegenwärtigt, kann man den Verzicht auf ein Internetangebot nicht ernsthaft verlangen. Er darf auch nicht als Konsequenz einer Rechtsregelung hingenommen werden. Die Abkehr vom Internet würde den Bedürfnissen der Informationsgesellschaft nicht gerecht werden, weil der Informationsfluss dadurch gemindert würde.

Auch die Ausrichtung eines Internetangebots an der jeweils strengsten Rechtsordnung ist nicht sachgerecht. Sie kann dem Anbieter nicht zugemutet werden, weil sie voraussetzen würde, dass er jede Rechtsordnung kennen und sein Angebot entsprechend prüfen müsste. Damit wäre unter Umständen ein erheblicher sachlicher und finanzieller Aufwand verbunden.

Außerdem würde dies dazu führen, dass die für die Nutzer und Verwender härteste Rechtsordnung weltweiten Einfluss hätte. So könnte ein Internetangebot unterlassen werden müssen, obwohl es nach dem Ortsrecht des lokalen Anbieters zustimmungslos möglich ist, weil es nach nur einer anderen Rechtsordnung eine Verletzung beinhaltet. Diese eine Rechtsordnung würde dann dominieren, obwohl ihr Einflussbereich außerhalb des Internet nur äußerst gering sein könnte.

Die Orientierung an der strengsten Rechtsordnung hätte schließlich zur Folge, dass Inhalte im Internet größeren Beschränkungen unterlägen, als eine Werknutzung ohne dieses Medium. Einem inländischen Verlag, der urheberrechtlich geschützte Werke vertreibt und die entsprechenden Rechte besitzt, könnte ein Vertrieb mittels Internetauftritt verwehrt sein, wenn nach nur einer Rechtsordnung diese Rechte einen anderen Inhaber hätten und das Werkangebot im Internet eine Urheberrechtsverletzung darstellen würde. Im oben[326] beschriebenen Fall der Bündelung von Inhaberschaften könnte etwa keiner der drei Urheber einen Internetauftritt starten, ohne dass nicht die an-

---

[325] *Junker*, S. 215; *Schack*, JZ 1998, 753, 761; *Hoeren*, in: Hoeren/Sieber (Hrsg.) Handbuch MMR, Rn. 46

[326] Siehe in diesem Kapitel oben C., V., 2.

deren Urheber zustimmen. Dies gilt gemäß § 19a UrhG auch dann, wenn der Vertrieb nur im Inland erfolgen soll.

Schutzland- und Territorialitätsprinzip führen bei Internetangeboten zur Anwendung der jeweils strengsten Rechtsordnung. Dies wird den Interessen der Anbieter und der Informationsgesellschaft nicht gerecht.

e. „Rosinentheorie“

Das geltende Recht führt für den Internetanbieter zu einer weiteren nachteiligen Konsequenz. Durch die technische Mehrstufigkeit eines Datentransfers im Internet sind potentiell verschiedene Rechtsordnungen zur Anwendung berufen. Der Rechtsinhaber kann nicht nur prüfen, ob nach irgendeiner Rechtsordnung ihm zustehende Rechte, insbesondere das Recht zum *making available*, verletzt worden sind und dann diesen Schutz begehren. Er kann weiter prüfen, welche Rechtsordnung ihm die weitest gehenden Rechte verleiht und den umfassendsten Schutz bietet und dann diesen Schutz wählen (*country shopping*[327]; Rosinentheorie). Da nach geltendem Recht von der streitgegenständlichen Handlung auch die Zuständigkeit der Gerichte und damit das anwendbare Prozessrecht abhängt, kann der Rechteinhaber auch verfahrensrechtliche Gesichtspunkte in seine Wahl einfließen lassen. Deutlich zeigt sich dies bei einer Unterlassungsklage. Führt sie dazu, den Interentinhalt aus dem Netz nehmen zu müssen, hat das Urteil weltweite Auswirkung. Insofern ist es gleichgültig, auf der Norm welchen Rechts diese Entscheidung basiert.

Das nach dieser Wahl geltend gemachte Begehren kann sich auch nur auf einen Teil des Urheberrechtsschutzes beziehen. So wäre denkbar, die Unterlassung eines Internetangebots wegen der effektiven Durchsetzbarkeit im einen Land, den aus ihm entstandenen Schaden wegen der Höhe der erkannten Ansprüche aber in einem anderen Land geltend zu machen.

Diese Wahlmöglichkeit privilegiert den Rechtsinhaber über Gebühr und führt zu einem unausgewogenen Interessenausgleich. Zurecht steht dem Täter eine solche Wahlmöglichkeit bei Verletzungen ohne Internetbezug niemals zu[328]. Die Wahlmöglichkeit kann auch nicht durch den Hinweis gerechtfertigt werden, dass sie durch die technische Globalität des Internet bedingt sei und die weltweite Erreichbarkeit diese Wahlmöglichkeit mit sich bringe. Denn bei der vorzunehmenden Interessenabwägung sind technische Gegebenheiten grundsätzlich nicht zu berücksichtigen

---

[327] *Bodewig*, GRUR Int. 2000, 475, 482

[328] *Von Bar*, IPR, Bd. 2, Rn. 710

Durch die Aufspaltung des Sachverhalts in mehrere Teilbereiche, die verschiedenen Rechtsordnungen unterliegen, kann der Rechtsinhaber zudem unter Umständen eine bessere Rechtsposition erhalten, als er sie hätte, wenn der gesamte Sachverhalt einheitlich einer Rechtsordnung unterstellt wäre. Die Rechtslage entspricht hier der der Normenhäufung im allgemeinen Internationalen Privatrecht. Dort wird zu Recht allgemein anerkannt, dass ein übervorteilendes Ergebnis keinen Bestand haben kann, sondern dass im Wege der Anpassung ein Ausgleich gefunden werden muss[329]. Auch im Internationalen Urheberrecht ist eine solche Besserstellung sachlich nicht gerechtfertigt, denn es würden die Wertungen der einzelnen Rechtsordnungen umgangen und praktisch eine neue Rechtsordnung geschaffen werden.

Es bleibt damit festzuhalten: Der Rechteinhaber kann zum einen die Rechtsordnung wählen, die sein Begehren am effektivsten und besten befriedigt. Zum anderen kann er theoretisch durch die Anwendbarkeit mehrerer Rechtsordnungen besser gestellt sein, als er dies wäre, wenn eine dieser Rechtsordnungen umfassend anwendbar wäre. Dies bedeutet eine Besserstellung des Rechteinhabers, die sich nicht sachlich begründen lässt.

f. Faktisches Rechtsverfolgungshemmnis des Rechteinhabers

Das geltende Recht kann aber auch zu nachteiligen Konsequenzen für den Rechteinhaber führen: Befriedigt der nationale Schutz seine internationalen Interessen nicht, so ist er gezwungen, den jeweiligen Schutz nach jeder anwendbaren Rechtsordnung einzeln einzufordern. Dies bedeutet, dass er unter Umständen zahlreiche Verfahren getrennt vorbereiten und führen sowie zahlreiche Beweise antreten muss[330]. Der zu betreibende Aufwand kann dann faktisch ein Rechtsverfolgungshemmnis darstellen, wenn aus wirtschaftlichen Gründen auf eine Rechtsverfolgung verzichtet werden muss.

Deutlich wird dies insbesondere, wenn die Gerichte wie etwa im Pressebereich bei der Schadensermittlung eine Mosaikbetrachtung vornehmen[331] und eine umfassende Klage am Ort des Servers nicht in Betracht kommt: Kann der Kläger nur den Schaden geltend machen, der ihm im jeweiligen Inland entstanden ist, muss er, um seinen gesamten Schaden ersetzt zu bekommen, überall dort klagen, wo ihm wirtschaftliche Nachteile entstanden sind. Hat jemand in zum Schadensersatz verpflichtender Weise Werke im Internet angeboten und erfolgte infolgedessen zum Beispiel in jedem Land

---

329 Hier wird im Wege der Anpassung ein Ausgleich gefunden, statt vieler und auch zu den verschiedenen Lösungsansätzen: *von Hoffmann*, IPR, S. 218 m.w.N.

330 *Bühler*, S. 409

331 Dies wird etwa in Frankreich erwogen, *Kropholler*, EuZPR, Art. 5 Rn. 76

ein Datentransfer nur eines Werks, müsste der Rechtsinhaber in jedem Land der Welt diesen geringen Schaden geltend machen. Hier wird der Aufwand zum Ergebnis im Einzelfall außer Verhältnis liegen, obwohl er international betrachtet beträchtlich sein kann.

Eine Rechtsregelung, die einer Person grundsätzlich zwar Rechte zugesteht, die Rechtsverfolgung bei einer Verletzungen dieser Rechte jedoch in solchem Maße erschwert, kann dem Anspruch, effektiven Schutz zu verleihen, nicht gerecht werden. Es zeigt sich, dass das geltende Recht nicht nur zu einer Bündelung zahlreicher unabhängiger Rechte führt, sondern dass auch die Rechtsverfolgung unter Umständen jeweils national getrennt zu erfolgen hat. Dies bedeutet eine Schwächung der Rechtsposition der Urheber, welche nicht gerechtfertigt ist.

g. Zufällige und willkürliche Interessenentscheidung

Das heutige Modell lässt bei Internetsachverhalten keine einheitliche, homogene Interessenabwägung erkennen. Es wurde in den vorgehenden Abschnitten gezeigt, dass sowohl Rechtsinhabern als auch Werknutzern teilweise Vorteile, teilweise mitunter auch erhebliche Nachteile zukommen.

Während der Internetnutzer bezüglich einzelner Verwertungshandlungen durch die Wahl eines bestimmten Servers die anwendbare Rechtsordnung wählen kann, muss er bei einem Internetangebot grundsätzlich stets alle existierenden Rechtsordnungen beachten. Der Rechtsinhaber kann zwar bei einer Rechtsverfolgung das ihm insgesamt günstigste Recht wählen. Befriedigt dieses sein Begehren nicht, hat er jedoch grundsätzlich nach jeder Rechtsordnung den jeweiligen Schutz einzufordern und einzuklagen.

Eine klare Linie, wessen Interessen im Internationalen Urheberrecht besonders geschützt werden sollen, ist hierbei nicht erkennbar. Die Interessenentscheidungen scheinen eher als Konsequenz der technischen Besonderheiten des Internet hingenommen zu werden, als dass sie das Ergebnis einer wohlabgewogenen, sorgfältigen Interessenabwägung sind. Sie erscheinen rechtlich mit anderen Worten willkürlich und zufällig.

Auch die zufällige und willkürliche Interessenentscheidung spricht mithin gegen das Territorialitäts- und Schutzlandprinzip.

3. Zusammenfassung der Bedenken bei Internetsachverhalten

Es hat sich gezeigt, dass das geltende Recht an seine Grenzen stößt, wenn es auf Internetsachverhalte anzuwenden ist.

Durch die vereinfachte Verkehrsfähigkeit urheberrechtlicher Werke im Zeitalter digitaler Technologie und durch die charakteristische und technisch unvermeidbare Internationalität des Internet ist die Relevanz des Internationalen Urheberrechts insgesamt gestiegen. Durch die Globalität dieses Mediums und die zunehmende Vernetzung der Weltgemeinschaft wird es immer wichtiger, das Urheberrecht nicht mehr als eine rein nationale Sache zu begreifen, sondern dessen internationale Perspektive mehr und mehr in den Vordergrund zu stellen. Die unter Abschnitt V dieses Kapitels vorgetragenen inhaltlichen Bedenken fallen deshalb allein wegen ihrer steigenden praktischen Relevanz schwer ins Gewicht.

Zusätzlich müssen dem heutigen Modell Kritikpunkte entgegengehalten werden, welche sich internetspezifisch beim Schutz gegen Rechtsverletzungen ergeben: Der einheitliche Vorgang einer Datenübertragung wird unter Umständen wegen der technischen Mehrstufigkeit von vielen anwendbaren Rechtsordnungen bewertet. Deren Feststellung ist für die Beteiligten von hoher Bedeutung, kann jedoch erhebliche praktische Schwierigkeiten bereiten.

Bei einzelnen Verletzungshandlungen kann der Täter das anwendbare Recht selbst bestimmen, während ein Internetanbieter sein Angebot nach sämtlichen Rechtsordnungen ausrichten muss. Der Rechtsinhaber kann bei einer einzelnen Verletzungshandlung am Wahlrecht des Täters nichts ändern, während er bei einem verletzenden Angebot das ihm insgesamt günstigste Recht wählen kann. Befriedigt die rechtsinhaberfreundlichste Rechtsordnung das Begehren des Inhabers hingegen nicht, kann er gezwungen sein, nach zahlreichen nationalen Urheberrechtsordnungen parallel Schutz einzufordern.

Die Interessen der Beteiligten werden nicht in einer wohlabgewogenen Weise berücksichtigt, es ist hier keine schlüssige Grundkonzeption erkennbar. Die Interessengewichtung erscheint vielmehr willkürlich.

Insgesamt muss daher festgehalten werden, das die ubiquitäre Verfügbarkeit von Inhalten im Internet das Territorialitäts- und damit das Schutzlandprinzip grundsätzlich in Frage stellen.

D. Zusammenfassung und Zwischenergebnis

Die Konzeption, die dem geltenden Recht zu Grunde liegt und von einer breiten Mehrheit in der Literatur und von der Rechtsprechung vertreten wird, ist mittlerweile gewohnheitsrechtlich anerkannt wird. Sie sieht internationalprivatrechtlich eine Anknüpfung des Urheberrechts an das Schutzland vor und geht von einem territorialen Verständnis der nationalen Urheberrechtsordnungen aus.

An dieser Konzeption sollte aber nicht festgehalten werden, weil sie weder rechtlich geboten ist noch systematisch oder inhaltlich überzeugen kann.

Unzutreffend ist zunächst die Annahme, die geltende rechtliche Konzeption sei dem Urheber- oder dem Immaterialgüterrecht immanent. Das geltende Recht kann sich weder auf eine völkerrechtliche noch auf eine historische, faktische oder eine anderweitige zwingende Rechtfertigung berufen. Es besteht mithin keine rechtliche Notwendigkeit, im Internationalen Urheberrecht am Territorialitäts- und Schutzlandprinzip festzuhalten.

Der herrschenden Ansicht ist somit nur dann zu folgen, wenn das geltende Recht einer kritischen Würdigung Stand hält und sich gegenüber anderen Lösungsansätzen als die systematisch und inhaltlich bessere Variante darstellt. Bei einer eingehenden Analyse offenbaren sich aber durchgreifenden Bedenken:

Systematisch zweifelhaft ist das Verhältnis von Deliktsstatut (Tatortprinzip) und Urheberstatut (Schutzlandprinzip). Das starre Schutzlandprinzip lässt sich nicht in das aufgelockerte Tatortprinzip einfügen und auch die Unanwendbarkeit des Deliktsstatuts bei Urheberrechtsverletzungen kann systematisch nicht einwandfrei begründet werden.

Systematisch fragwürdig ist weiter die internationalprivatrechtliche Qualifikation urheberrechtlicher Verfügungen. Das hierauf anwendbare Recht wird ausgehend vom materiellrechtlichen Vorverständnis nach der lex fori bestimmt, obwohl dies kollisionsrechtlichen Interessen zuwider läuft und insbesondere den internationalen Entscheidungseinklang gefährdet. Abgesehen davon haften den hier vertretenen Theorien (Spaltungs-, Einheitstheorie) aber auch inhaltliche Mängel an, die letztlich auf die zugrundeliegende Konzeption und vor allem auf das territoriale Verständnis nationaler Urheberrechtsordnungen zurückzuführen sind.

Inhaltlich besonders unbefriedigend ist die durch das geltende Recht entstehende Bündelwirkung, die in vielfacher Hinsicht zu einer unsachgerechten Rechtszersplitterung führt. Sie widerspricht den natürlichen Gegebenheiten des Urheberrechts, erschwert eine Reaktion auf länderübergreifende Tendenzen und führt dazu, dass die internationale Betrachtung von der nationalen Betrachtung abweicht, was insbesondere bei der Nebenschöpferschaft deutlich wird, bei welcher unter Umständen mehrere sich gegenseitig ausschließende Urheberschaften nebeneinander bestehen.

Diese inhaltlichen Bedenken potenzieren sich im Internet, da durch dessen Anwendung die früher eher seltenen Auslandsberührungen im allgemeinen Urheberrecht plötzlich zu Fällen des täglichen Lebens werden. Zudem ergeben sich neue Anwendungsschwierigkeiten bei Internetsachverhalten, die im unüberbrückbaren Gegensatz zwischen der rechtlichen Territorialität und der Globalität des Internet begründet sind. Den Beteiligten kommen Vorteile (Rosinentheorie, Wahlmöglichkeit bei einzelnen Verwertungshandlungen) und erhebliche Nachteile (Stärkste Beschränkung eines Internetangebots, Rechtsverfolgungshemmnis) zu, die in keinem ausgewogenen Verhältnis stehen, sondern vielmehr nur von den technischen Gegebenheiten abhängen und somit rechtlich willkürlich erscheinen.

Die Bestandsaufnahme der in Deutschland geltenden Rechtslage hat somit ergeben, dass die bestehende Konzeption von Schutzlandprinzip und territorialem Verständnis der nationalen Urheberrechte den heute an das Internationale Urheberrecht gestellten Anforderungen nicht mehr im erforderlichen Umfang gerecht wird. Dies gilt sowohl grundsätzlich als auch im Besonderen für internetbezogene Urheberrechtsverhältnisse. Die bestehenden Anwendungsschwierigkeiten werden nur dann gelöst werden können, wenn von der derzeitigen rechtlichen Konzeption abgewichen wird.

3. Kapitel – Lösungsvorschläge

Territorialitäts- und Schutzlandprinzip sind so, wie sie von der herrschenden Meinung vertreten werden, im Internationalen Urheberrecht mit erheblichen Schwierigkeiten verbunden. Im Folgenden muss daher der Frage nachgegangen werden, ob es sachgerechtere Lösungsvarianten gibt.

In diesem Kapitel werden diverse Lösungsvarianten untersucht, die im Schrifttum zum Internationalen Urheberrecht erörtert werden. Zwar gehen die angestellten Überlegungen oftmals nicht über allgemeine Erwägungen hinaus und es werden im Ergebnis nur einige Varianten von einzelnen Autoren konsequent vertreten. Die nachfolgenden Lösungsvarianten werden jedoch in der Literatur regelmäßig bei der Problemlösung diskutiert, weshalb sie auch in dieser Arbeit eingehend zu untersuchen sind.

Die Lösungsvorschläge lassen sich in drei verschiedene Ansätze einteilen:

Der erste Ansatz wird darin gesehen, das Schutzlandprinzip im Kollisionsrecht und das Territorialitätsprinzip im Sachrecht unverändert anzuerkennen und auf der Ebene des Sachrechts die bestehenden Anwendungsschwierigkeiten durch materiellrechtliche oder faktische Modifikationen zu beseitigen oder zu mildern (A.). Ein zweiter Ansatz geht dahin, das Schutzlandprinzip durch eine andere Kollisionsnorm zu ersetzen (B.). Schließlich wird in einem dritten Ansatz erwogen, das Internet zum Ausgangspunkt einer Rechtsregelung zu machen und dadurch den Online-Bereich im Internationalen Urheberrecht selbständig zu regeln (C.).

Auf die Anknüpfung an das Ursprungsland wird gesondert eingegangen werden, da diesem ein grundlegend anderes Verständnis der Urheberrechtsordnungen (Universalitätsprinzip) zu Grunde liegt (Kapitel 4).

A. Modifikation des geltenden Rechts

I. Die „schutzlückenschließende“ Auslegung und die Ergänzung des Sachrechts

Dass das geltende Recht mitunter zu kaum tragbaren Ergebnissen kommt, wird auch von Vertretern der herrschenden Meinung erkannt. Sie stellen freilich weder das Territorialitätsprinzip noch das Schutzlandprinzip grundsätzlich in Frage, versuchen jedoch das geltende Recht punktuell durch Auslegung und Interpretation derart fortzuentwickeln, dass im jeweiligen Einzelfall doch vertretbare Resultate erzielt werden können. Sie versuchen also, bestehende Schutzlücken durch Auslegung oder Ergänzungen des Sachrechts zu schließen. Auslegungsbedürftig werden im Schrifttum insbesondere die

Normen angesehen, mit denen die Besonderheiten des Internet und die diversen Internetverhalten rechtlich eingeordnet werden sollen. Als nahezu untragbare Ergebnisse werden insbesondere angesehen die Möglichkeit der Flucht in Haftungsoasen (1.) und die eines weltweiten forum shopping (2.). Schließlich wird die Statuierung einer regelmäßigen Haftung des Providers (3.) und ein Systemwechsel im Online-Bereich hin zu obligatorischen Lizenzen (4.) erwogen.

1. Vereitelung der Flucht in Haftungsoasen

Viel Beachtung bei den Überlegungen zur Modifikation des geltenden Rechts hat die Möglichkeit der „Flucht in Haftungsoasen" gefunden[332]. Obwohl sie ein grundsätzliches Problem im Internationalen Urheberrecht ist, wird sie vornehmlich im Internet relevant und regelmäßig in diesem Zusammenhang erörtert. Nach früherem Recht bestand für Inhalteanbieter im Internet die Möglichkeit, in Haftungsparadiese zu entfliehen, in dem sie ihren Serverstandort dorthin verlegten. Dies wurde und wird als große Gefahr im Internationalen Urheberrecht angesehen.

Diese Fluchtmöglichkeit und vor allem ihre Vereitelung waren Gegenstand unterschiedlicher Überlegungen. Hervorzuheben ist hier die Ansicht von *Dieselhorst*[333], der beim Download eines Nutzers immer auch eine Handlung des Anbieters sieht, infolgedessen das Verhalten des Anbieters (auch) nach dem Recht des Abruforts beurteilt und die Flucht dadurch unmöglich macht. Mit diesen Überlegungen war offenbar die Hoffnung verbunden, den wesentlichen Mangel des geltenden Rechts abzuschaffen, die größte Schutzlücke zu schließen und so die Besonderheiten des Internet mit dem geltenden Recht vereinbaren zu können.

Mit Einführung der §§ 15 Abs. 2 Nr. 2, 19a UrhG haben sich diese Bemühungen durch Zweckerreichung erübrigt: Ein urheberrechtliches Internetangebot berührt nun immer auch das Recht des Urhebers zum *making available.* Handlungsort des öffentlichen Zugänglichmachens ist immer da, von wo der Inhalt abgerufen werden kann[334]. Eine Flucht des Anbieters in Haftungsoasen ist damit nach geltendem Recht nicht mehr möglich, denn der Serverstandort ist für das anwendbare Recht nicht mehr maßgebend. So fin-

---

[332] Statt vieler: *Hoeren*, MMR 1998, 297 f.

[333] *Dieselhorst*, ZUM 1998, 293, 300; dagegen: *Intveen*, S. 72, m.w.N.

[334] *Hoeren*, in: Hoeren/Sieber (Hrsg.), Handbuch MMR, Rn. 19: „herrschende Meinung"; Schricker-*Katzenberger*, vor §§ 120 ff. Rn. 145; *Intveen*, S. 38, sieht hierin eine „Aufhebung der Grundprinzipien des Schutzlandprinzips".

det zum Beispiel auf ein Angebot, das von einem in einem solchen Paradies liegenden Server ausgeht, immer auch das deutsche Urheberrecht Anwendung, weil auch in Deutschland ein Abruf möglich ist.

Zwar ist nun eine Flucht der Internetanbieter in Haftungsoasen nicht mehr möglich. Es ist aber nicht so, dass sich damit insgesamt die Anwendungsschwierigkeiten des geltenden Rechts tatsächlich merklich gemindert haben.

Zunächst kann § 19a UrhG keine das gesamte Internationale Urheberrecht betreffende Bedeutung zugesprochen werden. § 19a UrhG regelt das Recht des *making available* und ordnet es ausdrücklich dem Urheber zu. Die Interessen des Rechtsverkehrs und der Werkvermittler an freier Informationsbeschaffung im Internet müssen hier somit hinter den Interessen der Rechtsinhaber an dem Schutz ihres geistigen Schaffens zurücktreten. Es finden sich aber weder im Wortlaut noch in der Begründung des Gesetzgebers Anhaltspunkte dafür, dass auch zukünftig andere Interessenkonflikte zu Gunsten des Rechtsinhabers entschieden werden sollen. Vielmehr beschränkt sich der Regelungsbereich auf das Recht des öffentlichen Zugänglichmachens[335]. Er kann demnach für andere Wertungsfragen im Internationalen Urheberrecht nicht herangezogen.

Des Weiteren nimmt sich § 19a UrhG nur eines einzelnen Mangels der bestehenden Rechtsregel an und lässt alle anderen Probleme unberührt. Die allgemeine Kritik bleibt insofern ungemindert bestehen. Eine für das Urheberrecht als Ganzes geltende Verbesserung wird durch § 19a UrhG nicht erzielt.

Schließlich führt die Zuweisung des Rechts des *making available* an den Urheber aber auch zu einem anderen unerwünschten Ergebnis: Werkvermittler und Internetanbieter sind bei ihren Internetangeboten jeweils der strengsten Rechtsordnung unterworfen[336]. Sie müssen sich also nicht lediglich am Ortsrecht ihres Servers, sondern am Recht jedes Abruforts ausrichten. Dies widerspricht den Bedürfnissen der heutigen Informationsgesellschaft und ist auch den einzelnen Nutzern nicht zumutbar.

Die durch § 19a UrhG erreichte Vereitelung der Flucht in Haftungsoasen mag die Position des Urhebers punktuell verbessern, sie kann aber nicht entscheidend dazu beitragen, die Anwendungsschwierigkeiten des geltenden Rechts im Internationalen Urheberrecht zu lösen. Vielmehr zeigt sich an dieser Regelung lediglich sehr deutlich, wie wenig das herrschende territoriale Verständnis der Urheberrechte mit der Globalität des Internet vereinbar ist.

---

[335] *Von Olenhusen*, ZRP 2003, 232, 234

[336] Siehe dazu oben in Kapitel 2, C., VI., 2., d.

2. Mosaikbetrachtung bei Schadensersatz

Um die Probleme im Internationalen Urheberrecht zu bewältigen, wird weiter die Anwendung der Mosaikbetrachtung vertreten[337], welche die Möglichkeit des weltweiten forum shopping eindämmen soll.

Dieser vom EuGH[338] für das Persönlichkeitsrecht im Pressebereich entwickelte Grundsatz besagt, dass die Gerichte sowohl am Handlungs- als auch am Erfolgsort zur Entscheidung berufen sind, dass sich deren Kognitionsbefugnis bei Schadensersatzansprüchen an einem Erfolgsort aber auf den jeweils inländischen Schaden beschränkt und nur am Handlungsort (Ort der Niederlassung) der gesamte Schaden geltend gemacht werden kann (Mosaikbetrachtung).

In der Tat würde die Möglichkeit des forum shopping durch eine Mosaikbetrachtung relativiert. Zwar stünden weiterhin grundsätzlich zahlreiche Gerichtsstände offen, der Kläger wird aber aus ökonomischen Gründen nicht in zahlreichen Prozessen einzelne Schadensposten einklagen, sondern möglichst einen einzelnen, umfassenden Prozess führen wollen. Diesen müsste er am Handlungsort anstrengen. Für den Beklagten hätte dies zur Folge, dass Streitgegenstand dieses einen Prozesses eine Handlung sein würde, die am Ort seiner Niederlassung begangen worden ist. Anwendbare Rechtsordnung wäre wegen des Territorialitätsprinzips somit die inländische, welche ihm bekannt, zumindest aber vorhersehbar ist. Es verwundert deshalb zunächst nicht, dass die Mosaikbetrachtung im Presse- und Persönlichkeitsrecht überwiegend unterstützt wird[339].

Es ist allerdings zweifelhaft, ob sie als genereller Grundsatz für urheberrechtliche Ansprüche in Betracht kommt und vor allem, ob sie auch in den Internetbereich übertragen werden kann[340]. Gegen die Anwendung im Online-Bereich spricht zunächst, dass im Internet erhebliche Schwierigkeiten bestehen, einzelne Schadenspositionen zu lokalisieren. Stellt man für die Lokalisierung des Schadens bei einem rechtswidrigen Angebot auf dessen Abrufbarkeit ab, so wäre die Zahl der Nutzungsberechtigten insgesamt maßge-

---

337 *Bachmann*, IPRax 1998, 179, 186 f.; *Muth*, S. 101 ff., 112

338 EuGHE 1995, 450, 461 *Shevill vs. Press Alliance*; *Leonhard*, in: Leipold (Hrsg.), Rechtsfragen, S. 240

339 Zahlreiche Nachweise zum Presse- und Persönlichkeitsrecht bei *Kerpen*, S. 245 ff. und *von Hinden*, S. 154, die allerdings beide anderer Ansicht sind, *Kerpen*, S. 251, *von Hinden*, S. 167 f.

340 So v.a. *Bachmann*, IPRax 1998, 179, 186 f.

bend[341]. Dann würde die Mosaikbetrachtung bei jeder Verletzung zu demselben Ergebnis kommen. Es kann aber nicht überzeugen, dass der Schaden bei jedem Delikt immer gleich verteilt sein soll. Stellt man dagegen für die Lokalisierung des Schadens auf die tatsächlichen Abrufe ab[342], muss man zum einen feststellen, wie viele es davon jeweils tatsächlich gibt, und zum anderen, von wo jeder einzelne Abruf vorgenommen worden ist. Beides aber wird man regelmäßig nicht zuverlässig feststellen können[343]. Zudem ist wegen der Deterritorialisierung des Rechts im Internet[344] eine solche räumliche Aufspaltung nicht sachgerecht.

Gegen eine Anwendung der Mosaikbetrachtung auf urheberrechtliche Schadensersatzansprüche spricht weiter die Tatsache, dass für eine Mosaikbetrachtung ein Handlungsort und mehrere Erfolgsorte vorliegen müssen. Im Urheberrecht gibt es aber nur einen Handlungs- und keinen Erfolgsort.

Die Eingrenzung der Entscheidungsbefugnis bei urheberrechtlichen Schadensersatzansprüchen überzeugt daher nicht.

Selbst wenn man aber eine Eindämmung vornehmen würde, würde das Internationale Urheberrecht dadurch nicht merklich verbessert: Denn die Mosaikbetrachtung ist von vorneherein auf Schadensersatzansprüche beschränkt. Bei Feststellungs-, Unterlassungs- oder Beseitigungsansprüchen findet sie keine Anwendung[345]. Bei diesen Ansprüchen bleibt es unverändert bei der Möglichkeit des weltweiten forum shopping. Der Vorschlag, eine Unterlassungsverfügung im Internet nur dann aussprechen zu können, wenn sie nach sämtlichen Rechtsordnungen gerechtfertigt ist[346], ist hingegen deshalb verfehlt, weil eine solche Verfügung dann nie ausgesprochen werden könnte, wenn das Angebot nach einer Rechtsordnung zulässig ist. Das wäre eine nicht hinzunehmende Schwächung der Position des Urhebers.

Die Beschränkung der Kognitionsbefugnis bei Schadensersatzansprüchen (Mosaikbetrachtung) ist im Internet mithin nur äußerst schwer anwendbar, mangels eines räumlichen Bezugs des Netzwerks nicht sachgerecht und zudem nicht geeignet, die Probleme der geltenden Rechtslage insgesamt zu beseitigen. Eine Mosaikbetrachtung im Internationalen Urheberrecht ist damit abzulehnen.

---

341 *Von Hinden*, S. 161

342 *Junker*, S. 157

343 *Von Hinden*, S. 161

344 *Hoeren*, NJW 1998, 2849, 2850

345 *Von Hinden*, S. 164

346 *Bachmann*, IPRax 1998, 179, 187

3. Regelmäßige Haftung des Providers

Im Schrifttum[347] wird weiter eine Ansicht vertreten, die zur Erweiterung des Kreises der haftenden Personen führt. Sie ist in erster Linie auf Internetverhalten zugeschnitten und möchte eine regelmäßige Haftung des Providers für deliktische Handlungen Dritter begründen. Vor allem der Host Service Provider[348], also derjenige, der für die erforderlichen technischen Voraussetzungen (zum Beispiel Speicherplatz im Internet) sorgt und so dem Dritten eine Plattform für sein deliktisches Verhalten bietet, habe für rechtswidrige Inhalte einzustehen, die sich auf den von ihm zur Verfügung gestellten Servern befinden.

Hinter diesen Bemühungen steht zum einen der Gedanke, dass durch eine effektive Kontrolle des Providers rechtswidrige Inhalte erst gar nicht ins Netz gelangen würden und Rechtsverletzungen dadurch vermieden werden könnten. Zum anderen ist es die Vorstellung, dass bei einer Rechtsverletzung neben dem handelnden Täter mit dem Provider eine zweite Person hafte, an der sich der Verletzte unter Umständen schadlos halten und welche vor allem durch eine Sperrung des Angebots die Verletzung effektiv beseitigen könnte. Der Rechtsinhaber erhält nach dieser Ansicht eine stärkere und besser durchsetzbare Rechtsposition, durch welche die bestehenden Nachteile relativiert werden könnten.

Bereits die rechtstechnische Umsetzung ins deutsche Recht bereitet dieser Ansicht indes Schwierigkeiten. Zwar ist das Verhalten des Service Providers ursächlich für die Verletzung, es sind aber die §§ 8-11 TDG zu beachten. Diese gelten grundsätzlich auch für Urheberrechtsverletzungen[349] und schließen eine Haftung des Providers bei dessen Unkenntnis aus (§ 11s TDG). Die Ansicht, dem Provider obliege eine allgemeinen Verkehrssicherungspflicht[350], die er auch fahrlässig verletzen könne, ist mit den Normen des TDG nicht vereinbar. Auch die Ansicht, die Unkenntnis einer Rechtsverletzung sei stets ein unbeachtlicher Rechtsirrtum, der nicht zur Haftungsbe-

---

[347] *Waldenberger*, ZUM 1997, 176, 184 f.; *Decker*, MMR 1999, 7, 9 f.

[348] Allgemein zur Haftung von Content Provider, Service Provider und Access Provider, *Spindler*, in: Hoeren/Sieber, Handbuch MMR, Rn. 166 ff., 231 ff., 352 ff.

[349] Grundlegend und m.w.N. auch zur Gegenansicht *Lütje/Paul*, in: Hoeren/Sieber (Hrsg.), Handbuch MMR, Rn. 154 ff.

[350] *Waldenberger*, ZUM 1997, 176, 184 f., der dies freilich vor in Kraft treten des § 5 TDG a.F. (jetzt §§ 8-11 TDG) am 22. Juli 1997 (BGBl. 1997 Teil 1, S. 1870) vorgeschlagen hatte.

freiung führe[351], ist durch den Wortlaut des TDG ausgeschlossen. Kenntnis und fahrlässige Unkenntnis (Kennenmüssen) würden gleichgestellt werden, was die Grenze der zulässigen Auslegung überschreitet.

Abgesehen von den Schwierigkeiten der Umsetzung ist auch zu bezweifeln, ob durch die Mithaftung des Providers tatsächlich eine merkliche Stärkung der Position des Urhebers eintritt. Denn der Rechtsinhaber muss dem Provider neben der Rechtswidrigkeit des Angebots auch eine Pflichtverletzung nachweisen, was ihm regelmäßig nicht möglich sein wird.

Letztlich kann aber die Frage auch dahinstehen, denn die Einführung einer regelmäßigen Haftung des Providers kann unabhängig davon die Mängel des geltenden Rechts nicht ausgleichen. Denn für die Frage, nach welcher Rechtsordnung sich die Rechtswidrigkeit eines Angebots oder die Pflichten eines Providers richten, kann eine rein materiellrechtliche Haftungsregel nicht herangezogen werden. Wenn man hier nach wie vor dem Schutzlandprinzip folgt, würde dies sogar dazu führen, dass unter Umständen nur einzelne Bündelrechte um eine Providerhaftung ergänzt würden, was insgesamt die Rechtszersplitterung noch verstärken würde.

Die grundlegenden Anwendungsschwierigkeiten im Internationalen Urheberrecht würden durch die Statuierung der regelmäßigen Mithaftung des Providers nicht behoben. Sie kann im Internationalen Urheberrecht daher nicht weiterhelfen.

4. Lizenzpflicht im Online-Bereich

Vereinzelt werden auch Überlegungen angestellt, gesetzliche oder Zwangslizenzen für die Werknutzer im Online-Bereich einzuführen[352]. Denn dadurch könne die Anzahl der Verletzungstatbestände im Online-Bereich, die bekanntlich nach geltendem Recht große Schwierigkeiten mit sich bringen, stark verringert werden. Ohne die Anwendungsschwierigkeiten bei den Verletzungstatbeständen sei, so die Überlegung, das geltende Internationale Urheberrecht durchaus sachgerecht und praktikabel.

Es ist zwar zunächst zutreffend, dass mit dieser Konstruktion sowohl die Zahl der Urheberrechtsverletzungen als auch die mit diesen einhergehenden Schwierigkeiten auf einen Schlag drastisch reduziert werden könnten. Denn würde man die multimediale Werknutzung von der Zustimmungspflicht des Rechtsinhabers entbinden und stattdessen einen gesetzlichen oder obligatorischen Lizenzerwerb statuieren, so würde mit der zustimmungslosen Werk-

---

[351] *Decker*, MMR 1999, 7, 9, der zu § 5 Abs. 2 TDG a.F. Stellung nimmt.

[352] *Intveen*, S. 69 f., der es im Ergebnis jedoch ablehnt.

nutzung kein urheberrechtlicher Verletzungstatbestand mehr verwirklicht werden. Der Rechtsinhaber wäre kraft Gesetzes verpflichtet, der entsprechenden Nutzung zuzustimmen und eine Verwertungsbefugnis zu erteilen. Er würde im Gegenzug einen Anspruch auf angemessene Vergütung erhalten[353]. Die Werknutzung im Online-Bereich wäre damit kostenpflichtig, sie wäre aber jedermann gestattet.

Diese Überlegungen wurden aber zu Recht aufgegeben[354], weil ein Systemwechsel im Online-Bereich von der Zustimmungspflicht hin zu einem reinen Vergütungsrecht schon im materiellen deutschen Recht nicht hinreichend begründet werden kann:

Das deutsche Urheberrecht ist grundsätzlich als ein absolutes Recht ausgestaltet[355]. Die Rechte und Befugnisse stehen ausschließlich dem Urheber zu, der frei über sie verfügen kann. Diese Freiheit betrifft im Grunde sowohl das Wie als auch das Ob einer Rechtseinräumung. Der Rechtsinhaber kann einzelne Personen oder Personengruppen vom Werkgenuss ausschließen. Freilich unterliegt dieses Recht einer Reihe von Schranken[356]. Dieses Modell, das dem Rechtsinhaber die freie Verfügung gewährt, ihr gleichzeitig aber gewisse Schranken auferlegt, ist grundsätzlich interessen- und sachgerecht[357].

Die bestehenden Schranken bedürfen aber einer besonderen Rechtfertigung[358]. Einen solchen Rechtfertigungstatbestand gibt es im Online-Bereich indes nicht[359]. Die Interessenabwägung im Online-Bereich kann zu keinem anderen Ergebnis führen als die im nicht digitalen Bereich. Auch bei der multimedialen Nutzung besteht ein berechtigtes Interesse der Rechtsinhaber, bestimmte Nutzungen oder Nutzungen von bestimmten Personen untersagen zu können. Dieses Interesse ergibt sich schon daraus, dass die digitale oder

---

353 Grundsätzlich zum Wesen der gesetzlichen und der Zwangslizenz, *Rehbinder*, Urheberrecht, Rn. 68.

354 *Intveen*, S. 70

355 Schricker-*ders.*, Einl., Rn. 19

356 Zum Beispiel § 27 Abs. S. 1; § 46; § 49 Abs. 1; § 52 Abs. 1 und 2; §§ 53-54a; § 61; § 69b; § 76 Abs. 2 UrhG. Kritisch zur Anwendung dieser Ausnahmen im digitalen Bereich: *Hoeren*, in: Lehmann (Hrsg.), Cyberlaw, S. 95 ff.

357 *Rehbinder*, Urheberrecht, Rn. 62 ff.; *Intveen*, S. 70; *Hoeren*, in: Lehmann (Hrsg.), Cyberlaw, S. 96

358 Beispielhaft sei hier die Verhinderung von Monopolbildungen einzelner Schallplattenhersteller erwähnt, § 61 UrhG. Dazu: Schricker-*Melichar*, § 61 Rn. 1

359 *Intveen*, S. 70

multimediale Nutzung nur eine Art der Nutzung ist und die Art und Weise der Werknutzung für das Ausschließungsrecht grundsätzlich unbeachtlich ist. Schließlich erstreckt sich das Ausschließungsrecht im nicht digitalen Bereich auch auf sämtliche Nutzungsarten. Außerdem wiegt auch das Interesse der Werknutzer an einer zustimmungslos rechtmäßigen Werknutzung im Online-Bereich nicht schwerer als das Interesse der Rechtsinhaber. Insbesondere verliert das Internet für die Werknutzer nicht seinen Nutzen, wenn an einer Zustimmungspflicht festgehalten wird[360]. Die bloße Möglichkeit, schneller und räumlich unbegrenzt mehr Information und mehr Werke verwerten zu können, macht die Erforderlichkeit der Zustimmung nicht unzumutbar. Die Einholung dieser Verwertungsbefugnis kann dem Werknutzer und -vermittler zum Beispiel beim Angebot eines *e-book* ohne weiteres zugemutet werden. Es wäre zudem willkürlich, einem Autor hinsichtlich des Buchdrucks ein Ausschließungsrecht zu gewähren, seine Rechtsstellung bezüglich der Veröffentlichung als *e-book* aber auf einen Vergütungsanspruch zu reduzieren.

Die Schaffung obligatorischer Lizenzen kann somit weder generell noch auf den Online-Bereich beschränkt sachlich überzeugen.

5. Stellungnahme

Es zeigt sich, dass unter Umständen mit einer multimedial orientierten Auslegung oder Ergänzung des materiellen Rechts punktuell Ungereimtheiten beseitigt werden können. Die sich aus der Unterschiedlichkeit der Globalität des Internet und des territorialen Verständnisses der Rechtsordnungen ergebenden Anwendungsschwierigkeiten können mit ihr aber nicht vollständig behoben werden.

Durch das unveränderte Festhalten an Territorialitäts- und Schutzlandprinzip bleiben vielmehr alle grundlegenden Mängel des geltenden Rechts, insbesondere die Bündelwirkung unvermindert bestehen. Mit einzelnen Modifikationen des Sachrechts können folglich die Probleme des geltenden Internationalen Urheberrechts nicht umfassend zufriedenstellend gelöst werden.

II. Problemlösung durch faktische Ansätze

Es gibt im urheberrechtlichen Schrifttum weiter Erwägungen, bei der Problemlösung nicht nur auf einer rechtlichen, sondern auch oder vor allem

---

[360] a.A. *Intveen*, S. 70.

auf einer organisatorischen oder faktischen Ebene anzusetzen. Dahinter steht der Gedanke, dass den Interessen des Rechtsverkehrs und aller an ihm beteiligten Personen vor allem dann entsprochen wird, wenn die praktische Durchführung und Umsetzung der rechtlichen Gestaltung ohne wesentliche Hindernisse möglich ist.

Gegenstand dieser Überlegungen sind zum einen zentrale Verwaltungs-, Informations- und Verwertungsstellen (1.) und zum anderen der Ausbau technischer Schutzmöglichkeiten (2.).

1. Clearingstellen als einheitliche Informationszentralen

Als Mittel, die praktischen Schwierigkeiten zu minimieren, kommen zunächst Clearingstellen in Betracht. Clearingstellen sind Informationszentralen, die über urheberrechtliche Rechtsverhältnisse, Urheberschaften und Lizenzbedingungen Auskunft geben. Dadurch soll unmittelbar der Rechtsverkehr vereinfacht und infolgedessen mittelbar die Zahl der Rechtsverletzungen reduziert werden.

In Deutschland ist am 26.11.1996 die Clearingstelle Multimedia für Verwertungsgesellschaften von Urheber- und Leistungsschutzrechten GmbH (CMMV) gegründet worden[361]. Nach Kontaktierung der CMMV erhält der Interessent die gewünschten Informationen über Werk und Urheber und unter Umständen auch die Möglichkeit zum direkten Lizenzerwerb[362]. Dadurch entfällt für einen Werknutzer die beschwerliche Suche nach dem Rechtsinhaber und den Lizenzbedingungen bei der Erstellung eines Multimediawerks[363].

Die CMMV stellt insgesamt in der Tat eine Erleichterung im Multimediabereich dar[364]. Sie ist aber nicht geeignet, grundlegende Probleme des geltenden Rechts zu beseitigen. Dies zeigt sich schon allein dadurch, dass die Probleme heute, gut sieben Jahre nach Gründung der CMMV, immer noch unvermindert bestehen.

Zunächst haben sich die Hoffungen, mit einer Clearingstelle die Zahl der Rechtsverletzungen wesentlich zu reduzieren, nicht bestätigt. Die erleichterte

---

[361] *Melichar*, in: Lehmann (Hrsg.), Cyberlaw, S. 213 ff.

[362] Zum genauen Ablauf und zu den einzelnen Arbeitsschritten: *Kreile/Becker*, GRUR Int. 1996, 677, 691 f., sowie unter http://www.cmmv.de/cmmv-info.htm.

[363] Dies beansprucht nach den Erfahrungen der CMMV bis zu 50 % des Zeitbudgets, http://www.cmmv.de/cmmv-info.htm.

[364] *Intveen*, S. 67 ff.; *Schack*, JZ 1998, 753, 758; *Hoeren*, in: Stern/Prütting (Hrsg.), Zukunft der Medien, S. 63 ff.

Möglichkeit des Rechtserwerbs bewegt nämlich diejenigen, die eben keine Rechte erwerben wollen, nicht dazu, ihre urheberrechtsrelevanten Handlungen zu unterlassen bzw. sie kostenpflichtig zu legalisieren[365].

Eine Clearingstelle kann weiter an der Rechtslage nichts ändern. Ihre Hauptfunktion ist die Vermittlung von Informationen. Sie stellt die an einem Werk bestehenden urheberrechtlichen Rechtsverhältnisse dar, kann so für Transparenz sorgen und die Arbeit für die Werkvermittler und Hersteller von Multimediawerken erleichtern. Sie kann aber die sich aus der gegenwärtigen Rechtslage ergebenden praktischen Schwierigkeiten weder verringern noch beseitigen. Dies wird deutlich, wenn ein Erwerb länderübergreifender Rechte angestrebt wird: Da nach dem herkömmlichen territorialen Verständnis gerade kein Weltrecht besteht, kann dies auch niemandem vermittelt werden. Die Clearingstelle kann zwar die Rechtslage bezüglich der Urheberschaft und den Lizenzbedingungen in sämtlichen Ländern darstellen, was die Leistungen der Clearingstelle wegen des damit verbundenen Kostenaufwands im Übrigen entsprechend verteuern dürfte. Sie kann aber nichts daran ändern, dass der Erwerber zahlreiche Einzellizenzen von möglicherweise unterschiedlichen Urhebern erwerben muss.

Schließlich müsste eine solche Clearingstelle, wenn man die internationale Problematik angehen will, auf internationaler Ebene eingeführt werden. Dies wäre mit zusätzlichen Komplikationen verbunden. Sie müsste entweder eng mit den nationalen Clearingstellen zusammenarbeiten, was natürlich nur da möglich ist, wo solche existieren. Oder sie müsste mit allen Rechtsinhabern respektive deren Interessenvertretern in Kontakt stehen, was wiederum einen erheblichen Verwaltungsaufwand bedeuten würde, der die Effizienz und die Geschwindigkeit ihrer Arbeit merklich beeinflussen würde.

Obwohl Clearingstellen für den Rechtsverkehr im Urheberrecht grundsätzlich von Vorteil sind, können sie die rechtliche Ausgangslage für die Beteiligten nicht verändern, die Würdigung des geltenden Rechts nicht beeinflussen und somit insgesamt die Problematik im Internationalen Urheberrecht nicht bewältigen.

2. Ausbau technischer Schutzmöglichkeiten

Die Lösung der bestehenden Probleme könnte auch in der Technik selbst zu finden sein. Es wird erwogen, den Standard des technischen Schutzes der digitalen Werke zu heben und damit eine bestimmungswidrige oder zustim-

[365] So schon *Intveen*, S. 68

mungslose Werknutzung praktisch zu unterbinden[366]. Ein umfassender technischer Schutz führt nämlich theoretisch dazu, dass im Online-Bereich eine andere als die von den Berechtigten in sachlicher und personeller Hinsicht gestattete Nutzung nicht vorgenommen werden könnte. Urheberrechtsverletzungen wären damit scheinbar unterbunden.

Die Varianten der technischen Schutzmaßnahmen sind dabei breit gefächert[367]. Wichtig sind insbesondere die Systeme des *digital rights managements* (DRM), welche eine Verbreitung digitaler Inhalte nur zum berechtigten Nutzer ermöglichen und dem Rechtsinhaber zusätzlich die Kontrolle über den gesamten Verwertungsvorgang gewähren sollen[368].

Von Bedeutung sind aber auch einzelne technische Schutzvorrichtungen, von denen hier nur einige angedeutet werden sollen: Ein Kopierschutz kann bereits die Digitalisierung unterbinden oder die Kopie eines bereits digitalen Werks verhindern; eine Einschränkung der Nutzbarkeit digitaler Werke kann diese nur hör- oder lesbar machen, jedoch *hard copy*, Bearbeitung oder Vervielfältigung nicht zulassen; Kryptographie- oder Verschlüsselungstechniken können nur berechtigten Adressaten eine Nutzung gewähren; die Kennzeichnung eines Werks mit einem digitalen Fingerabdruck[369] kann dessen eindeutige Identifizierung sichern.

Liegt also die Antwort auf die Maschine in der Maschine[370]? Die Frage muss für die Zielsetzung dieser Arbeit verneint werden, ohne eine Bewertung der DRM-Systeme und ihres Verhältnisses zum herkömmlichen Urheberrecht vornehmen zu müssen.

Technische Schutzmaßnahmen sind nicht perfekt. Was erbaut wird, kann eingerissen, was von Menschenhand erschaffen wird, kann auch von Menschenhand umgangen werden[371]. Es besteht bei jedem technischen Schutzmechanismus grundsätzlich die Gefahr, dass er durch Einsatz anderer Technik außer Kraft gesetzt und so die bestimmungswidrige Nutzung im Ergebnis doch ermöglicht wird. Zusätzlich ergeben sich dann praktische Probleme, wenn die Digitalisierung, wie so häufig, nicht vom Rechtsinhaber, sondern

---

366 *Intveen*, S. 71; *Bühler*, S. 317; *Junker*, S. 76 ff.; *Glarner*, S. 159

367 Ausführlich: *Bechtold*, DRM, S.154-248; *Wand*, Schutzmaßnahmen, S. 10-22; *ders.* GRUR Int. 1996, 897 ff.

368 Zum Begriff des DRM, *Bechtold*, DRM, S. 2

369 *Hoeren*, NJW 1998, 2849, 2853; *Decker*, in: Hoeren/Sieber, Handbuch MMR, Rn. 81

370 *Hoeren*, NJW 1998, 2849, 2853; *Clark*, in: Hugentholtz (Hrsg.), S. 139 ff. zitiert nach Bechtold, GRUR 1998, 18, 19.

371 *Hilty*, in: Hilty (Hrsg.), Information Highway, S. 468

von anderen Personen vorgenommen wird, etwa durch Einscannen von Bildern und Texten oder durch Umwandlung von Musikdateien. Es kann dann der Schutz nicht originär, sondern wenn überhaupt nur nachträglich installiert werden.

Da Verletzungstatbestände auch bei einem verbesserten Schutz vorkommen werden, bleibt ein rechtlicher Schutz neben dem technischen unerlässlich. Dies gilt unabhängig davon, ob der Rechtsschutz an der Verwertungshandlung ansetzt oder an der Umgehung der Schutzmaßnahmen[372] oder an beidem. Selbst also wenn dem Schutz der DRM-Systeme der Vorrang vor dem herkömmlichen Urheberrechtsschutz gewährt würde, bliebe die Frage des anwendbaren Rechts zu beantworten. Sie wäre zwar nicht hinsichtlich einer Verwertungshandlung, aber hinsichtlich der Umgehung einer Schutzmaßnahme relevant. Zudem bleibt die Bestimmung der anwendbaren Rechtsordnung für die Feststellung der Rechtsposition der Inhaber zwingend erforderlich. Denn die technischen Schutzmaßnahmen sollen ja gerade eine *Rechts*position schützen[373], die sich nach dem Sachrecht der anwendbaren Rechtsordnung ergibt.

Technische Schutzmechanismen und DRM-Systeme können effektive Durchsetzungs- und Verfolgungsmechanismen darstellen[374], sie berühren aber die rechtlichen Probleme des Internationalen Urheberrechts nicht[375]. Sie sind somit nicht geeignet, das Internationale Urheberrecht in die eine oder andere Richtung zu beeinflussen.

III. Zusammenfassung

Durch Korrekturmaßnahmen auf materiellrechtlicher, technischer oder organisatorischer Ebene können zwar Verbesserungen in Teilbereichen erreicht werden. Der prinzipielle Widerspruch, der zwischen der Globalität des Internet und dem territorialen Urheberrechtsverständnis der herrschenden Ansicht besteht, kann indes nicht bereinigt werden.

Einzelne materielle oder technische Korrekturen können ein Festhalten an Territorialitätsprinzip und Schutzlandprinzip mithin nicht rechtfertigen.

---

[372] Ansatzweise ist dies in den WIPO-Verträgen (Art. 18 WPPT, Art. 11 WCT) und in Art. 6 der Richtlinie 2001/29/EG (oben FN 16) der Fall, die nun in deutsches Recht umgesetzt worden sind, vgl. § 95a ff. UrhG, dazu *Czychowski*, NJW 2003, 2409, 2411; *Bechtold*, in: Hoeren/Sieber, Handbuch MMR, Rn. 22 ff.

[373] *Roßnagel*, MMR 2002, 67, 70

[374] *Bechtold*, DRM, S. 154

[375] *Wand*, GRUR Int. 1996, 897, 904 f.

B. *Alternative Kollisionsnormen*

Nach möglichen Modifikationen des Sachrechts stehen nun die Lösungsvarianten auf kollisionsrechtlicher Ebene im Mittelpunkt. Es werden folglich verschiedene Kollisionsnormen vorgestellt und auf ihre Anwendbarkeit im Urheberrecht untersucht.

I. Verzicht auf ein Urheberstatut

1. Unselbständige Anknüpfung und parteispezifische Bestimmung

Zunächst ist denkbar, auf ein Urheberstatut zu verzichten und urheberrechtliche Fragen unselbständig anzuknüpfen. Den Anknüpfungsgegenstand „Urheberrecht" gäbe es dann nicht. Urheberrechtliche Sachverhalte würden immer an das Statut angeknüpft werden, in dessen Kontext sie auftauchen. Sind etwa Verletzungstatbestände anzuknüpfen, würde sich der gesamte Sachverhalt nach dem Deliktsstatut richten. Bei vertraglichen Streitigkeiten würde das Vertragsstatut umfassend Anwendung finden.

Im Grunde von dieser unselbständigen Anknüpfung geht *Peinze* aus[376]. Im Rahmen des Art. 40 Abs. 1 EGBGB schlägt er jedoch eine parteisspezifische Bestimmung des anwendbaren Rechts vor, welche sich am Vortragsmuster im Prozess ausrichtet. *Peinze* möchte dabei keine Rechtswahl statuieren, sondern eine einseitige Bestimmung des anzuwendenden Rechts ermöglichen. Aus Gründen der Waffengleichheit müssten Kläger und Beklagter berechtigt sein, die Rechtsordnung, die auf die von ihnen geltend gemachten Rechte anwendbar ist, selbst zu bestimmen. Bestimmbar sei jedes Recht, in dessen Gebiet eine Partei eine Verletzungshandlung lokalisiere[377].

Haben die Parteien nicht dasselbe Recht vorgeschlagen, muss nach *Peinze* das Gericht tätig werden. Es müsse zunächst die vorgeschlagenen Rechtsordnungen auf ihre Anwendbarkeit prüfen und den Schwebezustand dann durch Definition des Deliktsstatuts beenden[378]. Dabei habe es ausschließlich die von den Parteien vertretenen und eingebrachten Interessen zu berücksichtigen.

Eine Aufspaltung des Sachverhalts durch Anwendung verschiedener Rechtsordnungen auf Recht und Gegenrecht ist nach *Peinze* möglich, wenn

---

[376] *Peinze*, S. 188 und 195 ff.

[377] *Peinze*, S. 201 in FN 916

[378] *Peinze*, S. 198

auch eine einheitliche Anknüpfung vorzuziehen sei[379]. Korrektiv für die so gefundene Rechtsordnung sei der ordre public. Dieser bringe aber nicht unbedingt das inländische Recht, sondern die Mindeststandards der internationalen Abkommen zur Anwendung.

Durch diese Methode können nach *Peinze* zum einen die Anzahl der anwendbaren Rechtsordnungen reduziert werden. Zum anderen würde den flexiblen Anknüpfungen des EGBGB, die der Vorstellung des Klägers entgegenkämen, ein Bestimmungsrecht des Beklagten entgegengestellt, das dessen Vorstellungen entspräche[380].

2. Stellungnahme

Mit der unselbständigen Anknüpfung würde erreicht werden, dass grundsätzlich die kollisionsrechtliche Beurteilung von Urheberrechtsverletzungen nicht von der Anknüpfung anderer Verletzungstatbestände und die Anknüpfung urhebervertraglicher Rechtsverhältnisse nicht von der Anknüpfung anderer Verträge abweichen würde. Die ausdifferenzierten Regelungen der Art. 40 ff. (Deliktsstatut) und Art. 27 ff. EGBGB (Vertragsstatut) würden jeweils auch im Urheberrecht voll zur Geltung kommen.

Der unselbständigen Anknüpfung stehen durchgreifende Bedenken entgegen. Zunächst kann sie Sachverhalte, die weder deliktischer noch vertraglicher Art sind, nicht anknüpfen. So bestünde etwa eine Regelungslücke bei einer abstrakten Feststellung der Urheberschaft, wie sie etwa § 19 Abs. 1 UrhG (AUT) vorsieht. Weiter wird ohne eine selbständige Anknüpfung das Ziel des Internationalen Privatrechts nicht erreicht, auf einen internationalen Sachverhalt immer die Rechtsordnung mit der engsten Verbindung anzuwenden[381]. Denn weder das Deliktsstatut noch das Vertragsstatut berücksichtigt grundsätzlich die urheberrechtlichen Besonderheiten.

Der Verzicht auf ein Urheberstatut hat weiter zur Folge, dass der innere Entscheidungseinklang gestört ist. Die Gerichte eines Landes unterstellen nämlich dann möglicherweise dasselbe Urheberrechtsverhältnis verschiedenen Rechtsordnungen, je nachdem ob der Streitgegenstand deliktischer oder vertraglicher Art ist. Dies führt zu dem beachtlichen Nachteil, dass ein Rechtsverhältnis nicht abstrakt feststellbar ist. Die Bewertung eines Urheberrechtsverhältnisses wäre nicht vorhersehbar. Schreibt ein Künstler ein Werk der Musik in Deutschland, wäre nicht mit Sicherheit bestimmbar, welche

---

[379] *Peinze*, S. 199

[380] *Peinze*, S. 201

[381] Vgl. § 1 Abs. 1 IPRG (AUT), § 15 IPRG (CH), *Soergel/Kegel*, IPR, S. 257 ff.

Rechtsordnung ein deutsches Gericht in einem Rechtsstreit anwenden würde, weil es nicht vorhersehbar ist, welcher Natur der Rechtsstreit sein wird.

Zudem würden bei einer unselbständigen Anknüpfung die Schwierigkeiten bei der Anwendung des Deliktsstatuts, etwa bei der Bestimmung eines Erfolgsorts im Urheberrecht oder bei der Bestimmung und Lokalisierung der Handlungsorte bei Verletzungen im Online-Bereich, weiterhin verbleiben.

Auch bliebe es bei der Rechtszersplitterung. Da die Anknüpfung nicht am Werk selbst ansetzt, sondern am Delikts- oder Vertragsstatut, würde die Zahl der anwendbaren Rechtsordnungen nicht auf eine reduziert werden können. Für den Rechtsinhaber hätte dies zur Folge, dass er immer noch nicht ein Recht hätte, sondern dass es bei der Bündelwirkung und deren negativen Konsequenzen bliebe.

Davon unberührt ist eine parteisspezifische Bestimmung des anwendbaren Rechts im Rahmen des Art. 40 Abs. 1 EGBGB abzulehnen. Dagegen spricht bereits der Grundsatz „iura novit curia“, der in § 293 ZPO festgesetzt ist. Das anwendbare Recht ist von Amts wegen zu bestimmen und anzuwenden[382], diesbezügliche Einlassungen der Parteien hat der Richter grundsätzlich[383] nicht zu würdigen.

Weiter spricht gegen den Vorschlag von *Peinze*, dass die Bewertungsgrundlage, auf welcher das Gericht seine „Erklärung“[384] treffen soll, wenn die Parteien unterschiedliche Rechtsordnungen bestimmt haben, nicht hinreichend definiert ist. Da sich die Rechtspositionen der Parteien regelmäßig diametral gegenüberstehen werden und die Parteien das jeweils für sie günstigste Recht zur Anwendung berufen wollen, kommt der Entscheidung des Gerichts maßgebliche Bedeutung zu. Sie muss daher nachvollziehbar und transparent sein. Eine undefinierte Bewertungsgrundlage führt jedoch zu mangelnder Vorhersehbarkeit, die ihrerseits zu Rechtsunsicherheit führt.

Auch die von *Peinze* akzeptierte Spaltung des Sachverhalts in verschiedene Rechtsordnungen bezüglich der Rechte und Gegenrechte ist nicht sachgerecht. Diese Rechte sind nämlich innerhalb einer homogenen Rechtsordnung aufeinander abgestimmt. Durch die Spaltung wird die innere Verhältnismäßigkeit beider Rechtsordnungen auseinandergerissen und es wird im Ergebnis eine dritte Rechtsordnung geschaffen, in der die Rechte und Gegen-

---

[382] Ständige Rechtsprechung: BGH IPRax 2001, 454, 455; *von Hoffmann*, IPR, Rn. 131; *Geimer*, Rn. 2570 ff und 2594

[383] *Kegel/Schurig*, S. 500 f.; insbesondere zu den möglichen Hilfsmitteln *Schack*, IZVR, Rn. 629 ff.

[384] *Peinze*, S. 198

rechte jeweils die extremste Position der Parteien einnehmen und der keine abgestimmte Wertung zu Grunde liegen würde.

Schließlich wird durch die parteisspezifische Bestimmung auch nicht das erreicht, was *Peinze* beabsichtigt, nämlich die Anzahl der anwendbaren Rechtsordnungen zu reduzieren. Die Tatsache nämlich, dass Kläger und Beklagter überhaupt verschiedene Rechtsordnungen „bestimmen" können, setzt voraus, dass potentiell mehrere Rechtsordnungen anwendbar sind[385]. Deren Anwendbarkeit wird durch den prozessualen Fortgang nicht berührt. Die parteisspezifische Bestimmung reduziert daher nicht die anwendbaren Rechtsordnungen, sondern die angewendeten Rechtsordnungen. Dies erfolgt aber auch nach geltendem Recht, da im Prozess auf einen Streitgegenstand stets nur eine Rechtsordnung angewendet wird.

Eine parteisspezifische Bestimmung im Rahmen des Art. 40 Abs. 1 EGBGB ist damit insgesamt nicht zu befürworten.

Es bleibt somit festzuhalten, dass eine unselbständige Anknüpfung im Internationalen Urheberrecht nicht zu einer sachgerechten engen Verbindung zwischen Sachverhalt und zur Anwendung berufener Rechtsordnung führt. Sie kann weiter weder die Anwendungsschwierigkeiten im Online-Bereich noch die Rechtszersplitterung noch die Bündelwirkung bereinigen. Ein Verzicht auf das Urheberstatut ist im Ergebnis grundsätzlich abzulehnen.

II. Das Herkunftslandprinzip

Als mögliches weiteres Anknüpfungsmoment des Urheberstatuts könnte das Herkunftsland in Betracht kommen. Anwendbar wäre dann das Recht des Landes, in dem derjenige, welcher ein urheberrechtsrelevantes Angebot offeriert, seinen Sitz bzw. seine Niederlassung hat. Das Herkunftslandprinzip wird deshalb auch als Sitztheorie[386] oder als Niederlassungsprinzip[387] bezeichnet. Es ist damit vom Ursprungsland-[388] und vom Sendelandprinzip[389] zu unterscheiden. Das Herkunftslandprinzip stammt aus dem aufsichtsrecht-

---

[385] Nach *Peinze*, S. 198, muss das Gericht vor der „Abwägung" der vorgeschlagenen Rechtsordnungen erst auf ihre Anwendbarkeit prüfen. Die (objektive) Anwendbarkeit mehrerer Rechtsordnungen macht gerade die Auswahl erforderlich.

[386] *Intveen*, S. 79

[387] *Berger*, NJW 2001, 1530, 1531

[388] Als Land, in welchem das Werk entstanden, bzw. in welchem es erstmals veröffentlicht worden ist. Siehe dazu unten Kapitel 4, A., II., 1.

[389] Als Land, aus welchem ein Angebot gesendet wird. Siehe dazu in diesem Kapitel unten C., III., 1.

lichen Bereich[390] und ist heute zum Beispiel im Bereich des e-Commerce anzuwenden[391].

Die Anknüpfung an das Herkunftsland hätte zunächst den Vorteil, dass sie Klarheit und Rechtssicherheit für den Anbieter brächte, weil dieser sich nur mit dem an seinem Sitz geltenden Recht auseinander zu setzen hätte[392]. Die Feststellung des anwendbaren Rechts wäre grundsätzlich auch bei Sachverhalten im Online-Bereich eindeutig möglich, da der Sitz[393] bzw. die Niederlassung anhand objektiver Umstände zu bestimmen ist.

Im Urheberrecht ist das Herkunftslandprinzip aber problembehaftet: Möchte man das Prinzip hier anwenden, so wäre die Anknüpfung qua definitionem auf solche Sachverhalte beschränkt, in denen es ein „Angebot" und einen „Anbieter" gibt. Keine Lösung würde das Herkunftslandprinzip für solche Sachverhalte bieten, in denen das nicht der Fall ist. Mit dem Herkunftslandprinzip könnte also nur für einen Teil der urheberrechtlichen Sachverhalte das anwendbare Recht bestimmt werden.

Streitträchtig ist zudem auch die Bestimmung der Begriffe „Angebot" und „Anbieter" im Urheberrecht. Um den Anwendungsbereich des Herkunftslandprinzips möglichst weit zu fassen, könnte man geneigt sein, „Angebot" und „Anbieter" sehr weit auszulegen. Dann stellen sich aber die schwierigen Definitionsfragen, ob beispielsweise ein herkömmlicher Verlag ein Anbieter ist, ob eine Homepage, auf welcher für ein Unternehmen geworben wird, über welche aber keine Waren oder Leistungen erworben oder bestellt werden können, ein Angebot darstellt und ob eine ausschließlich privaten Zwecken dienende Homepage ein Angebot sein kann[394]. Bei der Definition von „Angebot" und „Anbieter" kann auch nicht auf § 2 TDG zurückgegriffen werden, denn das TDG und die zugrundeliegende e-Commerce-

---

390 *Mankowski*, GRUR Int. 1999, 909, 913

391 Art. 3 e-Commerce-Richtlinie (Richtlinie 2000/31/EG vom 8. Juni 2000; ABl. EG 2000, L 178, S. 1); § 4 Abs. 1 TDG. Dazu umfassend *Naskret*, S. 51 ff.; sowohl in der Richtlinie, als auch im deutschen Umsetzungsgesetz stellt das Herkunftslandprinzip indes keine Kollisionsnorm dar, sondern ein sachrechtliches Prinzip, Art. 1 Abs. 4 e-Commerce-Richtlinie bzw. § 2 Abs. 6 TDG (str., dazu *Mankowski*, IPRax 2002, 257 ff. m.w.N.). Beide sind im Übrigen ausdrücklich nicht auf das Urheberrecht anwendbar, Art. 3 Abs. 3 e-Commerce-Richtlinie; § 4 Abs. 4 Nr. 6 TDG.

392 *Spindler*, IPRax 2003, 412, 420

393 Die Sitztheorie ist im deutschen internationalen Gesellschaftsrecht herrschend. Zur diesbezüglichen Bestimmung des Sitzes, siehe *K. Schmidt*, Gesellschaftsrecht, S. 26 ff.

394 Vgl. § 4 Abs. 1 TDG, der im e-Commerce für ein „Angebot" ein *geschäftsmäßiges* Anbieten voraussetzt.

Richtlinie sollen auf das Urheberrecht gerade keine Anwendung finden (Art. 3 Abs. 3 e-Commerce-Richtlinie und § 4 Abs. 4 Nr. 6 TDG).

Gegen das Herkunftslandprinzip im Urheberrecht spricht weiter, dass diese Kollisionsnorm das anwendbare Recht auch bei Sachverhalten mit einem Angebot i.S.d. des Herkunftslandprinzips nicht umfassend bestimmen kann: Es beantwortet nur die Frage, welches Recht auf das Angebot anzuwenden ist. Die daraufhin folgenden Handlungen der Nutzer werden nicht erfasst. Wäre etwa im Falle einer Tauschbörse ein Teilnehmer Anbieter im Sinnes dieses Prinzips, dann würde sich zwar die Rechtswidrigkeit seines Handelns nach dem Recht seiner Niederlassung richten. Über die Zulässigkeit des Downloads eines anderen Nutzers kann das Herkunftslandprinzip aber nichts aussagen.

Zudem bestünde auch nach dem Herkunftslandprinzip die Möglichkeit für einen Anbieter, den Sitz in ein Urheberrechtsparadies zu verlegen[395] (Flucht in Haftungsoasen). Zwar kann der Sitz eines Unternehmens nur beschwerlich verlegt werden, Unternehmen dürften diese Mühen aber wohl dann nicht scheuen, wenn das Recht des neuen Sitzes erheblich unternehmerfreundlicher ausgestaltet ist. § 19a UrhG würde dem nur dann entgegenstehen, wenn deutsches Recht anwendbar ist. Dazu müsste Deutschland das Herkunftsland des Angebots sein.

Aus Sicht der Rechtsinhaber ist weiter die Rechtszersplitterung zu kritisieren, die infolge der Bündelwirkung auftritt. Da die Niederlassung theoretisch in jedem Land liegen kann und damit aus jedem Land ein Angebot ausgehen kann, hat der Rechtsinhaber wie beim Schutzlandprinzip nicht nur ein Recht, sondern lediglich ein Bündel an Rechten.

Zusammenfassend ist auszuführen, dass das Herkunftslandprinzip keine umfassende Kollisionsnorm im Internationalen Urheberrecht darstellen kann, durchgreifende Bedenken bei der Umsetzung in deutsches Recht zu erwarten sind und dass es auch die von ihm erfassten Sachverhalte nicht interessengerecht bewältigen kann. Das Herkunftslandprinzip ist mithin im Internationalen Urheberrecht ungeeignet.

---

[395] *Mankowski*, GRUR Int. 1999, 909, 914

III. Lex fori

Als weiteres Anknüpfungsmoment des Urheberstatuts wird das lex-fori-Prinzip in Betracht gezogen[396], nach dem jedes Gericht das eigene innerstaatliche Recht anwendet.

Das lex-fori-Prinzip würde die Arbeit der Gerichte erleichtern und beschleunigen, weil ihnen das anwendbare innerstaatliche Recht bekannt und vertraut ist[397]. Es würden keine kostspieligen Gutachten zum ausländischen Rechts anfallen. Auch wäre ein Gleichlauf mit dem Verfahrensrecht erreicht, welches sich ebenfalls stets nach der lex fori richtet[398].

Dem lex-fori-Prinzip stehen indes überwiegende Bedenken entgegen: Das lex-fori-Prinzip widerspricht zunächst dem im Internationalen Privatrecht anerkannten Grundsatz, dass alle Rechtsordnungen grundsätzlich gleichwertig sind und dass das Recht mit der engsten Verbindung zur Anwendung berufen werden soll[399]. Mit dem lex-fori-Prinzip wird aber das innerstaatliche Recht unabhängig davon bevorzugt, ob eine andere Rechtsordnung eine engere Verbindung zum Sachverhalt aufweist und damit sachgerechter ist. Deshalb wird auch behauptet, mit dem lex-fori-Prinzip gäbe es kein Internationales Privatrecht im herkömmlichen Sinn[400]. Das lex-fori-Prinzip stört weiter den internationalen Entscheidungseinklang[401], denn jedes forum würde mit dem eigenen Recht eine andere Rechtsordnung anwenden. Es ist zudem für den Beklagten nicht vorhersehbar, in welchem Staat er verklagt wird[402]. Schließlich ist, wenn mehrere Gerichtsstände bestehen, der Weg zum forum shopping eröffnet[403]. Das anwendbare Recht kann dabei

---

396 *Bühler*, S. 403 ff.; *Junker*, S. 317; *Gesmann-Nuissl*, in: Ensthaler/Bosch/Völker (Hrsg.), Urheberrecht und Internet, S. 432; allgemein zur lex fori: *Kropholler*, IPR, S. 42 ff.

397 *Junker*, S. 317 f.; *Gesmann-Nuissl*, in: Ensthaler/Bosch/Völker (Hrsg.), Urheberrecht und Internet, S. 432; *Muth*, S. 157; *Kropholler*, IPR, S. 43

398 *Bühler*, S. 403

399 *Hoeren*, in: Hoeren/Sieber, Handbuch MMR, Rn. 41; *Gesmann-Nuissl*, in: Ensthaler/Bosch/Völker (Hrsg.), Urheberrecht und Internet, S. 432; *Muth*, S. 156; *Kegel/Schurig*, S. 5 f.

400 *Dessemontet*, SJZ 92 (1996), 285, 289; *Luckey*, Internationale Urheberrechtsverletzungen, S. 114 „Kapitulation des Kollisionsrechts"

401 *Kropholler*, IPR, S. 44; *Schack*, Anknüpfung, Nr. 50; *Peinze*, S. 190

402 *Muth*, S. 156

403 *Peinze*, S. 190; *Gesmann-Nuissl*, in: Ensthaler/Bosch/Völker (Hrsg.), Urheberrecht und Internet, S. 433

derjenige wählen, der zuerst Klage erhebt, was einen unerwünschten Wettlauf zur Folge haben könnte[404].

Im Urheberrecht spricht gegen das Prinzip, dass die lex fori keine besondere Beziehung zum urheberrechtlichen Sachverhalt hat oder haben muss[405]. Von einer mangelnden Sachnähe ist besonders dann auszugehen, wenn der Gerichtsstand durch Parteivereinbarung gewählt wurde[406], wenn die Zuständigkeit auf Grund der im US-amerikanischen Recht geltenden minimum-contact-Regel[407] gegeben ist oder wenn am Wohnsitz des Beklagten geklagt wird. Hier bleibt der urheberrechtliche Aspekt des Sachverhalts regelmäßig unberücksichtigt. Aus Sicht des Rechtsinhabers ist nachteilig, dass es auch im Rahmen des lex-fori-Prinzips bei der Bündelwirkung und bei der diesbezüglichen Rechtszersplitterung bleibt.

Letztlich bietet das lex-fori-Prinzip aber auch keine Lösung des Problems, sondern nur eine Verlagerung vom Kollisionsrecht in das Zuständigkeitsrecht: Richtet sich das anwendbare Recht nach der lex fori, bedarf es zwar keines sachgerechten Anknüpfungsmoments in einer Kollisionsnorm mehr, es bedarf aber umso mehr einer sachgerechten Gerichtsstandsregel. Nach geltendem Recht erscheint insbesondere der allgemeine Gerichtsstand für die Wahl des anwendbaren Rechts nicht sachgerecht, der bei nicht vertraglichen und nicht deliktischen Sachverhalten maßgebend ist. Die schwierigen Fragen von Handlungsort und Erfolgsort bei Internetverhalten stellen sich beim lex-fori-Prinzip zwar nicht im Kollisionsrecht, bestehen aber unverändert im Prozessrecht.

Insgesamt kann das lex-fori-Prinzip somit nicht zur Konfliktlösung im Internationalen Urheberrecht dienen.

IV. Rechtswahl

In der Literatur wird weiter angedacht, das im Internationalen Urheberrecht anwendbare Recht von dem Willen der Parteien abhängig zu machen, indem eine Rechtswahlklausel eingeführt wird[408]. Die anwendbare Rechts-

---

[404] *Muth*, S. 158; das ist vor allem deshalb nicht sachgerecht, weil auch ein potentieller Täter zuerst Klage erheben könnte, zum Beispiel eine negative Feststellungsklage, *Junker*, S. 318; *Hoeren*, in: Hoeren/Sieber, Handbuch MMR, Rn. 40; *Bühler*, S. 404

[405] *Bühler*, S. 405; *Schack*, Anknüpfung, Nr. 49; *Gesmann-Nuissl*, in: Ensthaler/Bosch/Völker (Hrsg.), Urheberrecht und Internet, S. 433; *Junker*, S. 318

[406] Vgl. Art. 23 EuGVO; § 38 ZPO

[407] Dazu: *Muth*, S. 165; *Schack*, IZVR, Rn. 403

[408] *Junker*, S. 317; für die Schweiz: *Locher*, S. 47

ordnung würde so den Parteiinteressen entsprechen, wäre auch bei komplexen Sachverhalten und im Online-Bereich eindeutig festzustellen und es wäre eine Übereinstimmung mit dem internationalen Urhebervertragsrecht erreicht, welches sich ebenfalls primär nach der Parteiautonomie richtet (Art. 27 EGBGB).

Eine Rechtswahlklausel im Internationalen Urheberrecht ist zwar grundsätzlich möglich[409]. Gegen sie spricht indes, dass das gewählte Recht zu dem Sachverhalt nicht notwendig einen inneren Sachzusammenhang aufweist[410]. Es wäre allein wegen des subjektiven Konsenses der Parteien zur Anwendung berufen, der das materielle Urheberrecht aber nicht prägt: Anders als im internationalen Vertragsrecht, bei welchem auch das Sachrecht in erster Linie von der Privatautonomie beeinflusst wird, handelt es sich im Urheberrecht auch um die Verwertung, Verfügung und den Schutz objektiver Rechtspositionen.

Die Rechtswahl könnte das Internationale Urheberrecht auch nicht allein erfassen, sondern es wäre eine Alternativanknüpfung erforderlich. Die Rechtswahl ersetzt grundsätzlich nur ein objektiv anwendbares Recht[411], auf das etwa bei fehlender Rechtswahl zurückgegriffen wird[412]. Ohne diese Alternative würde eine kollisionsrechtliche Lücke entstehen.

Schließlich spricht auch gegen eine Rechtswahl im Internationalen Urheberrecht, dass sie immer nur inter partes wirkt und ihr eine über die die beteiligten Parteien hinausgehende bindende Wirkung nicht zukommt. Insbesondere müssten die Rechte Dritter entsprechend Art. 42 S. 2 EGBGB selbständig angeknüpft werden und blieben von der Rechtswahl unberührt[413], da andernfalls ein nichtiger Vertrag zu Lasten Dritter vorliegen würde[414]. Durch die so erzielte Aufspaltung des Sachverhalts wird aber der Vorteil der einfachen und einheitlichen Anknüpfung der Rechtswahl wieder relativiert.

---

409 *Knörzer*, S. 113

410 *Bühler*, S. 391 zu Art. 110 Abs. 2 IPRG (CH)

411 *Kropholler*, IPR, S. 298; *von Hoffmann*, IPR, S. 395

412 *Peinze*, S. 190; vgl. auch Art. 28 ff. EGBGB

413 *Kropholler*, IPR, S. 296

414 Palandt-*Heinrichs*, Vor § 328 Rn. 10 m.w.N.; *Herkner*, S. 199 der dies allerdings aus der „negativen Privatautonomie“ herleitet; insbesondere bei der Bündelung von Inhaberschaften stellt sich das Problem, dass zwei gleichberechtigte Urheber vorhanden sind, die sich gegenseitig durch die Vereinbarung mit einem Dritten der Rechtspositionen „berauben“ könnten. Ist A nach dem Recht von X und B nach dem von Y Urheber, so könnte C entweder von A oder von B Rechte erwerben, ohne dass der jeweilige andere Urheber dagegen gefeit wäre.

Die Rechtswahl kann nur ein, nicht aber der einzige Anknüpfungsmoment im Internationalen Urheberrecht darstellen. Er ist jedoch wegen mangelnder Nähe zum Sachverhalt abzulehnen.

V. Subsidiäre Anknüpfungen - Anknüpfungsleitern

1. Kollisionsnorm von Ginsburg (1995)

a. Wortlaut und Darstellung

Inspiriert von der europäischen Satelliten-Richtlinie[415], von der Haager Konvention über das auf die Produkthaftpflicht anwendbare Recht[416] und vom *Restatement Second of Conflicts*[417] hat *Ginsburg* im Rahmen eines WIPO-Symposiums[418] folgenden Vorschlag[419] unterbreitet:

> *"I. In the absence of an applicable treaty supplying a substantive rule, the law applicable to determine the existence and scope of copyright protection, as well as available remedies, shall be the law of the forum country, if that country is also either*
>
> *the country from which the infringing act or acts originated; or*
>
> > *the country in which the defendant resides or of which it is a national or domiciliary, or*
> >
> > *the country in which the defendant maintains an effective business establishment.*
>
> *II. If, under this provision, the law of the forum does not apply, then the applicable law shall be the law of the country from which the infringing act or acts originated, if that country is also*
>
> > *the country in which the defendant resides or of which it is a national or domiciliary, or*

---

[415] Richtlinie 93/83/EWG des Rates vom 27. September 1993, ABl. EG 1993, L 248, 15

[416] Abgedruckt in: RabelsZ 37 (1973), 594 ff.

[417] American Law Institute, Restatement (Second) of Conflict of Laws ch. 7 § 145 (1988)

[418] WIPO Worldwide Symposium on Copyright in the Global Information Infrastructure, Mexico City, 1995

[419] *Ginsburg*, Global Use, S. 337 (Überarbeitete Fassung, in welcher der Abs. 2 gestrichen wurde; die hier behandelte, ursprüngliche Fassung ist abgedruckt bei *Bühler*, S. 405, *Hoeren*, in: Hoeren/Sieber, Handbuch MMR, Rn. 42 und *Junker*, S. 331; die Absatznummerierung ist vom Verfasser eingefügt.

the country in which the defendant maintains an effective business establishment.

III. For the purposes of this provision, the "country in which the infringing act or acts originated" includes the country from which an unauthorized copy of the work was first communicated, including by any means of transmission."

Anwendbar soll nach *Ginsburg* primär das Recht des Forumstaats (Abs. 1) sein, soweit dort auch das Ausgangsland der Rechtsverletzung oder der Wohnsitz[420] des Täters ist. Subsidiär soll das Recht des Ausgangslands der Verletzungshandlung anwendbar sein, soweit der Täter dort seinen Wohnsitz hat (Abs. 2).

b. Stellungnahme

Dieser Vorschlag kombiniert mehrere Anknüpfungsmomente und macht sich so deren jeweilige Vorteile zu eigen. Beispielsweise verspricht die Anwendung der lex fori eine kostengünstige und effektive Arbeit der Gerichte[421]. Auch führt die erforderliche Übereinstimmung von lex fori und dem Wohnsitz für Werknutzer und -vermittler regelmäßig[422] zu dem ihnen bekannten Ortsrecht[423].

Gleichwohl führt eine Kombination auch zu den jeweiligen nachteiligen Konsequenzen, die mit den verwendeten Anknüpfungsmomenten verbunden sind. Primär stellt der Vorschlag die Anwendung des lex-fori-Prinzips dar. Dessen Nachteile sind bereits aufgezeigt worden[424]. Zwar mag die mangelnde Sachnähe durch die kumulativ erforderlichen Voraussetzungen etwas abgeschwächt sein. Das lex-fori-Prinzip bietet aber keine Lösung, sondern im

---

420 Diesem gleichstehend sind die Staatsangehörigkeit und die geschäftliche Hauptniederlassung, welche im folgenden immer bei „Wohnsitz“ mitgemeint sind. Im Übrigen verwendet *Ginsburg* die im angloamerikanischen Rechtskreis vorherrschenden Begriffe *residence* und *domiciliary*, welche nicht deckungsgleich mit dem Wohnsitz bzw. dem gewöhnlichen Aufenthalt sind, dazu: MüKo-*Sonnenberger*, Einl. IPR, Rn. 659 ff.; *Kropholler*, IPR, S. 260 ff.

421 Siehe in diesem Kapitel oben B., III.

422 Vorbehaltlich Abs. 1, wenn die Verletzungshandlung von einem anderen Land ausgeht.

423 *Muth*, S. 170

424 Siehe in diesem Kapitel oben B., III.

Ergebnis nur eine Problemverlagerung auf die Regeln der internationalen Zuständigkeit.

Das subsidiäre Abstellen auf den Ausgangsort der Verletzungshandlung, soweit dort der Wohnsitz des Täters gelegen ist, schafft dem Täter die zumindest theoretische Möglichkeit, durch die Platzierung des Wohnsitzes einer ihm günstigen Rechtsordnung zur Anwendung zu verhelfen[425].

Generell ist dem Vorschlag des Weiteren vorzuwerfen, dass er rein anwenderbezogen ist. Er bevorzugt einseitig die Interessen der Werkverwerter und –vermittler[426], weil das anwendbare Recht allein von Umständen abhängt, die in deren Person liegen bzw. von diesen beeinflusst werden können. Der Rechtsschutz des Urhebers ist insoweit von diesen Personen abhängig[427], obwohl doch das Werk und der Urheber den Gegenstand des Urheberrechts bilden.

Mit diesem Vorschlag gelingt es schließlich auch nicht, die potentiell anwendbaren Rechtsordnungen generell auf eine zu reduzieren[428], weil bei Vorgängen im Online-Bereich wegen der technischen Mehrstufigkeit mehrere Handlungen vorliegen und insoweit für die Vorgänge im Online-Bereich auch mehrere Ausgangsorte in Betracht kommen.

Die Prognose, dieser Vorschlag würde nicht als zufriedenstellend akzeptiert werden[429], hat sich bis heute zu Recht bestätigt[430]. Auch *Ginsburg* selbst hat nicht an dieser Norm festgehalten[431]. Der Vorschlag ist damit abzulehnen.

---

425 *Gesmann-Nuissl*, in: Ensthaler/Bosch/Völker (Hrsg.), Urheberrecht und Internet, S. 435; a.A. *Muth*, S. 167, die sich auf Abs. 3 beruft. Allerdings kann Abs. 3 des Vorschlags eine Flucht in Haftungsoasen nicht unterbinden, da auch die erstmalige Verletzung gezielt in einer laxen Urheberrechtsordnung erfolgen kann.

426 *Hoeren*, in: Hoeren/Sieber, Handbuch MMR, Rn. 45; *Gesmann-Nuissl*, in: Ensthaler/Bosch/Völker (Hrsg.), Urheberrecht und Internet, S. 435 f.

427 *Muth*, S. 169

428 Insoweit a.A. *Muth*, S. 171

429 *Hoeren*, in: Hoeren/Sieber, Handbuch MMR, Rn. 47

430 Ablehnend auch *Intveen*, S. 78; *Junker*, S. 331; *Gesmann-Nuissl*, in: Ensthaler/Bosch/Völker (Hrsg.), Urheberrecht und Internet, S. 436.

431 Siehe dazu unten D., II., 3., d., a. Gemeinsamer Vorschlag von *Dessemontet* und *Ginsburg* und c. Neuer Vorschlag von *Ginsburg* (2000).

2. Kollisionsnorm von *Dessemontet*

Ebenfalls eine Kollisionsnorm, die mit subsidiären Anknüpfungen arbeitet, hat *Dessemontet*[432] vorgeschlagen. Er orientiert sich dabei an den Art. 133 und 139 IPRG (CH). Danach kommt eine Anknüpfungsleiter mit vier Anknüpfungen zur Anwendung.

a. Wortlaut und Darstellung

(Rattachements:)

1) droit du pays de résidence habituelle du lésé si le dommage en ce lieu est prévisible (cas général);

2) autre pays ou se produit le résultat de l'atteinte si ceci est prévisible;

3) pays commission du délit;

4) pays de la résidence habituelle du défendeur.

Hauptanknüpfung von *Dessemontets* Anknüpfungsleiter ist der Erfolgsort, der zunächst immer am Wohnsitz des verletzten Rechtsinhabers liegt (Nr. 1). Nur sofern der Erfolgseintritt dort nicht vorhersehbar ist, kommen weitere Erfolgsorte dort in Betracht, wo sich die Rechtsgutsverletzung verwirklicht (Nr. 2). Sind diese ebenso wenig vorhersehbar, wird auf den Begehungsort (Nr. 3), zuletzt auf den Wohnsitz des Beklagten abgestellt (Nr. 4).

Nach *Dessemontet* wird dadurch einerseits die Wahlmöglichkeit des Rechtsinhabers sinnvoll eingeschränkt, andererseits aber bleibe die Anwendung der strengsten Rechtsordnung gewährleistet. Weiter verbinde der Vorschlag die Vorteile der (in der Schweiz) bereits bekannten Anknüpfungen im Deliktsrecht und im Recht der Persönlichkeitsrechte[433].

b. Stellungnahme

Auch diesem Vorschlag sind aber Bedenken entgegen zu bringen: Es ist nicht sachgerecht, den Erfolgsort im Internationalen Urheberrecht zum Mittelpunkt der Anknüpfung zu machen. Im Urheberrecht gibt es keinen Erfolgsort[434].

---

[432] SJZ 92 (1996), 285, 292. Er unterbreitet diese Norm zwar innerhalb einer Erörterung der Internetproblematik, begrenzt die Kollisionsnorm jedoch nicht ausdrücklich auf den Online-Bereich.

[433] *Dessemontet*, SJZ 92 (1996), 285, 291

[434] Statt vieler: *Schack*, IZVR, Rn. 303 a.E.; *ders.* MMR 2000, 135, 137; *Kubis*, S.203

Bedenklich ist überdies das erforderliche Merkmal der Vorhersehbarkeit. Neben der definitorischen Schwierigkeit, was wem abstrakt vorhersehbar ist, stößt dieses Kriterium bei dem hier im Mittelpunkt stehenden Online-Bereich an seine Grenzen[435]: Wer sich eines weltumspannenden Mediums bedient, weiß grundsätzlich um die Überallerhältlichkeit der von ihm offerierten Inhalte. Wer, wann, wo konkret auf diese zugreift, ist ihm jedoch nicht ersichtlich. Wenn man bei der Vorhersehbarkeit nur auf die abstrakte Kenntnis der Abrufbarkeit abstellt[436], dann kommt ihr im Online-Bereich keinerlei Filter- oder sonstige Funktion zu, was ihre Existenzberechtigung insgesamt in Frage stellen dürfte. Bedarf es indes weiterer konkreter Umstände für die Vorhersehbarkeit, so wäre sie im Online-Bereich regelmäßig nicht gegeben. Die Vorhersehbarkeit ist daher als Kriterium abzulehnen.

Der Wohnsitz der Beklagten bereitet zwar bei der Feststellung keine Schwierigkeiten[437], bietet aber keinerlei Nähe zum Sachverhalt. Denn wo der Täter wohnt oder residiert, steht in keinem Sachzusammenhang zu einer Urheberrechtsverletzung und wird zudem allein vom Täter beeinflusst.

Insgesamt ähnelt der Vorschlag von *Dessemontet* den Regelungen des Deliktsstatuts (Art. 40 ff. EGBGB) und bringt bei der Bestimmung von Handlungs- und Erfolgsort große Schwierigkeiten mit sich. Die Hinzunahme der Vorhersehbarkeit kann diese nicht klären, sondern begegnet an sich bereits durchgreifenden Bedenken. Der Vorschlag ist somit abzulehnen.

3. Zusätzliche Gegenargumente

Anknüpfungsleitern oder subsidiäre Anknüpfungen verbinden mehrere Anknüpfungsmomente und übernehmen deren Vor-, aber auch deren Nachteile. Sie sind nicht grundsätzlich zu bevorzugen[438]. Den beiden dargestellten Vorschlägen von *Ginsburg* und *Dessemontet* steht neben den aufgezeigten Bedenken auch ein weiterer grundlegender Kritikpunkt entgegen:

Sowohl *Ginsburg* als auch *Dessemontet* beschränken ihre Kollisionsnorm auf Urheberrechtsverletzungen. Vertragliche[439] und andere nicht deliktische Sachverhalte bleiben unberührt. Für sie besteht entweder eine Regelungslücke, was sehr unbefriedigend wäre. Oder es muss auf das geltende Recht

---

[435] *Bühler*, S. 412

[436] *Siehr*, IPRG, S. 379; *Bühler*, S. 412

[437] A.A. für den Fall der Anonymität des Täters: *Dessemontet*, SJZ 92 (1996), 285, 292

[438] A.A. *Dessemontet*, SJZ 92 (1996), 285, 292

[439] *Dessemontet*, SJZ 92 (1996), 285, 292; *Ginsburg*, Global Use, S. 320

(Schutzlandprinzip) zurückgegriffen werden, was ebenso wenig überzeugen kann.

Die beiden aufgezeigten Kollisionsnormen von *Ginsburg* und *Dessemontet* können somit weder systematisch noch inhaltlich überzeugen. Sie sind abzulehnen.

VI. Zusammenfassung

Weder die unselbständige Anknüpfung an das Vertrags- oder Deliktsstatut noch die Anknüpfung an das Herkunftsland, an die lex fori oder an eine Rechtswahl, noch eine der vorgeschlagenen subsidiären Anknüpfungen können überzeugen. Die bisher untersuchten Kollisionsnormen bieten keine überzeugende Lösungsmöglichkeit für die Probleme des Internationalen Urheberrechts.

C. Internetspezifische Lösungsansätze

Für die bisher bearbeiteten Lösungsansätze standen die Anwendung und die Anwender der Urheberrechte im Mittelpunkt. Das Schutzlandprinzip stellt maßgeblich auf den Ort der Verletzungshandlung ab und macht so das Verhalten eines Nutzers zum Ausgangspunkt der Regelung. Auch beispielsweise die unselbständige Anknüpfung und das Herkunftslandprinzip würden mit einem Vertrag oder einem Delikt respektive mit dem urheberrechtsrelevanten Angebot eines Werkvermittlers ebenfalls Momente zentralisieren, die vom Werk und vom Schöpfer unabhängig sind. Allen diesen Ansätzen stehen, wie dargelegt, durchgreifende Bedenken entgegen.

Zwar sind nicht alle dieser Bedenken internetbezogen, durch dieses Datennetz sind jedoch viele neue Problemkreise entstanden und es hat dafür gesorgt, dass bisher latent bestehende Unwägbarkeiten durch seine Geschwindigkeit und seine Weltumspannung akut geworden sind. Allein deshalb, aber auch wegen der inzwischen gewaltigen ökonomischen und sozialen Bedeutung länderübergreifender Datennetze erscheinen Überlegungen zweckmäßig, das Internet zum Ausgangspunkt einer Rechtsregelung zu machen.

Im nun folgenden Abschnitt steht daher die Frage im Mittelpunkt, ob die internationale Problematik mit einer Norm gelöst werden kann, die sich am Online-Bereich orientiert und ihren Geltungsanspruch nur auf diesen Bereich erstreckt.

Überlegungen dieser Art wurden und werden im Schrifttum vielfach angestellt. Die internetspezifischen Lösungsansätze sind daher breit gefächert und reichen von Ideen, den Online-Bereich von verbindlichen Regulierungen frei zu halten (I.), über die Proklamation eines einheitlichen Cyberlaw (II.), bis hin zur Niederschrift einer internetbezogenen Kollisionsnorm (III.).

I. Verzicht auf verbindliche Regelungen im Online-Bereich?

Zu Beginn des Internetzeitalters stand zur Debatte, auf verbindliche Vorschriften jeglicher Art zu verzichten und an deren Stelle bloße Benimm-Regeln (Netiquette[440]) treten zu lassen[441]. Diese Regeln sollten sich im Konsens der Beteiligten entwickeln und im Hinblick auf die gemeinsame Nutzung des Internet zu einer Zurückstellung der Interessengegensätze führen[442]. Durch diesen Konsens könne, so die Vorstellung, eine hohe Akzeptanz der aufgestellten Verhaltensregeln erreicht werden, die letztlich einen Bruch mit denselben unterbinde. Das Internet würde somit einen rechtsfreien Raum darstellen, in dem lediglich eine freiwillige Selbstkontrolle stattfände.

Schon zu der damaligen Zeit, in der das Internet noch in der „alten Zeit universitärer Forschung“[443] begriffen war, wurde dieses Modell zu Recht scharf kritisiert. Zum einen ist grundsätzlich sehr fragwürdig, ob verbindliche Regelwerke durch eine freiwillige Selbstkontrolle effektiv, das heißt ohne Rechtsverlust für die Beteiligten, ersetzt werden können[444]. Zum anderen muss stark bezweifelt werden, dass ein umfassender Konsens der Interessen aller im Internet Beteiligten über Verhaltensregeln überhaupt zu erwarten ist.

Jedenfalls heute erscheint dieser Versuch nachgerade abwägig. Das Internet hat sich zu einem Medium entwickelt, das von Staaten, Unternehmen und Privaten gleichermaßen stark in Anspruch genommen wird. Der Verkehr im Internet geht seit langem über belanglose Kommunikation hinaus und be-

---

[440] *Lührig*, in: Ensthaler/Bosch/Völker (Hrsg.), Urheberrecht und Internet, S. 42; *Kleinwächter*, MMR 1999, 452, 453. Heute wird dieser Begriff freilich teilweise auch als verbindliche Regel verstanden, insbesondere wenn Netiquette in Vertragsbeziehungen fixiert sind, so auch Moritz/Dreier-*Jessen/Müller*, Teil B, Der Weg ins Internet, Rn. 558.

[441] *Haft/Eisele*, JuS 2001, 112, 114 bezeichnen diese Möglichkeit als Selbstverwaltungsmodell; dies war vor allem im US-amerikanischen Raum thematisiert worden, *Mankowski*, AfP 1999, 138, 139 m.w.N. insbesondere für das US-amerikanische Schrifttum.

[442] *Haft/Eisele*, JuS 2001, 112, 114

[443] *Hoeren*, NJW 1998, 2849, 2853

[444] Grundsätzlich *Teubner*, S. 81 ff.; dagegen *Habermas*, S. 69 ff.; *von Bar/Mankowski*, IPR, Bd. 1, S. 393 ff.

trifft alle Formen des öffentlichen und privaten Rechtsverkehrs[445]. Nicht zuletzt durch die zunehmende Kommerzialisierung werden die Grenzen der freiwilligen Selbstkontrolle überschritten; je mehr auf dem Spiel steht, desto rauer werden die Sitten[446]. Die Konflikte, die im sozialen, wirtschaftlichen und rechtlichen Bereich auftreten, ergeben einen Koordinationsbedarf, der mit unverbindlichen Regeln nicht bewältigt werden kann[447].

Eine unverbindliche Selbstorganisation kann insgesamt keinen ausreichenden Schutz weder für die Allgemeinheit noch für Individualinteressen gewähren[448]. Es besteht heute zu Recht weitgehend Einigkeit darüber, dass das Internet keinen rechtsfreien Raum darstellen darf[449]. Es kann mithin im Online-Bereich nicht auf bindende und durchsetzbare Regeln verzichtet werden.

II. CYBERLAW FÜR DEN CYBERSPACE?

Verbindliche Regelungen sind im Internet unerlässlich. Dies bedeutet aber nicht, dass es auch zwingend staatliche Regelungen sein müssen. Da das Internet ein neues und einzigartiges Medium darstellt, wurde bereits früh die Frage aufgeworfen, ob sich das Internet nicht seine eigenen verbindlichen Regeln aufstellen kann[450]. Ein solches Regelwerk wird als Cyberlaw, lex internet, lex elektronika oder lex informatica bezeichnet.

1. DER CYBERSPACE ALS EIGENER RECHTSRAUM

Ausgangspunkt für ein Cyberlaw ist die These, dass der Cyberspace[451] einen eigenständigen, homogenen virtuellen Raum bilde, der gleich einem

---

[445] *Roßnagel*, MMR 2002, 67

[446] *Mankowski*, AfP 1999, 138, 139

[447] *Haft/Eisele*, JuS 2001, 112, 115

[448] *Roßnagel*, MMR 2002, 67

[449] *Schack*, MMR 2000, 59, 60; *Hoeren*, NJW 1998, 2849, 2854; *Mayer*, NJW 1996, 1782, 1790; *Roßnagel*, MMR 2002, 67

[450] *Mankowski*, AfP 1999, 138; *Schack*, MMR 2000, 59, *Boele-Woelki*, in: Dicke (Hrsg.), Völkerrecht und IPR, S. 314; *Haedicke*, CR 1999, 309; *von Hinden*, S. 259; *Ginsburg*, GRUR Int. 2000, 97, 102; *Bock/Wöbke*, BB 1997, Beilage Nr. 18, S. 11 ff.; *Lehmann*, FS-Fikentscher, S. 943 ff.

[451] Zu diesem Begriff: *Mayer*, NJW 1996, 1782, 1783 ff.

unabhängigen Souverän[452] neben der körperlichen Welt anzuerkennen sei, und in welchem eigene, von denen der realen Welt differierende Regeln aufgestellt werden müssten[453]. Die Grundverschiedenheit von realer und virtueller Welt zeige sich mannigfaltig.

In der Tat lassen sich Unterschiede feststellen: Körperliche Verhalten werden im Cyberspace durch unkörperliche Kommunikation in Form von Übersendung von Bytes und Bites ersetzt. Das Gut Information erhält hier Priorität[454]. Eine territoriale Aufspaltung gibt es im Internet nicht, räumliche Zuordnungskriterien sind ohne Aussagekraft[455]. Dies gilt gleichermaßen für die Aufteilung in Staatsgebiete, wie für die Bestimmung von Wohnsitz, Aufenthalt oder Staatsangehörigkeit. Die Netzidentität eines *cyberspace citizen*[456] knüpft deshalb ausschließlich an sein Handeln[457]. Zeitliche Bezüge verlieren durch die enorme Geschwindigkeit des Datentransfers an Gewicht[458]. Das Netz wird von Fluktuation, Anonymität und unmessbarer Teilnahme beherrscht[459]. Urheberrechtsbezogen ist der Cyberspace durch die qualitative Identität von Kopie und Original gekennzeichnet[460].

Durch diese Unterschiede zwischen der realen und der virtuellen Welt ergebe sich zwangsläufig, dass die Regularien der realen Welt, die auf territorialen und temporalen Aspekten aufbauen, nicht mit dem Charakter der virtuellen Welt vereinbar seien. Vielmehr seien eigene, auf die Virtualität des Cyberspace abgestimmte Regeln erforderlich.

2. Reine Selbstregulierung im Internet

Aus der dezentralen Struktur des Netzwerks und der Tatsache, dass es keine zentrale Internetbehörde gibt, folge, dass das Cyberlaw nicht von einer hoheitlichen Stelle oktroyiert werden könne. Normgeber müsse vielmehr die

---

452 *Mankowski*, AfP 1999, 138, 139

453 Grundlegend: *Johnson/Post*, Law and Borders, S. 1378 ff., 1399 ff.; *Mankowski*, AfP 1999, 138, 139 m.w.N. insbesondere für das internationale Schrifttum.

454 *Roßnagel*, MMR 2002, 67, 68

455 *Moos*, in: Kröger/Gimmy (Hrsg.), Internetrecht, S. 759

456 *Johnson/Post*, Law and Borders, S. 1387

457 *Hoeren*, NJW 1998, 2849, 2851

458 *Roßnagel*, MMR 2002, 67, 68; *Hoeren*, NJW 1998, 2849, 2853

459 *Christiansen*, MMR 2000, 123, 124

460 *Roßnagel*, MMR 2002, 67, 68 mit weitergehenden Beispielen; *R. Weber*, in: Hilty/Berger (Hrsg.), Urheberrecht am Scheideweg?, S. 72

Cybergemeinschaft selbst sein. Dem proklamierten Cyberlaw kommt nach dieser Auffassung stets der Charakter der Selbstregulierung zu: Die Gemeinschaft schafft sich Verhaltensregeln, entwickelt Kodizes und verpflichtet sich selbst, diese einzuhalten. Anders als in einem rechtfreien Raum soll das Cyberlaw aber verbindlich sein. Eine Regelwidrigkeit habe Sanktionen zur Folge, etwa den Ausschluss aus der Cybergemeinschaft[461]. Welche weiteren Sanktionen in Betracht kommen, wer über sie entscheidet und wie diese durchzusetzen wären, kann als noch nicht abschließend geklärt bezeichnet werden. Proklamiert wird etwa eine *internet jurisdiction*[462], die einer freiwilligen Gerichtsbarkeit entspricht[463]. Auch sie dürfte sich an einer möglichst einvernehmlichen Lösung orientieren und nicht hierarchisch aufgebaut sein[464], da einerseits das Internet selbst nicht hierarchisch strukturiert ist und andererseits der Umfang der zu leistenden Arbeit die Kapazität jeder zentralisierten Aufsichtsbehörde überstiege[465]. Zwar wird die Erforderlichkeit eines solchen Streitlösungsverfahrens erkannt und auch anerkannt. Die praktische Relevanz der Durchsetzbarkeit von Sanktionen wird für den Cyberspace aber als gering erachtet, weil die von der Gemeinschaft aufgestellten Regeln sich einer hohen Achtung ausgesetzt sähen und deshalb wohl nur selten gebrochen werden würden[466].

Die Vorteile dieser Selbstregulierung im Cyberspace liegen nach den Anhängern eines Cyberlaw auf der Hand: Selbstregulierung und Selbstkontrolle versprächen problemadäquatere, schnellere, flexiblere, weltweite und akzeptierte Regelungen[467]. Die ihr entstammenden Regelungen könnten in hohem Maße auf die Besonderheiten des Cyberspace eingehen[468] und mit den Interessenstrukturen des Internet umgehen[469]. Sie böten einen dynami-

---

[461] Dies aufzeigend: *Mayer*, NJW 1996, 1782, 1790

[462] *Christiansen*, MMR 2000, 123, 124

[463] *Bing*, in: Wiebe (Hrsg.), Regulierung, S. 84, der jedoch das von ihm geforderte *panel* nicht statt, sondern lediglich vor einer gerichtlichen Streitentscheidung berufen möchte. Beispielhaft sei hier auch auf die *alternative dispute resolution* der ICANN im internationalen Markenrecht verwiesen, dazu *Luckey*, NJW 2001, 2527 f., *Kleinwächter*, MMR 1999, 452 ff.

[464] *Mayer*, NJW 1996, 1782, 1790

[465] *Christiansen*, MMR 2000, 123, 124

[466] *Christiansen*, MMR 2000, 123, 124; *Johnson/Post*, Law and Borders, S. 1387 f.

[467] *Roßnagel*, MMR 2002, 67, 69

[468] *Christiansen*, MMR 2000, 123, 124

[469] *Johnson/Post*, Law and Borders, S. 1391

schen Status, der eine schnelle und hindernislose Anpassung an Fortentwicklung und Innovationen gewähre[470].

Für eine Selbstregulierung stehe schließlich auch die Entwicklung des Internet selbst Pate: Das Internet sei nicht entwickelt worden, es habe *sich* entwickelt. Es sei nicht anzunehmen, dass eine zentral strukturierte Entwicklung zu demselben Standard geführt haben würde.

3. Stellungnahme

a. Keine Souveränität des Cyberspace

Es ist sicher verlockend, die Anpassungsschwierigkeiten des herkömmlichen Rechts im Online-Bereich dadurch zu bewältigen, dass man kurzerhand den Cyberspace zu einem unabhängigen, autonomen Raum erklärt. Dabei bleibt aber unberücksichtigt, dass es ein Nebeneinander von virtueller und realer Welt ohne Berührungspunkte nicht gibt. Beide sind vielmehr trotz ihrer Unterschiede fest miteinander verflochten. Ohne eine reale Welt gäbe es eine virtuelle überhaupt nicht. Die Cyberwelt baut auf der Realität auf:

Zwar mag im Internet eine eigene Netzidentität angenommen werden können[471], es bedarf für eine Netzidentität aber immer auch einer realen Identität. Ohne eine natürliche Person, die sich e-Mail-Adressen oder Kodenamen zulegt, gäbe es den *cyberspace citizen* nämlich nicht. Ein Immaterialgut, das im Internet virtuell verkehrt und genutzt werden kann, muss von jemandem in der realen Welt geschaffen werden. Information, die im Netz ubiquitär und zeitlos erhältlich ist, und der im Cyberspace eine hohe Priorität zukommt, muss zuvörderst von einer realen Person in das Netzwerk eingespeist werden.

Auch die Personen-, Sach- und Rechtsverhältnisse des Cyberspace bestehen identisch in der realen Welt. Genau genommen bestehen sie sogar nur in der realen Welt: Handelnde sind auch im Cyberspace die realen Personen. Die Tatsache, dass ein Geschäft nicht via Telefon, sondern via e-Mail abgeschlossen wird, dass ein Persönlichkeitsrecht nicht in einer gedruckten Zeitung, sondern in einer Online-Ausgabe verletzt wird oder dass ein Werk nicht durch Pressen einer CD, sondern durch Kopie der Daten vervielfältigt wird, rechtfertigt es nicht, unterschiedliche Rechtssysteme anzuwenden. Das Internet ist letztlich ein Medium, das die Kommunikation zwischen realen Menschen übernimmt, und so gegebenenfalls Brief, Telefon oder Rundfunk

---

[470] *Christiansen*, MMR 2000, 123, 124

[471] *Roßnagel*, MMR 2002, 67, 68; *Hoeren*, NJW 1998, 2849, 2851

ersetzen, aber ebenso wenig wie diese herkömmlichen Medien einen eigenen abgeschlossenen Lebensraum bildet kann.

Infolge dieser Verflechtung kommt es zwingend zu Berührungspunkten zwischen den „Welten“, die nicht allein mit der Besonderheit des Internet zu (er-)klären sind: Während die Tätigkeiten realer Personen dem herkömmlichen Recht überlassen werden, sollen internetbezogene Tätigkeiten dem Cyberlaw zuzuordnen sein. Dies leuchtet nicht ein, da die handelnden Personen identisch sind. Auch ist nicht ersichtlich, dass und warum ein Staat seine ihm zustehende Regelungskompetenz bei einem Internetbezug aufgeben möchte[472].

Eine strikte Trennung von realer und virtueller Welt ist nicht möglich. Der Cyberspace ist nicht vom herkömmlichen Raum unabhängig. Infolgedessen ist es nicht zwingend erforderlich, dem Cyberspace ein eigenes Cyberlaw zu geben.

b. Ineffektivität einer reinen Selbstregulierung

Selbst wenn man im Cyberspace einen eigenen abgetrennten Raum sieht, bleiben erhebliche Zweifel am Erfolg einer reinen Selbstregulierung:

Eine freiwillige Selbstkontrolle ist nur für die bindend, die sich ihr unterwerfen[473]. Es ist sehr unwahrscheinlich, dass sich *alle* Internetbeteiligten dem Cyberlaw unterwerfen. Mangels anderer organisatorischer Verbindungen müsste sich etwa jeder Nutzer einzeln verpflichten. Dies ist bei der Anzahl der angeschlossenen Nutzer geradezu illusorisch.

Trotz einer möglicherweise hohen Akzeptanz der gemeinsamen Werte und Regeln wird es Verstöße immer geben. Deren Sanktionierung ist jedoch ohne eine hierarchische Struktur uneffektiv[474]. Ein System, das Verstöße nicht effektiv ahnden und Regeln nicht ebenso effektiv gegen den Willen des Betroffenen durchsetzen kann, ist dann gescheitert, wenn der erste Verstoß erfolgt[475]. Die Bereitschaft, sich regelkonform zu verhalten, geht nämlich nicht soweit, sich einer „freiwilligen“, spürbaren Bestrafung auszusetzen. Sie

---

[472] *Luckey*, Internationale Urheberrechtsverletzungen, S. 293; *Mankowski*, AfP 1999, 138, 139

[473] *Roßnagel*, MMR 2002, 67, 69

[474] *Luckey*, Internationale Urheberrechtsverletzungen, S. 292; *Christiansen*, MMR 2000, 123, 125

[475] Ausnahmen bestätigen die Regel: Ein amüsantes Beispiel aus der ersten Stunde des Internet, wie sich Internetnutzer faustrechtgleich gegen eine Beeinträchtigung wehrten, schildert *Mayer*, NJW 1996, 1782, 1789 in FN 95. Dies wäre jedoch im Internet heutiger Dimension undenkbar.

wird jedenfalls dann schwinden, wenn der Erste sich erfolgreich einer Sanktionierung verweigert. Da es auch im Internet Bereiche gibt, in denen der Appell an die Beteiligten nicht mehr ausreicht, wird die sanktionslose Selbstkontrolle dort versagen.

Neben der begrenzten Reichweite und der Ineffektivität nicht hoheitlicher Kontroll- und Zwangsmechanismen wird eine reine Selbstregulierung aber bereits bei der Aufstellung eines ganzheitlichen Verhaltenskodexes an seine Grenzen stoßen. Hierfür ist eine gewisse Homogenität unerlässlich. Die Beteiligten des Internet sind indes kein homogener Verbund[476]. Im Internet stehen sich widerstreitende Interessen gegenüber. Es gibt gleichermaßen Rechtsinhaber und Rechteverwerter, Staat und Bürger, Unternehmer und Verbraucher. Die Suche nach dem kleinsten gemeinsamen Nenner dürfte hier oft vergeblich sein. Setzen sich etwa Musiker, Internetnutzer und Vertreter der Musikindustrie an einen Tisch, um die Tauschbörsenverhaltensregeln zu definieren, können diesem Unterfangen keine Erfolgschancen eingeräumt werden. Stehen sich unvereinbare Interessen gleichstark gegenüber, hätte dies eine Nichtregelung zur Folge[477]. Konsequenz davon wäre ein rechtsfreier Raum, der aber, wie bereits aufgezeigt worden ist, nicht sachgerecht ist.

Im umgekehrten Fall, dass Interessen ungleich vertreten sind, besteht die Gefahr, dass es zu einer nicht ausgewogenen Regelung kommt und insbesondere Individual- oder Minderheiteninteressen unberücksichtigt bleiben[478], wenn sie von keiner zentralen oder neutralen Stelle gewahrt werden. Die vernachlässigten Interessengruppen werden sich dann wohl der freiwilligen Selbstkontrolle überhaupt nicht unterwerfen, was wieder zu einer teilweisen Nichtregelung führt.

Mangels Homogenität und angesichts der Dimension des Internet ist auch nicht gewährleistet, dass eine schnellere und effektivere Anpassung an geänderte Umstände erfolgt. Es ist zumindest nicht ersichtlich, dass ein Konsens der Cybergemeinschaft schneller erreicht werden kann, als ein Konsens in einem staatlichen oder überstaatlichen Gesetzgebungsorgan.

Auch die Aussage, das Cyberlaw müsse sich wie das Internet ungeplant entwickeln, hilft nicht weiter, denn es ist schlicht nicht abzuschätzen, zu welchen Ergebnissen eine solche Entwicklung geführt hätte.

---

[476] *Hoeren*, NJW 1998, 2849, 2852; *Mankowski*, AfP 1999, 138, 140 m.w.N. für das internationale Schrifttum

[477] *Christiansen*, MMR 2000, 123, 126

[478] *Roßnagel*, MMR 2002, 67, 69; *Mankowski*, AfP 1999, 138, 140

Das Internet kann sich also bereits deshalb nicht wirksam selbst regulieren, weil eine umfassende, Mindeststandards genügende Verabschiedung von Verhaltensregeln an der Inhomogenität der Cybergemeinschaft scheitern würde, und insbesondere, weil Verstöße nicht wirksam sanktioniert und Sanktionen nicht effektiv durchgesetzt werden könnten. Es ist mithin nicht erfolgsversprechend, das Internet einer reinen Selbstregulierung zu überlassen.

c. Selbstregulierung als Ergänzung staatlichen Rechts

Von der reinen Selbstregulierung ist die Selbstregulierung als Ergänzung staatlichen Rechts zu unterscheiden. In Betracht kommt eine generelle oder partielle alternative Streitschlichtung, die neben oder vor dem regulären Rechtsweg offen steht[479]. Diese könnte in der Tat den Vorteil haben, auf Konsens und Diskussion zu beruhen und so für mehr Transparenz und Verständnis bei den Beteiligten zu sorgen. Wo das zutrifft, ist sie sicher wünschenswert.

Für die dieser Arbeit zu Grunde liegende kollisionsrechtliche Fragestellung ist dieser Hinweis indes ausreichend. Solange ein Cyberlaw im Sinne eines einheitlichen materiellen Rechts nicht existiert, steht die kollisionsrechtliche Frage des anwendbaren Rechts zur Entscheidung an. Ob darüber hinaus eine alternative Streitlösung in Betracht kommt, ist für diese Fragestellung unbeachtlich. Selbst eine obligatorische Schiedsgerichtsklausel, würde nicht zur Entbehrlichkeit der Bestimmung des anwendbaren Rechts führen. Es muss also weiter dieser internationalprivatrechtlichen Frage nachgegangen werden.

4. Zusammenfassung

Im Internet bedarf es verbindlicher Regelungen. Diese müssen mit effektiven Sanktionen versehen sein. Eine freiwillige Selbstkontrolle genügt diesen Anforderungen nicht. Das Cyberlaw für den Cyberspace kann das (staatliche) Recht für Sachverhalte mit Internetbezug nicht ersetzen.

III. Proklamation eines Internetstatuts als internetspezifische Kollisionsnorm

Als weiterer internetspezifischer Lösungsansatz wird die Niederschrift eines Internetstatuts erwogen, das ausschließlich das im Online-Bereich an-

---

[479] *Bing*, in: Wiebe (Hrsg.), Regulierung, S. 95; zur ICANN siehe oben FN 463

wendbare Recht bestimmt. Theoretisch ist ein Internetstatut zwar nicht auf das Urheberrecht beschränkt, gemäß der dieser Arbeit zu Grunde liegenden urheberrechtlichen Fragestellung bleiben andere Rechtsgebiete hier jedoch unberücksichtigt.

Das so verstandene Internetstatut würde folglich das auf urheberrechtsrelevante Sachverhalte im Online-Bereich anwendbare Recht bestimmen. Klargestellt werden muss, dass dieses Statut über die Anknüpfung außerhalb des Online-Bereichs bestimmungsgemäß nichts aussagen kann.

Welcher Anknüpfungsmoment für ein Internetstatut geeignet sein kann, wird im Folgenden erörtert werden.

1. Das Sendelandprinzip

Es wird zunächst in der Literatur in Betracht gezogen, bei dem Internetstatut allein auf den Ausstrahlungsort der Datenübertragung abzustellen[480]. Anwendbar wäre demnach im Online-Bereich das Recht des Landes, von welchem die Übertragung gesendet wird (Sendelandprinzip).

Bei e-Mails, Up- und Download sowie einer Direktübertragung zwischen zwei in einem Netzwerk verbundenen PC (P2P-Netzwerk) wäre der Ort des Ausgangsrechners maßgebend. Werden Daten auf einem Server zum Abruf bereit gehalten, würde sich dagegen dieses Angebot nach dem am Serverstandort geltenden Recht bestimmen[481]. Da Inhalte im Internet überwiegend auf Servern gelagert werden, dürfte dies den Regelfall darstellen. Entscheidend für die Anknüpfung würde deshalb der Ort des Servers sein, auf den die relevanten Daten hochgeladen worden sind und von dem sie im Netzwerk erhältlich sind. Deshalb wird das Sendelandprinzip auch als *country-of-upload*-Regel bezeichnet[482].

Das Sendelandprinzip hat bei Satellitensendungen im europäischen Bereich in Art. 1 Abs. 2 lit. b. der Kabel- und Satellitenrichtlinie[483] Berücksich-

---

[480] *Fröhlich*, S. 213; *Bühler*, S. 398 ff.; *Gesmann-Nuissl*, in: Ensthaler/Bosch/Völker (Hrsg.), Urheberrecht und Internet, S. 428

[481] a.A. *Köster*, in: Götting (Hrsg.), Multimedia, S. 165, der den Download als eigene Verwertungshandlung dem Schutzland unterstellt.

[482] *Gesmann-Nuissl*, in: Ensthaler/Bosch/Völker (Hrsg.), Urheberrecht und Internet, S. 428; *Bühler*, S. 398

[483] Siehe oben FN 415

tigung gefunden und ist infolgedessen in den §§ 20a, 20b UrhG festgesetzt worden[484].

Das Sendelanprinzip würde zunächst zu einer größeren Rechtssicherheit für Anbieter und Werkvermittler führen. Diese müssten sich ausschließlich mit dem an ihrem Server geltenden Recht auseinandersetzen und dort erforderliche Rechte erwerben. Auch eine größere Rechtsklarheit wäre zu erwarten. Es wäre eindeutig feststellbar, von welchem Server Daten feilgeboten würden und wo sich dieser befände. Zudem würde die technische Mehrstufigkeit Übertragungsvorgänge im Internet nicht zu einer Vielzahl anwendbarer Rechtsordnungen führen, sondern es wäre auf eine Datenübertragung nur eine Rechtsordnung, nämlich die des Schutzlandes, zur Anwendung berufen.

Das Sendelandprinzip wird aber bereits im Bereich des Satellitenfernsehens als nicht mehr sachgerecht angesehen[485] und vermag erst recht im Internet nicht zu überzeugen.

Es ermöglicht in hohem Maße eine Flucht in Haftungsoasen[486]. Denn der Sendende kann sich sein Sendeland aussuchen und so ein ihm günstiges Recht wählen. Diese Gefahr besteht bei der Verlagerung einer Sendestation schon im Bereich des Satellitenfernsehens. Im Internet ist sie indes sehr viel größer, können hier doch Server in einem beliebigen Land mit einigen „Mausklicks“ aus- und angewählt werden, was Anbieter und Werkvermittler geradezu zur Ausschöpfung dieser Möglichkeit verleitet. Das Sendelandprinzip bevorteilt so einseitig den Täter. Durch die breite Ausübung dieser Fluchtmöglichkeit ist zudem ein generelles Absinken des Schutzniveaus zu erwarten.

Des Weiteren ist das Sendeland dann nicht eindeutig festzustellen, wenn ein Angebot gleichzeitig auf mehreren Servern platziert wird[487]. Die gleich-

---

[484] Rechtstechnisch handelt es sich bei diesen Normen allerdings nicht um Kollisions-, sondern ausschließlich um materielles Recht. Die Kommission wollte keine Kollisionsnorm schaffen, sondern den Begriff der „öffentlichen Wiedergabe“ präzisieren und vereinheitlichen (*follow-up-paper* vom 20.11.1996, KOM (96), 588, S. 23; *Köster*, in: Götting (Hrsg.), S. 165 f.; *Bühler*, S. 399; *Hoeren*, in: Hoeren/Sieber, Handbuch MMR, Rn. 37; *Gesmann-Nuissl*, in: Ensthaler/Bosch/Völker (Hrsg.), Urheberrecht und Internet, S. 429 jeweils m.w.N.). Dies ändert freilich nichts an der grundsätzlichen Möglichkeit, das Sendelandprinzip kollisionsrechtlich zu gestalten.

[485] Schricker-*Katzenberger*, vor §§ 120 ff. Rn. 141

[486] *Gesmann-Nuissl*, in: Ensthaler/Bosch/Völker (Hrsg.), Urheberrecht und Internet, S. 429; *Bühler*, S. 400 f.; *Hoeren*, in: Hoeren/Sieber, Handbuch MMR, Rn. 38; *Spindler*, IPRax 2003, 412, 418

[487] *Spindler*, IPRax 2003, 412, 418

zeitige Speicherung auf mehreren Servern ist nicht unüblich und wird vor allem deshalb gemacht, um den Nutzern einen schnelleren Zugriff zu gewähren[488]. Von welchem Server im Einzelfall eine Datenübertragung ausgeht, kann vom Zufall abhängen[489] und deshalb ex post nur sehr schwer ermittelbar sein.

Die Feststellung des Sendelandes bereitet ferner dann Schwierigkeiten, wenn es sich um eine Datenübertragung zwischen zwei direkt verbundenen Rechnern handelt oder wenn ein mobiler Server eingesetzt wird. Der Nachweis, wo ein tragbarer Computer als Server sich zum Zeitpunkt einer Datenübertragung befand, dürfte regelmäßig nicht zu erbringen sein.

Schließlich ist das Sendeland im Internet auch deshalb nicht sachgerecht, weil dem Ausgangsland der Übermittlung keine wesentliche Bedeutung bezüglich des Angebots zukommt. Zwar war im Rundfunkbereich ursprünglich eine gewisse Sachnähe zwischen Sendeland und Sendeinhalt bereits durch die limitierte Reichweite eines Sendevorganges gegeben. Auch dort ist diese jedoch mit der technischen Entwicklung, insbesondere der Satellitenübertragung geschwunden. Im Internet gab es nie und gibt es auch heute keine räumliche Begrenzung der Sendereichweite, sie erstreckt sich vielmehr immer auf das gesamte Netzwerk. Für eine Datenübertragung macht es überdies qualitativ keinen und zeitlich keinen messbaren Unterschied[490], ob sich der Ausgangsrechner im Nachbarhaus oder am anderen Ende der Welt befindet.

Der Serverstandpunkt erscheint mithin eher zufällig und ist nicht für eine zentrale Anknüpfung im Internationalen Urheberrecht geeignet.

2. Empfangslandprinzip (Anknüpfung an die Abrufbarkeit)

Im Schrifttum wird auch die Möglichkeit erörtert, das anwendbare Recht nach dem Empfangslandprinzip zu bestimmen[491]. Das Empfangslandprinzip ist das Gegenstück zum Sendelandprinzip. Anknüpfungsmoment des Empfangslandprinzips ist der Ort, an dem ein Internetinhalt empfangen werden

---

[488] *Bühler*, S. 400

[489] Möglich ist es etwa, den Download so zu steuern, dass er immer von dem Server erfolgt, der aktuell die schnellste Datenübertragung gewährleistet. Welcher dies ist, hängt von der Frequentierung der einzelnen Datenwege zum Zeitpunkt der Downloadabfrage ab. Diese ist aber weder vom Nutzer, noch vom Anbieter allein abhängig.

[490] Die Geschwindigkeit hängt vielmehr von Kapazität und Belastung des Netzwerks ab.

[491] *Fröhlich*, S. 215; für das Urheber- und das allgemeine Persönlichkeitsrecht *Schack*, UFITA 108 (1988), S. 65

kann (Ort der Abrufbarkeit). Auf den Ort der (Ab-) Sendung kommt es ebenso wenig an, wie auf den Ort eines tatsächlich erfolgten Empfangs. Dies sei sachgerecht, denn der Zweck, warum Inhalte überhaupt in das Netz gestellt werden, liege nicht im Abruf, sondern in der Abrufbarkeit[492]. Dies zeige auch das Recht des öffentlich Zugänglichmachens, das abrufunabhängig ausgestaltet sei[493].

Da Inhalte im Internet grundsätzlich weltweit abrufbar sind, führt das Empfangslandprinzip zur potentiellen Anwendung aller Rechtsordnungen. Ein Werkvermittler bedürfte für sein Internetangebot etwa die jeweiligen Nutzungsrechte aller Staaten. Dies sei deshalb gerechtfertigt, so wird vertreten[494], da der Werkvermittler sich wissentlich eines weltweiten Mediums bediene und dessen weltweite Abrufbarkeit nutze. Auch werde nur so ein wirksamer Schutz für den Rechtsinhaber erreicht[495], da er das ihm günstigste Recht geltend machen und so die bestmögliche Rechtsposition erhalten könne.

Diesen Wertungen kann nicht gefolgt werden[496]. Es ist unausgewogen und einseitig, einen Werkvermittler an jede Rechtsordnung zu binden und ihn faktisch auch für einen einfachen Internetauftritt zum Erwerb der jeweiligen Rechte aller Staaten zu zwingen. Es ist vor allem deshalb nicht sachgerecht, da nicht nur der Vermittler, sondern auch andere von der Globalität dieses Mediums profitieren: Bekanntheitsgrad und Adressatenkreis eines Werks sind erheblich vergrößert, seine Verkehrsfähigkeit und seine Nutzbarkeit werden dadurch verbessert, was beides (auch) dem Rechtsinhaber zugute kommt. Jeder einzelne Nutzer selbst profitiert ebenso von der erhöhten und vereinfachten Erhältlichkeit der Werke. Schließlich ist auch die Allgemeinheit Nutznießer, da sie sich aus einem größeren und tieferen Pool von Werken bedienen kann und so die kulturelle Vielfalt gesteigert wird.

Die einseitige Abwälzung von Lasten allein auf die Werkvermittler ist weiter deshalb unsachgerecht, weil diese keinerlei Einfluss auf die Abrufbarkeit haben. Die Empfangsländer im Internet sind nicht steuerbar[497]. Selbst

---

492 *Sack*, WRP 2000, 269, 277

493 *Spindler*, IPRax 2003, 412, 421

494 *Junker*, S. 215; *Schack*, Urheberrecht, Rn. 933; *ders.*, JZ 1998, 753, 761; *Hoeren*, in: Hoeren/Sieber (Hrsg.) Handbuch MMR, Rn. 46, *Sack*, WRP 2000, 269, 277, der jedoch den Ort der Abrufbarkeit als Erfolgsort gemäß Art. 40 Abs. 1 S. 2 EGBGB einordnet.

495 *Junker*, S. 217

496 *Spindler*, IPRax 2003, 412, 419; *Bühler*, S. 403;

497 *Regelin*, S. 289

wenn eine Internetseite nur regional bezogen ist, ist sie grundsätzlich[498] in jedem Winkel der Welt erhältlich und nach dem Empfangslandprinzip jedem Urhebergesetz unterworfen.

Das Empfangslandprinzip führt somit zu nicht ausgewogenen Ergebnissen und ist deshalb abzulehnen.

3. Intendiertes Empfangsland (Anknüpfung an den bestimmungsgemäßen Abruf)

In Anlehnung an den fernseh- und rundfunkrechtlichen Bereich wird weiter die Möglichkeit untersucht, beim anwendbaren Recht maßgeblich auf das Zielgebiet des gesendeten Inhalts abzustellen (Ort des bestimmungsgemäßen Abrufs)[499]. Maßgebend wären dann die Länder, die im intendierten Sendegebiet liegen.

Die Einbeziehung der Finalität hätte für die Werkvermittler den Vorteil, dass sie nicht an alle Rechtsordnungen gebunden wären. Sie könnten vielmehr durch die Gestaltung und Ausrichtung ihres Angebots Einfluss darauf nehmen, welche Rechte sie zu erwerben und welche Vorschriften sie zu beachten haben. Das anwendbare Recht wäre so für sie vorhersehbar und kalkulierbar[500]. Die Interessen der Rechtsinhaber wären dadurch berücksichtigt, dass ein länderübergreifender Internetinhalt immer auch an der Rechtsordnung zu messen wäre, die von den intendierten Ländern die strengste ist.

Die Crux dieser zielgerichteten Anknüpfung ist indes die Ermittlung des intendierten Abrufgebiets. Das Problem liegt offensichtlich darin, dass ein Internetinhalt grundsätzlich überall erhältlich ist. Es müssten Kriterien gefunden werden, die diese technisch bedingte Ubiquität interessengerecht begrenzen.

a. Technische Maßnahmen

Eine klare und eindeutig feststellbare Eingrenzung des intendierten Abrufgebiets wäre dann möglich, wenn dem Anbieter wirksame technische Mittel zur Hand stünden, die den Zugriff auf seine Inhalte nur von bestimmten Aufenthaltsorten aus ermöglichten. Ein Anbieter könnte so bei der Konstruktion und beim Betrieb seiner Internetinhalte bestimmen, aus welchem Land ein Abruf erfolgen kann. Mehrere technische Ansätze sind hier denkbar.

---

[498] Zu technischen und weiteren Versuchen der Eingrenzung siehe sogleich in diesem Kapitel C., III., 3., a.

[499] *Junker*, S. 350 ff.; *Muth*, S. 131 ff.

[500] *Muth*, S. 132

aa. Registrierung und Login

Zunächst wird die Schaffung geschlossener Bereiche angeführt[501]. Ein Angebot könne technisch nur einer bestimmten Nutzergruppe eröffnet werden. Dazu gehöre, wer sich mit seiner Identität registriert. Dies könne auch von der Angabe des Wohnsitzes oder des gewöhnlichen Aufenthalts abhängig gemacht werden[502]. Die jeweilige Nutzung der Internetinhalte könnte zusätzlich von der Eingabe eines persönlichen Passworts abhängig gemacht werden. Ein Zugriff wäre dann nur von der insoweit eindeutig identifizierten Person zulässig.

Allerdings ist zu beachten, dass ein beschränkendes Anmeldeverfahren personengebunden ist und nichts über den Aufenthalt der Person aussagt. Denn Benutzername und Passwort können vom Berechtigten von jedem beliebigen Ort eingegeben werden. Zudem können diese Daten auch von mehreren Personen genutzt werden[503].

Mit der Schaffung geschlossener Benutzergruppen kann das Angebot personell, nicht aber räumlich begrenzt werden. Es ist daher nicht geeignet, die Zahl der Empfangsländer zu reduzieren.

bb. IP-Adresse

Bei einer räumlichen Zuordenbarkeit des Internetzugriffes wird auch die IP-Adresse[504] herangezogen[505]. Jedem Teilnehmer im Internet wird eine eindeutige IP-Adresse zugewiesen. Diese enthält auch ein Kürzel für das jeweilige Land[506]. Sie wird bei jedem Kontakt im Internet übermittelt[507]. Mit ei-

---

501 *Junker*, S. 351; *Muth*, S. 133

502 *Junker*, S, 351 führt auch die Möglichkeit an, sich durch Zusendung der Kopie des Personalausweises zu identifizieren.

503 Eine etwa vertragliche Verpflichtung, dies nicht zu tun, kann an der tatsächlichen Möglichkeit nichts ändern.

504 Internet-Protokoll-Adresse. Weltweit eindeutige Nummer, die einem Computer im Internet zugeordnet ist. IP-Adressen bestehen aus vier durch Punkte getrennte Zahlen zwischen 0 und 255. Dies ist die eigentliche Adresse einer Domain im Internet. Da sich aber kaum jemand die Folge der vier Zahlen merken kann und diese zudem keinerlei Information über den Inhalt der Domain liefern können, werden die IP-Adressen in Domain-Namen (DNS) bzw. Aliase übersetzt.

505 *Junker*, S. 353; *Luckey*, Internationale Urheberrechtsverletzungen, S. 39

506 *Regelin*, S. 291

507 Zu den technischen Details, *Luckey*, Internationale Urheberrechtsverletzungen, S. 39 ff.

nem Filter könnte hier erreicht werden, dass Zugriffe nur von IP-Adressen bestimmter Länder und damit von bestimmten Orten möglich sind. Ein Internetanbieter könnte so räumlich begrenzte Berechtigungen individuell vergeben.

Die räumliche Begrenzung des eigenen Internetangebots kann indes nur dann sicher erfolgen, wenn der Anbieter die IP-Adresse eines Nutzers tatsächlich erhalten kann und wenn diese eindeutig eine territoriale Zuordnung erlaubt. Beides ist jedoch nicht immer der Fall.

Die IP-Adresse adressiert zwar eindeutig einen Rechner im Netzwerk[508]. Der Zugriffsort ist durch sie aber nicht feststellbar. Regelmäßig vergibt der Internet Service Provider (ISP) die IP-Adressen an Nutzer, denen er die Einwahl ins Internet ermöglicht. Diese Einwahl über einen Provider erfolgt per Modem und kann somit durchaus auch aus dem Ausland erfolgen[509]. Dann stimmen die lokale Information aus der IP-Adresse und der Zugriffsort nicht überein. Aus der IP-Adresse kann also nicht mit Sicherheit darauf geschlossen werden, wo sich die betreffende Person zur Zeitpunkt des Zugriffes aufhält.

Daneben stellen sich aber auch technische Probleme: Zwar kann der Inhalteanbieter die IP-Adresse feststellen. Er kann diese Adresse aber nicht ohne weiteres einer Person zuordnen. Denn nur der vergebende ISP weiß, wem er welche IP-Adresse gegeben hat. Dies gilt insbesondere, wenn es sich um dynamische IP-Adressen handelt[510]. Diese Information steht jedoch dem Anbieter einer Webseite nicht zur Hand und er wäre auf die Auskunft des ISP angewiesen. Bei der Erhältlichkeit der IP-Adresse sind weiter auch datenschutzrechtliche Aspekte zu beachten, sobald es etwa um die Speicherung personenbezogener Daten privater Nutzer geht[511].

Sehr groß ist auch die Gefahr der Manipulation der übermittelten IP-Adresse. Technische Vorkehrungen provozieren immer Umgehungen. Es

---

[508] *Bechtold,* DRM, S. 48

[509] *Luckey,* Internationale Urheberrechtsverletzungen, S. 40; *Regelin,* S. 291; *Junker,* S. 355

[510] Beim Internetzugang über einen ISP ist dies das gängige praktizierte Verfahren eines *sharings* von IP-Adressen. D. h. bei Einwahl über einen ISP wird beim *LogOn* dem Client (eingewählter Rechner) automatisch eine freie IP-Adresse des ISP dynamisch (temporär) zugeordnet. Damit wird der Client während der online-Zeit ein Server des Internet. Nach dem *LogOff* (bzw. Beenden der Verbindung) ist diese IP-Adresse wieder verfügbar und wird einer anderen vom ISP vermittelten Verbindung zugeordnet.

[511] Zur Speicherung der IP-Adressen durch einen Access Provider: *RegPräs Darmstadt,* MMR 2003, 213

besteht zum Beispiel für den technisch versierten Nutzer die Möglichkeit seinen Aufenthaltsort durch Übermittlung keiner oder einer falschen IP-Adresse zu verschleiern[512].

cc. Zusammenfassung

Mittels technischer Maßnahmen kann ein Inhalteanbieter zum Ausdruck bringen, aus welchen Ländern er einen Abruf zulassen will. Eine sichere räumliche Zugriffssperre kann er dadurch aber nicht erreichen[513]. Technisch ausgereifte Möglichkeiten zur Begrenzung des Abrufgebiets gibt es noch nicht[514]. Ein Betreiber einer Internetseite kann mithin nicht wirksam das Sendegebiet bestimmen. Es bleibt bei der grundsätzlichen Überallerhältlichkeit.

Folglich können auch mit technischen Zugriffssperren die Empfangsländer nicht reduziert werden.

b. Lösung durch eine Gesamtschau

Das intendierte Sendegebiet könnte auch aus dem Inhalt des Internetangebots selbst gelesen werden. Hierbei könnten einzelne Indizien herangezogen werden, aus denen das anvisierte Empfangsgebiet im Wege einer Gesamtschau gefolgert werden kann. Als Indizien kommen nach *Junker*[515] etwa Metadaten, Top-Level-Domain (TLD)[516], Sprache, Art der angebotenen Waren oder Leistungen, Zahlungsmittel und Werbung für die Seite in Betracht. *Regelin*[517] stellt ab auf Sprache, Marktpräsenz, TLD sowie auf die Markterhältlichkeit der angebotenen Waren oder Leistungen.

Gegen die Sprache als Kriterium spricht, dass sie sich wegen der Grenzenlosigkeit des Netzes immer nur auf einen ganzen Sprachraum beziehen

---

512 *Muth*, S. 133; *Junker*, S. 355; *Luckey*, Internationale Urheberrechtsverletzungen, S. 41 f.

513 Nach einem Sachverständigengutachten im Fall *Yahoo!, Inc.* (dazu: *Junker*, S. 357) ist es mit 90-prozentiger Sicherheit möglich, französische Nutzer von einem amerikanischen Angebot auszuschließen. An einer Umsetzung dieser Lösung werde gearbeitet. Bis heute allerdings ohne Erfolg.

514 *Ubber*, WRP 1997, 497, 502; *Muth*, S. 134; *Geller*, GRUR Int. 2000, 659, 665

515 S. 358 ff.

516 Als TLD wird die höchste organisatorische Hierarchie einer Adresse im Internet bezeichnet. Eine TLD dient der Klassifizierung von Domain-Namen, wie zum Beispiel ".de" (einer TLD für deutsche Inhalte) oder ".com" (einer TLD für kommerzielle Inhalte).

517 S. 292 ff.

kann. Je verbreiteter eine Sprache ist, desto unpräziser wird diese Einordnung. Wird die englische Sprache gewählt, kann eine Eingrenzung nicht erfolgen, da sie zum einen Weltsprache und zum anderen auch die inoffizielle Amtssprache[518] des Netzwerks ist. Auch ist die Ausrichtung an der Sprache bei nonverbalen Internetinhalten wie Bildern oder Musik nicht möglich.

Gegen die TLD spricht, dass sie nur Auskunft über den Sitz des Anbieters geben, aber keinerlei Information über das Angebot und dessen Ausrichtung bieten. Werbung, Zahlungsmittel, Waren oder Leistungen und Marktpräsenz sind nicht bei jedem Internetauftritt gegeben. Nutzt jemand seine private Homepage als Visitenkarte und schmückt er sie mit urheberrechtlichen Werken, kommt diesen Kriterien keine Bedeutung zu.

Weiter bereitet auch die Erfordernis einer Gesamtschau grundsätzliche Bedenken. Wie die Gesamtschau konkret ausfällt, ist von den Beteiligten nur schwer vorherzusehen, was vor allem die Planung der Anbieter erschwert. Zudem ist der internationale Entscheidungseinklang dadurch gefährdet, dass die Gesamtschau in verschiedenen Ländern zu einem anderen Ergebnis führen kann und somit nicht jedes Gericht auf denselben Sachverhalt das gleiche Recht anwendet.

Eine Gesamtschau lässt somit die erforderliche begriffliche Trennschärfe vermissen und ist für die Bestimmung des intendierten Sendegebiets für das Internationale Urheberrecht somit nicht geeignet.

c. Spill-over der Bogsch-Theorie

Zur Bestimmung des intendierten Sendegebiets wird im Schrifttum vielfach die Übernahme der *overspill*-Grenze thematisiert[519]. Dieses Merkmal wird nach der Bogsch-Theorie beim Senderecht verwendet[520]. Maßgebend ist danach grundsätzlich jedes Land, das in der Ausleuchtzone (*footprint*) liegt und in welchem deshalb die Sendung empfangen werden kann. Unbeachtlich ist indes ein Empfang, der lediglich auf einem technisch bedingten, unvermeidlichen Überschwappen des Sendevorganges beruht (*overspill*). Die komplette Ausleuchtung eines Landes kann nämlich zwangsläufig zur Folge haben, dass in Teilen eines (Nachbar-) Landes der Empfang auch möglich ist. Dieser Überschuss muss dann als geringfügig außer Betracht bleiben.

---

[518] *Muth*, S. 135

[519] Statt vieler: *Spindler*, IPRax 2003, 412, 418 ff.

[520] Allgemein zur Bogsch-Theorie: *Schack*, Urheberrecht, Rn. 932; *Muth*, S. 116; Fromm/Nordemann-*Hertin*, vor § 31 Rn. 53.

Unabhängig von der Sachgerechtheit der Bogsch-Theorie im Senderecht[521] und unabhängig von der Vergleichbarkeit der Kommunikation via Internet und via Satellit[522] ist das *overspill*-Kriterium im Online-Bereich unbrauchbar[523]. Es gibt keine einzelfallbezogene Ausleuchtzone im Internet, weil der Anbieter das Sendegebiet nicht bestimmen kann: Daten und Inhalte, die in das Netz gespeist werden, sind im gesamten Netz verfügbar. Das Internet umgarnt die Welt. Folglich sind Internetinhalte immer weltweit verfügbar. Gibt es jedoch keinen *footprint*, kann es auch keinen *overspill* geben. Wenn es nämlich kein räumlich begrenztes Sendegebiet gibt, kann keine Sendung technisch bedingt geringfügig über dieses hinausschießen.

Auf der anderen Seite könnte man auch sagen, im Internet gibt es immer nur eine Ausleuchtzone, nämlich das gesamte Netzwerk. Ein Überschwappen ist freilich auch dann nicht möglich.

Die Grenze des *overspill* passt somit allein aus technischen Gründen nicht in den Online-Bereich und kann zur Bestimmung des intendierten Sendegebiets im Internet nicht beitragen.

d. Einwirkungsort-/Marktortprinzip

Es könnte des Weiteren erwogen werden, das wettbewerbsrechtliche Marktortprinzip in das Urheberrecht zu übernehmen. Intendiertes Abrufgebiet wäre danach jedes Land, in dessen Marktgeschehen final eingegriffen wird oder werden soll[524]. Auch hierfür könnten mehrere Indizien in einer Gesamtschau herangezogen werden.

Dagegen spricht aber, dass es einen urheberrechtlichen Markt nicht zwingend gibt und zudem, dass im Urheberrecht Schutz auch gegen nichtkommerzielle Handlungen gegeben sein muss[525]. Das Einwirkungs- oder Marktortprinzip ist für das Internationale Urheberrecht daher nicht geeignet.

---

521 Dazu umfassend Schricker-*Katzenberger*, vor §§ 120 ff. Rn. 141 m.w.N.

522 Diese Parallele ablehnend: *Bühler*, S. 402; *Gesmann-Nuissl*, in: Ensthaler/Bosch/Völker (Hrsg.), Urheberrecht und Internet, S. 430; *Hoeren*, in: Hoeren/Sieber, Handbuch MMR, Rn. 39; *Schønning*, ZUM 1997, 34, 37; eine Vergleichbarkeit annehmend: *Schack*, Urheberecht, Rn. 933; Schricker-*Katzenberger*, vor §§ 120 ff. Rn. 145; *Junker*, S. 350

523 *Regelin*, S. 290

524 Zum Marktortprinzip im Wettbewerbsrecht: Staudinger-*von Hoffmann*, Art. 40 ff. EGBGB Rn. 302 ff.

525 *Luckey*, Internationale Urheberrechtsverletzungen, S. 114; Möhring/Niccolini-*Hartmann*, vor §§ 120 ff. Rn. 36; *Spindler*, IPRax 2003, 412, 419

e. Einseitige Bestimmung

Schließlich ist denkbar, dem Internetanbieter ein einseitiges Bestimmungsrecht für das intendierte Sendegebiet zuzuweisen. Dieses könnte er etwa in seiner Satzung, seinem Impressum[526] oder durch offensichtliche Hinweise auf der Webseite (*disclaimer*) ausüben.

Dagegen ist einzuwenden, dass *disclaimer* lediglich rhetorische Beschränkungen darstellen, die über die wahre Intention nichts auszusagen vermögen[527]. Auch kann nicht allein auf den subjektiven Willen abgestellt werden, ohne dass dieser anhand objektiver Merkmale gestützt wird. Internationalprivatrechtlich ist schließlich bedenklich, dass ein solches Bestimmungsrecht eine einseitige Rechtswahl- bzw. Rechtsausschlussmöglichkeit bieten würde, die das Internationale Privatrecht bisher nicht kennt.

Die bloße Stellungnahme, ein Land anvisieren zu wollen oder nicht, kann nicht zur Begrenzung der anwendbaren Rechtsordnungen führen. Ein einseitiges Bestimmungsrecht kann zur Feststellung des intendierten Abrufgebiets nicht herangezogen werden.

f. Stellungnahme

Es gibt zwar zahlreiche mögliche Kriterien, das intendierte Sendegebiet zu umreißen. Es gibt aber keine geeigneten, es zuverlässig und eindeutig zu bestimmen[528]. Eine sichere, klar feststellbare und nicht umgehbare Beschränkung der Empfangsländer, die für das Urheberrecht eine sachgerechte Lösung bieten könnte, konnte bisher nicht gefunden werden. Da es keine Mittel gibt, das intendierte Empfangsgebiet eindeutig und objektiv klar zu bestimmen, muss der Ort des bestimmungsgemäßen Abrufs als taugliches Anknüpfungsmoment ausscheiden.

4. Subsidiäre Anknüpfungen - Anknüpfungsleitern

a. Gemeinsamer Vorschlag von *Dessemontet* und *Ginsburg*

Im unmittelbaren Anschluss an ihre eigenen Vorschläge[529] haben sich *Ginsburg* und *Dessemontet* auf einen gemeinsamen Vorschlag verständigt[530],

---

526 Zur „Impressumspflicht“ im Internet: *Stickelbrock*, GRUR 2004, 111 ff.

527 *Regelin*, S. 293

528 *Muth*, S. 137

529 Siehe in diesem Kapitel oben B., V. 1. und 2.

530 Dieser ist abgedruckt bei *Dessemontet*, SJZ 92 (1996), 285, 293 f.

der aus den Art. 1-7 und den Anmerkungen Nr. 1-4 besteht. Sie präsentieren eine Kollisionsnorm, die das auf außervertragliche Verletzungshandlungen im Internet anwendbare Recht bestimmen soll (Art. 1). Die Bereiche der Inhaberschaft und der Urheberrechtsverträge sind von ihr ausgenommen (Art. 2). Die Norm beinhaltet mehrere Anknüpfungsmomente, die subsidiär und nicht alternativ angewendet werden (Anmerkung Nr. 2).

Primärer Anknüpfungsmoment ist der Ort der Schadensverwirklichung (Art. 3 Abs. 1), welcher generell am gewöhnlichen Aufenthalt bzw. am Ort der Hauptniederlassung des Verletzten liegen soll (Art. 3 Abs. 2). Voraussetzung ist zudem, dass dieser für den Verletzer vorhersehbar ist (Art. 4 S. 1). Trifft dies nicht zu, ist auf den Begehungsort abzustellen (Art. 4 S. 2). Ist das Recht danach ebenso wenig zu bestimmen, wird auf den gewöhnlichen Aufenthalt oder die Hauptniederlassung des Beklagten abgestellt (Art. 5). Besteht zu dem so ermittelten Recht nur eine geringe, zu einem anderen Staat aber offensichtlich eine engere Beziehung, so ist dessen Recht anzuwenden (Anmerkung Nr. 3).

Dieser Vorschlag orientiert sich offensichtlich an dem Vorschlag *Dessemontets*. Die grundsätzlich stufenmäßige Anknüpfung an Erfolgsort, Begehungsort und Wohnsitz des Beklagten, die Vermutungsregel des Erfolgsorts und die Vorhersehbarkeit werden übernommen. Neu sind die mögliche Verdrängung durch ein engeres Recht, die ausdrückliche Beschränkung auf das Internet und auf außervertragliche Verletzungen, die Ausklammerung der Inhaberschaft sowie Aufbau und Formulierungen.

b. Fassung von *Bühler*

Für eine subsidiäre Anknüpfung bei grenzüberschreitenden Nutzungsvorgängen im Internet spricht sich auch *Bühler*[531] aus. Er möchte grundsätzlich den gemeinsamen Vorschlag von *Ginsburg* und *Dessemontet* übernehmen, ändert ihn jedoch partiell ab.

Grundsätzlich sei an den Ort der Schadensverwirklichung anzuknüpfen, der für alle Verletzungen am Ansässigkeitsort des Rechtsinhabers zu vermuten sei[532]. Das Erfordernis der Vorsehbarkeit lehnt er indes als ungeeignet ab[533]. Ist diese primäre Anknüpfung nicht feststellbar, sei subsidiär auf den Wohnsitz bzw. die Hauptniederlassung des Verletzers abzustellen[534].

---

[531] S. 408 ff.

[532] *Bühler*, S. 411

[533] *Bühler*, S. 412

[534] *Bühler*, S. 413

c. Neuer Vorschlag von Ginsburg (2000)

Eine weitere internetspezifische Anknüpfungsleiter hat *Ginsburg* im Jahr 2000 vorgeschlagen[535]. Sie hat dabei ihren ersten Vorschlag[536] weiterentwickelt, die Kollisionsnorm nun aber ausdrücklich auf Verletzungshandlungen im Internet begrenzt. Im Unterschied zu ihrem gemeinsamen Vorschlag mit *Dessemontet* erfasst die Kollisionsnorm den gesamten urheberrechtlichen Sachverhalt, somit auch die Frage der Inhaberschaft. Die Norm enthält mehrere Anknüpfungsmomente, die subsidiär Anwendung finden:

> *"23. The law applicable to the entirety of a defendant's alleged Internet infringement is:*
>
> *(a) If the allegedly infringing content is found on a website, the law of the country in which the operator of the website has its residence or principal place of business, so long as this country's domestic copyright law is consistent with the Berne Convention, WTO [and WCT] norms; or*
> *(b) If the allegedly infringing content is not found on a website, the law of the country of the residence or principal place of business of the person or entity that initiated the communication, so long as this country's domestic copyright law is consistent with the Berne Convention WTO, [and WCT] norms.*
>
> *24. If the law of the country identified in paragraph 23 does not conform to the Berne Convention, WTO [and WTC] norms, then the law applicable to the entirety of the defendant's alleged Internet infringement is the law of the country in which the server that hosts the alleged infringing content is located, so long as this country's domestic copyright law is consistent with the Berne Convention, WTO [and WCT] norms.*
>
> *25. Notwithstanding paragraph 23 and paragraph 24, if a third country is shown to have a more significant relationship with the controversy-- for example, if a third country is shown to have been the principal target of the infringing communication, then the law applicable to the entirety of the defendant's alleged Internet infringement is the*

---

[535] *Ginsburg*, Law aspects, S. 11 f.

[536] Siehe in diesem Kapitel oben B., V., 1.

law of that third country, so long as this country's domestic copyright law is consistent with the Berne Convention, WTO [and WCT] norms.

26. In the absence of a Berne Convention, WTO, [and WCT]-compliant country having a significant relationship with the controversy, then the law applicable to the entirety of the defendant's alleged Internet infringement is the law of the forum, so long as the forum is a member of the Berne Union or WTO [or WCT].

27. In fashioning any remedies, the court may take into account the extent to which, for particular countries in which acts alleged to be infringements occurred, the domestic law is substantially either more or less protective than the copyright or related rights law of the law chosen in accordance with paragraphs 23-26."

Primär soll nach *Ginsburg* auf den Wohnsitz[537] oder die Hauptniederlassung des Betreibers einer Internetseite bzw. desjenigen, auf den die Kommunikation zurückzuführen ist, abgestellt werden (Nr. 23). Voraussetzung sei jedoch, dass das Recht dieses Landes den Standards der RBÜ oder des WCT entspreche. Sei dies nicht der Fall, soll auf den Standort des Servers abgestellt werden, auf dem die urheberrechtsrelevanten Daten gespeichert sind (Nr. 24), sofern dieser den Anforderungen der RBÜ oder des WCT genügt. Hat jedoch ein anderes Land eine engere Verbindung zu dem Sachverhalt, soll dessen Recht Anwendung finden, wenn es mit der RBÜ oder dem WCT konform ist (Nr. 25). Trifft auch dieses nicht zu, soll die lex fori angewendet werden, sofern der Forumstaat Mitglied der RBÜ oder des WCT ist (Nr. 26). Unter Umständen hat das Gericht die Unterschiede zu berücksichtigen, welche zwischen der nach den Nr. 23-26 gefunden lex causae und dem Recht am Handlungsort bestehen (Nr. 27).

d. Stellungnahme

Die ausschließlich für den Online-Bereich vorgeschlagenen Kollisionsnormen von *Dessemontet*, *Ginsburg* und *Bühler* orientieren sich sehr stark an den von denselben Autoren bereits ins Spiel gebrachten Anknüpfungsleitern. Insbesondere decken sich die verwendeten Anknüpfungsmomente und die Beschränkung auf Verletzungstatbestände weitgehend. Insofern wird auf die diesbezügliche Stellungnahme vollumfänglich verwiesen[538]. Hervorzuheben

[537] Zu dem Verhältnis von Wohnsitz und *residence*, siehe oben FN 420.

[538] Siehe in diesem Kapitel oben B., V., 3.

ist hierbei noch einmal, dass die Normen nur eine Teilregelung für Verletzungen darstellen und dass sie grundlegende Mängel des territorialen Verständnisses, insbesondere die Bündelwirkung, beibehalten.

An diesem negativen Ergebnis vermögen auch die inhaltlichen Modifikationen nichts zu ändern: Weder der Einbezug der Standards der RBÜ bzw. des WCT noch die Einführung der Anknüpfung an eine engere Verbindung noch die Vermutung, der Erfolgsort liege am Wohnsitz des Beklagten, noch die Begrenzung auf Online-Bereiche können die zahlreichen und grundlegenden Bedenken gegen diese Anknüpfungsleitern zerstreuen.

Als Ergebnis bleibt damit festzuhalten, dass auch eine subsidiäre Anknüpfung bei Sachverhalten mit Internetbezug die Probleme der Internationalität und der Ubiquität dieses Mediums nicht zufriedenstellend lösen kann.

IV. Abschließende Stellungnahme

Die Antwort auf das Internet liegt nicht im Internet!

Unabhängig von ihrer rechtlichen Konzeption würde eine internetspezifische Lösung eine bedenkliche Aufspaltung im Internationalen Urheberrecht erzielen: Durch die Differenzierung von Online- und Offline-Sachverhalten würde man dem herkömmlichen Urheberrecht ein Online-Urheberrecht entgegensetzen. Dies ist nicht sachgerecht. Zum einen würden die Mängel des geltenden Rechts im nicht digitalen Bereich unvermindert fortbestehen, zum anderen kann diese Unterscheidung auch nicht durch die technischen Besonderheiten des Internet begründet werden.

Bei aller Innovation, die das Internet mit sich bringt, ist und bleibt es letztlich ein Kommunikationsmittel. Es bietet wie andere Medien den Menschen die Möglichkeit, in Kontakt zu treten, Waren und Daten auszutauschen und Geschäftsbeziehungen zu unterhalten, benennt diese Möglichkeiten nur innovativ (*mailen*, *chatten*, *e-Commerce*, *file-sharing* oder *e-Shopping*). Die rechtliche Würdigung eines Sachverhaltes ist aber grundsätzlich vom gewählten Medium unabhängig[539]; beispielsweise ist es für die urheberrechtliche Bewertung nicht maßgebend, *wie* eine Vervielfältigung erfolgt ist (digital oder nicht), sondern nur *dass* sie erfolgt ist. Man sollte deshalb nicht ein Kommunikationsmittel zum strukturellen Zentrum einer Rechtsregelung machen. Diesem Umstand ist man bisher auch im deutschen Recht immer nachgekommen. So wurden neue, technisch bedingte Regelungen immer in das herkömmliche System eingegliedert und gerade kein Sonderrecht für das Internet („Internetgesetz") geschaffen. Im allgemeinen Kollisionsrecht gibt es

---

[539] In diese Richtung auch *Michel*, ZUM 2000, 425, 427

ebenso kein Fernseh- oder Rundfunkstatut. Auch im Internationalen Urheberrecht wird ein fernseh- oder rundfunkbezogener Sachverhalt am Schutzland und damit grundsätzlich nicht anders angeknüpft als andere Sachverhalte. Dieses Prinzip sollte man beibehalten und auch im bezug auf das Internet von einer eigenen Rechtsregelung absehen.

Zudem hat sich gezeigt, dass keine Lösung, die das Internet zum Mittelpunkt ihrer Regelung macht, inhaltlich überzeugen kann.

Die Anwendungsschwierigkeiten im Internationalen Urheberrecht können mithin nicht mit einer ausschließlich den Online-Bereich betreffenden Regelung gelöst werden.

4. Kapitel – Universalitäts- und Ursprungslandprinzip

Zuletzt kommt als Lösungsvariante das Ursprungslandprinzip in Betracht. Das Ursprungslandprinzip setzt auf der Ebene des Internationalen Privatrechts an und sieht als Urheberstatut eine Kollisionsnorm vor, die auf das Ursprungsland verweist. Eine solche Kollisionsnorm ist in Art. 2 des Abkommens von Montevideo[540] niedergeschrieben. Auch die IPR-Gesetze von Portugal und Rumänien verweisen auf das Ursprungsland[541].

Die Anknüpfung des Urheberrechts an das Ursprungsland wird auch in Deutschland gelegentlich vertreten[542], wenn auch bei der konkreten Ausgestaltung dieser Kollisionsnorm Unterschiede gemacht werden und die Anhänger insbesondere beim Umfang der Verweisung voneinander abweichen.

Im folgenden soll das Ursprungslandprinzip eingehend untersucht werden.

A. Das Ursprungslandprinzip

Das Ursprungslandprinzip unterscheidet sich vom geltenden Recht zunächst dadurch, dass eine andere Kollisionsnorm verwendet wird und dass im Urheberstatut statt an das Schutzland an das Ursprungsland angeknüpft wird.

Bedeutsamer ist aber, dass dem Ursprungslandprinzip ein sich vom geltenden Recht elementar unterscheidendes Verständnis der materiellen Urheberrechtsordnungen zu Grunde liegt: Mit dem kollisionsrechtlichen Ursprungslandprinzip korreliert das Universalitätsprinzip, nach dem einem nationalen Urheberrecht grundsätzlich universelle Geltung zukommt und ein Schutzrecht nicht auf das inländische Territorium begrenzt ist (I.).

Mit der Anknüpfung an das Ursprungsland ist zwar das Urheberstatut grob umrissen, für eine konkrete Ausgestaltung müssen aber die Begriffe des Ursprungslandes im Sinne dieser Kollisionsnorm (II., 1.) und die Reichweite der Verweisung auf das Ursprungsland (II., 2.) näher erläutert werden.

---

540 Siehe oben FN 221

541 *Junker*, S. 319 m.w.N.

542 *Schack*, Anknüpfung; Nr. 102 ff.; *ders.* MMR 2000, 59, 63 ff.; *Drobnig*, RabelsZ 40 (1976), S. 197; *Neuhaus*, RabelsZ 40 (1976), S. 193; *Regelin*, S. 183; Soergel-*Kegel*, Anh. Art. 12 Rn. 28; *Knörzer*, S. 130; *Intveen*, S. 132; *Siehr*, UFITA 108 (1988), S. 25; zum internationalen Schrifttum etwa *Cigoj*, FS-Firsching, S. 70 ff.; *Bartin*, Clunet, 1934, 781, 793-806

Nach erforderlichen Abgrenzungen (III., 3.-5.) muss das so verstandenen Urheberstatut umfassend kritisch gewürdigt werden (III.).

I. Universelle Geltung eines Urheberrechts (Universalitätsprinzip)

Ein grundlegender Unterschied dieses Ansatzes zum geltenden Recht liegt darin, dass dem Ursprungslandprinzip statt einem territorialen ein universelles Verständnis der nationalen Rechtsordnungen zu Grunde liegt (Universalitätsprinzip). Während nach dem Territorialitätsprinzip der Geltungsbereich einer nationalen Urheberrechtsordnung auf das Inland beschränkt ist, entfaltet sie nach dem Universalitätsprinzip unmittelbare Wirkung auch über die eigenen Landesgrenzen hinaus. Jedes Schutzrecht wird grundsätzlich so, wie es entstanden ist[543], in jeder anderen Rechtsordnung anerkannt. Nationalem Urheberrecht kommt damit ein universeller Geltungsanspruch zu.

Ein Werk, das seinen Ursprung in Deutschland hat, wird danach immer nach deutschem Recht beurteilt, gleich in welchem Rechtsgebiet ein Rechtsverhältnis zu klären ist. Für das Internationale Urheberrecht folgt daraus, dass auf ein urheberrechtliches Rechtsverhältnis auch bei internationalem Bezug mit dem Recht des Ursprungslandes immer nur eine einzige Rechtsordnung zur Anwendung berufen ist. Die parallele Anwendbarkeit mehrerer Urheberrechtsordnungen, die nach geltendem Recht regelmäßig besteht, wird durch das Ursprungslandprinzip vermieden. Eine weitere Konsequenz dieser universellen Geltung ist, dass der inländische Rechtsverkehr mit anderen Rechtsordnungen und ausländischen Urheberrechten in Kontakt kommt. Auch der deutsche Rechtsverkehr würde nach dem Universalitätsprinzip nicht nur auf deutsche Urheberrechte treffen, sondern sich auch mit ausländischen Schutzrechten konfrontiert sehen.

Das Universalitätsprinzip stellt aber ebenso wenig wie das Territorialitätsprinzip weder eine Kollisionsnorm dar noch zeichnet es in irgendeiner Form eine Kollisionsregel vor[544]. Es beschreibt lediglich den räumlichen Anwendungsbereich eines inländischen Gesetzes[545]. Es gibt also keine Auskunft darüber, auf welches universell geltende Recht im Internationalen Urheberrecht konkret abzustellen ist.

---

543 Zum Unfang der Verweisung auf das Ursprungsland, siehe in diesem Kapitel unten II., 2.

544 *Cigoj*, FS-Firsching, S. 72

545 *Regelin*, S. 150

II. Die Kollisionsnorm Ursprungslandprinzip

1. Bestimmung des Ursprungslandes

Dem Begriff des Ursprungslandes kommt beim Ursprungslandprinzip zentrale Bedeutung zu. Er ist im Folgenden zu bestimmen.

Als Ursprungsland kommt der Herstellungsort eines Werks, das Personalstatut des Schöpfers in Form der Staatsangehörigkeit oder des Wohnsitzes oder das Land der Veröffentlichung in Betracht.

a. Herstellung des Werks

Der Ursprung eines Werks könnte zunächst dort zu sehen sein, wo es hergestellt worden ist. Der Herstellungsort als Ursprung ist zum Beispiel in Art. 2 der Übereinkunft von Montevideo[546] festgesetzt.

Mit der Herstellung entsteht das Werk und der Urheberschutz tritt in Kraft (Art. 2 Abs. 1 UrhG). Es erscheint daher zunächst naheliegend, auch bei der räumlichen Bestimmung des Ursprungs auf diesen Akt abzustellen. Es erscheint darüber hinaus sachgerecht, weil ein Werk eine innere Verbundenheit zu der Umwelt aufweist, in der es geschaffen worden ist[547].

Mit der Anknüpfung an den Herstellungsort ergeben sich aber durchgreifende Schwierigkeiten.

Um den Ort der Herstellung zu lokalisieren, muss man zunächst festlegen, was unter der Herstellung im Sinne des Ursprungslandprinzips zu verstehen ist. Zieht man dafür die gesamte Entwicklungsphase des Werks heran, so würde man unter Umständen nicht nur ein, sondern mehrere Herstellungsorte und damit mehrere Ursprungsländer erhalten, weil sich die Entwicklungsphase auf einen längeren Zeitraum und mehrere Länder erstrecken kann[548]. Dies ist jedoch mit dem Universalitätsprinzip nicht vereinbar, nach dem grundsätzlich immer nur eine Rechtsordnung gelten soll. Kann es nicht auf einen Zeitraum ankommen, muss ein bestimmter Herstellungszeitpunkt festgelegt werden. Dafür ist vernünftigerweise nur die Vollendung der Herstellung in Betracht zu ziehen. Weil die Vollendung aber nicht zwangsläufig am Ort der wesentlichen Entwicklung stattfindet, wäre dadurch einerseits die innere Verbindung von Werk und Herstellungsort zumindest teilweise aufgehoben. Andererseits steht die schwierige Frage zur Entscheidung an, wann ein Werk vollendet worden ist. Die Vollendung ist zudem regelmäßig nur

---

[546] Siehe oben FN 221

[547] *Schack*, Anknüpfung, Nr. 72

[548] *Regelin*, S. 154; *Schack*, Anknüpfung, Nr. 72

dem Schöpfer bekannt und für andere Personen nicht nachweisbar. Auf die Vollendung abzustellen, ist deshalb wenig praktikabel[549].

Die Herstellung eines Werks ist nur sehr schwer feststellbar. Im Internationalen Urheberrecht auf deren Ort abzustellen ist nicht sachgerecht, wenig praktikabel und damit für die Anknüpfung nicht geeignet.

b. Wohnsitz des Schöpfers

Der Ursprung eines Werks könnte weiter am Wohnsitzes des Schöpfers zu sehen sein. Dafür spricht, dass dadurch das Recht des Landes Anwendung findet, dessen soziale und gesellschaftliche Strukturen das Leben und das Umfeld des Schöpfers prägen und so mittelbar auch Einfluss auf das Werk nehmen. Insbesondere für das Urheberpersönlichkeitsrecht könnte damit ein enger Sachzusammenhang von anwendbarem Recht und Werk erreicht werden.

Mag dies zwar teilweise zutreffend sein, so kommt dem Umfeld am Wohnsitz des Schöpfers bei vielen Werkarten jedoch keine solch prägende Bedeutung zu. Photographiert etwa ein Sportreporter bei den olympischen Spielen eine Szene, ist der Einfluss seines Wohnsitzes nicht erkennbar. Zudem kann der Wohnsitz theoretisch beliebig oft gewechselt werden, wodurch das Ursprungsland eines Werks jeweils geändert würde[550]. Diese sogenannten Statutenwechsel würden im Urheberrecht neue Probleme schaffen, der grundsätzlichen Einmaligkeit des Ursprungs eines Werks entgegenstehen und sind damit unerwünscht[551].

Auch der Wohnsitz kann deshalb nicht als Ursprungsland herangezogen werden. Dies gilt im Übrigen mit der gleichen Begründung für den gewöhnlichen Aufenthalt, das *domicile* oder die *residence*.

c. Staatsangehörigkeit des Schöpfers

aa. Grundsatz

Weiter kommt die Staatsangehörigkeit des Urhebers (Personalstatut) zur Bestimmung des Ursprungslandes in Betracht. Auf dieses Heimatrecht verweist etwa Art 5 Abs. 4 lit. c) RBÜ, wenn diese vom Ursprungsland spricht.

---

549 *Intveen*, S. 89

550 Würde man auf den Wohnsitz zum Zeitpunkt der Werkerstellung abstellen, hätte man wieder das Problem, einen Herstellungszeitpunkt festlegen zu müssen.

551 *Schack*, Anknüpfung, Nr. 77; allgemein zum Statutenwechsel: *von Hoffmann*, IPR, S. 199 ff.

Durch die Anknüpfung an das Personalstatut wird der engen Beziehung Rechnung getragen, die zwischen dem Werk, dem Urheber und dessen Heimatrecht besteht[552]: Das Werk als Ergebnis geistigen Schaffens hat ein starke Verbindung zur Person des Schöpfers, es entstammt seiner Persönlichkeitssphäre[553]. Die Person des Schöpfers ist durch die Staatsangehörigkeit regelmäßig eng mit ihrem Heimatrecht verbunden[554]. Deswegen besteht auch eine enge Verbindung zwischen dem Werk und dem Heimatrecht des Schöpfers.

Zudem ist durch die Anknüpfung an das Personalstatut die Wahrscheinlichkeit eines Statutenwechsels nur sehr gering, denn die Staatsangehörigkeit kann und wird nicht so häufig und vor allem nicht so leicht gewechselt werden. Des Weiteren ist die Staatsangehörigkeit eindeutig feststellbar. Für Staatenlose oder Mehrstaater kann auf die allgemeinen Regeln verwiesen werden (Art. 5 EGBGB).

Die Anknüpfung an das Personalstatut ist vorbehaltlich einer abweichenden Regelung bei multinationalen Miturheberschaften grundsätzlich sachgerecht und geeignet, eine enge Verbindung von Sachverhalt und anwendbarem Recht herzustellen.

Aus der eben dargelegten Begründung ergibt sich aber auch, dass die Anknüpfung nur solange angewendet werden sollte, wie sich das Werk noch in der Privatsphäre des Schöpfers befindet. Nur für diesen Fall ist die enge Verbindung gegeben. Verlässt das Werk diese Sphäre, was mit der Veröffentlichung der Fall ist, bietet das Heimatrecht keinen geeigneten Anknüpfungsmoment mehr. Ist das Heimatrecht bis zum Veröffentlichungszeitpunkt zu befürworten, muss noch untersucht werden, welche Anknüpfung nach der erfolgten Veröffentlichung in Frage kommt.

bb. Sonderfall: Multinationale Miturheberschaft

Schwierigkeiten, *ein* Ursprungsland zu bestimmen, treten in Fällen von multinationalen Miturheberschaften auf, in denen Personen verschiedener Nationalitäten gemeinsam ein Werk schaffen. Denn hier würde konsequenterweise das Heimatrecht jedes einzelnen Urhebers zur Anwendung gelangen. Die Anwendung des Heimatrechts für jeden einzelnen Miturheber hätte zwar eine innere Berechtigung, da das Werk mit der Persönlichkeit eines jeden Schöpfers eng verbunden ist. Es entsteht jedoch das Problem, dass es dann nicht mehr *ein* Ursprungsland gäbe, sondern mehrere Rechtsordnungen anwendbar wären, was mit dem Universalitätsprinzip nicht zu vereinbaren

---

552 *Intveen*, S. 91

553 *Schack*, Anknüpfung, Nr. 76; *Cigoj*, FS-Firsching, S. 73

554 *Von Hoffmann*, IPR, S. 175

ist. Praktisch relevant dürfte dies in erster Linie bei Produktionen im Film- oder Multimediabereich werden, bei denen internationale Produktionen keine Seltenheit sind. Deswegen wird auch gerade unter Hinweis auf diese Fallgruppen gegen das Ursprungslandprinzip eingewendet, es könne bei multinationalen Miturheberschaften keine Alternative zum Schutzlandprinzip darstellen.

Fraglich ist aber, ob man nicht auch in diesen Fällen eine einzelne Rechtsordnung bestimmen kann, mit der das Werk eine besonders enge Verbindung aufweist.

Auf das Heimatrecht desjenigen abzustellen, der das Werk am meisten prägt oder der den größten Teil des Werks geschaffen hat, ist nicht erfolgversprechend, da dies regelmäßig schlicht nicht feststellbar sein wird und eine entsprechende Regelung bei gleichmäßiger Arbeitsteilung ohnehin leer laufen würde.

In Betracht kommt aber die Anknüpfung an das Land, mit dem das Werk am engsten verbunden ist. Dieses Merkmal wird etwa im Personalstatut (Art. 5 EGBGB) verwendet, wenn eine Person Mehrstaater ist. Auch dort bleibt es nicht bei der Anwendung mehrerer Rechtsordnungen, sondern es wird nur eine einzelne Rechtsordnung zur Anwendung berufen. Zwar handelt es sich im Fall multinationaler Miturheberschaften um die Staatsangehörigkeit verschiedener Personen, eine entsprechende Regelung bietet sich jedoch an: Zum einen wird die Mehrheit von Staatsangehörigkeiten im allgemeinen Internationalen Privatrecht und im Internationalen Urheberrecht einheitlich geregelt. Zum anderen bleibt das Werk im Internationalen Urheberrecht im Mittelpunkt der Kollisionsnorm. Durch die Erforderlichkeit der „engsten Verbindung“ ist zudem der innere Zusammenhang von anwendbaren Recht und Sachverhalt gewährleistet. Schließlich bleibt, was besonders wichtig ist, die Anwendbarkeit nur einer einzigen Rechtsordnung bestehen.

Auch dieser Sonderfall betrifft nur den Zeitraum vor der Veröffentlichung. Nach Veröffentlichung des Werks ergeben sich für die Fälle der Miturheberschaft keine Besonderheiten, wie sogleich zu zeigen ist. Bei groß angelegten Produktionen wird die Veröffentlichung regelmäßig erfolgen, weshalb der Anwendungsbereich dieser Sonderanknüpfung praktisch wohl gering bleiben dürfte.

Entgegen den angeführten Bedenken ist festzuhalten, dass das Ursprungslandprinzip mit dem Recht der engsten Verbindung zum Werk auch in den Fällen der multinationalen Miturheberschaft zur Anwendung nur einer Rechtsordnung gelangt.

d. Veröffentlichung des Werks

Für veröffentlichte Werke kommt statt des Personalstatuts das Land der Veröffentlichung als Ursprungsland in Betracht. Möchte man das Ursprungland bei veröffentlichten und unveröffentlichten Werken unterschiedlich bestimmen, bedarf es zunächst einer Rechtfertigung dieser Differenzierung.

Der Rechtfertigungsgrund liegt in der Natur der Veröffentlichung selbst. Mit der Veröffentlichung wird das Werk in vollem Maße in den Rechtsverkehr entlassen[555]. Die enge Verbindung zwischen der Person des Schöpfers und dem Werk wird dadurch teilweise aufgehoben[556]. Mit der Publizierung treten neben die künstlerischen auch ökonomische Aspekte, die nun den Wert des Werks für die Gesellschaft und für den Schöpfer bilden[557]. Das Werk wird damit zu einem von der Person des Schöpfers unabhängigen, eigenen Rechtsgut, das Gegenstand von Nutzungs- und Verwertungsinteressen Dritter ist. Zwar ist das Urheberrecht bereits ab Entstehung des Werks ein eigenes Rechtsgut (Art. 2 UrhG), es wird aber erst durch die Veröffentlichung zu einem Gegenstand des allgemeinen Rechtsverkehrs[558].

Diese Bedeutung, welche die Veröffentlichung für das Urheberrecht als Gegenstand des Rechtsverkehrs hat, rechtfertigt es, die Bestimmung des Ursprungslandes im Kollisionsrecht von der Veröffentlichung des Werks abhängig zu machen. Der Ursprung liegt somit bei veröffentlichten Werken an dem Ort, an dem die Veröffentlichung stattgefunden hat. Es bedarf nun noch einer genauen Definition des Begriffs Veröffentlichung sowie deren Lokalisierung.

aa. Begriff der Veröffentlichung

Sowohl in den internationalen Abkommen (Art. 3 Abs. 3 RBÜ; Art. VI WUA) als auch in § 6 Abs. 1 UrhG finden sich Definitionen für den Begriff der Veröffentlichung. Sie legen zwar den materiellrechtlichen Begriff der Veröffentlichung fest, der nicht zwingend mit dem kollisionsrechtlichen Begriff identisch sein muss. Sie können aber schon um einen gewissen Gleichlauf von Kollisions- und Sachrecht zu begründen auch für die kollisionsrechtliche Definition herangezogen werden.

Für ein Veröffentlichen im Sinne des Ursprungslandprinzips müssen somit zwei Merkmale erfüllt sein: Erstens muss das Werk der Öffentlichkeit

---

[555] *Regelin*, S. 158

[556] *Intveen*, S. 91

[557] *Schack*, Anknüpfung, Nr. 85

[558] *Schack*, Anknüpfung, Nr. 85

zugänglich gemacht werden. Dies ist dann erfolgt, wenn das Publikum mit dem Werk konfrontiert[559] und das Werk vollständig in den Rechtsverkehr entlassen wird[560]. Zweitens muss immer die Zustimmung des Rechtsinhabers vorliegen. Gibt es mehrere Miturheber, muss die Zustimmung eines jeden einzelnen vorliegen. Diese kann schon vor Herstellung des Werks, etwa in einem Vertrag, erteilt werden. Mit dem Tode des Urhebers geht die Zustimmungsbefugnis auf den Rechtsnachfolger über[561]. Das Zustimmungserfordernis gewährt dem Urheber ein Bestimmungsrecht und bezieht den Willen des Urhebers in die kollisionsrechtliche Anknüpfung mit ein. Gleichzeitig wird verhindert, dass das absprachewidrige oder dem Rechtsinhaber unbekannte In-den-Verkehr-Bringen eines Werks die universell anwendbare Rechtsordnung festlegen kann.

Ein Werk ist veröffentlicht im Sinne des Ursprungslandprinzips, wenn es mit Zustimmung des Rechtsinhabers der Öffentlichkeit zugänglich gemacht worden ist.

Folgt man dieser Definition, wird auch der Begriff der „*ersten* Veröffentlichung“[562] überflüssig. Mit der Veröffentlichung wird das Werk aus der Privatsphäre des Urhebers entlassen. Dieses „In-die-Welt-Setzen“[563] kann nicht wiederholt werden. Da das Entlassen in die Öffentlichkeit einen Einzelakt darstellt, steht das Ursprungsland ein für allemal fest und kann im Nachhinein nicht verändert werden. Das Urheberstatut bei veröffentlichten Werken ist damit unwandelbar.

bb. Lokalisierung

Hat man die Handlung und den Zeitpunkt der Veröffentlichung festgestellt, wird deren Lokalisierung in aller Regel keine Schwierigkeiten bereiten. Die Uraufführung einer Oper, das Publizieren eines Buches oder das Erscheinen einer Zeitung kann ohne weiteres räumlich zugeordnet werden.

---

559 *Schack*, Anknüpfung, Nr. 87

560 Wann dies im Einzelfall bei einer Werkart der Fall ist, kann hier nicht erörtert werden. Insoweit wird auf die Kommentierung zu § 6 UrhG verweisen, statt vieler: Fromm/Nordemann-*Nordemann*, § 6 Rn. 1 ff.

561 So konnte etwa Max Brod entgegen des ursprünglichen Willens Franz Kafkas nach dessen Tod als Verwalter des literarischen Nachlasses bisher unbekannte Stücke des Autors, zum Beispiel „Der Prozess“, herausgeben und damit „veröffentlichen“ im Sinne des so verstandenen Ursprungslandprinzips.

562 *Regelin*, S. 159; *Intveen*, S. 90

563 *Schack*, Anknüpfung, Nr. 84

In einigen Konstellationen jedoch wird die eindeutige Bestimmung des Ursprungslandes für unmöglich gehalten[564]. Darunter fallen insbesondere der Fall einer länderübergreifenden Veröffentlichung und der Fall der Veröffentlichung im Internet.

(1) Länderübergreifende Veröffentlichung

Nicht zuletzt durch die Globalisierung und die Erschließung von Wirtschaftsräumen werden heute zunehmend Veröffentlichungen parallel in mehreren Ländern durchgeführt. Ist in diesen Fällen *ein* Ursprungsland gegeben oder muss man sich doch auch bei Anwendung des Ursprungslandprinzips mit mehreren anwendbaren Rechtsordnungen auseinandersetzen?

Der Begriff der länderübergreifenden Veröffentlichung muss zunächst auf die Fälle reduziert werden, in denen eine gleichzeitige Veröffentlichung in mehreren Ländern erfolgt. Die Fiktion, Erscheinungen binnen 30 Tagen gälten als gleichzeitig erschienen (Art. 3 Abs. 4 RBÜ), ist mit dem Begriff der Veröffentlichung, so wie er hier verstanden wird, nicht vereinbar. Denn eine „zweite Veröffentlichung" binnen 30 Tagen kann am bereits erfolgten In-den-Verkehr-Bringen nichts ändern.

Dennoch sind auch zeitgleiche Veröffentlichungen möglich. Ein Buch erscheint am selben Tag europaweit, ein Film läuft weltweit um dieselbe Uhrzeit in den Kinos an. Auch hier wird jedoch die Bestimmung eines einzelnes Ursprungslandes keine größeren Schwierigkeiten bereiten. Maßgeblich ist dabei nicht auf objektive Merkmale[565], sondern auf die Person des Urhebers abzustellen:

Ausgangspunkt ist das dem Schöpfer bei der Veröffentlichung zustehende Bestimmungsrecht. Kann dieser über die Veröffentlichung seiner Werke bestimmen, weil seine Zustimmung dazu erforderlich ist, soll er auch den Ort dieser Handlung festlegen können. Bei einer länderübergreifenden Veröffentlichung ist das Ursprungsland damit von der Bestimmung des Urhebers abhängig. Die Ausübung dieses Rechts hängt zwar nicht von der Kenntnisnahme der am Rechtsverkehr Beteiligten ab, sie ist also nicht „empfangsbedürftig". Es ist gleichwohl angezeigt, die Ausübung objektiv kenntlich zu machen. Dies kann etwa durch einen Hinweis, einen Zusatz oder eine Klarstellung im Impressum erfolgen.

---

[564] *Bühler*, S. 396; *Muth*, S. 143 ff.; *Junker*, S. 328

[565] a.A. *Schack*, Anknüpfung, Nr. 88 und *Regelin*, S. 164, die beide zum Beispiel bei einer Veröffentlichung von Original und Übersetzung auf das Land des Originals abstellen wollen.

Wenn man dem Rechtsinhaber bei länderübergreifenden Veröffentlichungen auch das Bestimmungsrecht über den Veröffentlichungsort zugesteht, hängt das Internationale Urheberrecht maßgeblich vom Urheber ab. Anders als beim Schutzlandprinzip haben Werkvermittler, –nutzer und Täter von Urheberrechtsverletzungen keinen Einfluss. Dies wird der natürlichen Eigenart des Urheberrechts gerecht, nach welcher der Urheber die prägende Rolle bei der Werkentstehung spielt.

Außerdem vermeidet man es, den Rechtsinhaber zu dem Umweg zu zwingen, zuerst in einem Land zu veröffentlichen und nachfolgend eine länderübergreifende Veröffentlichung durchzuführen. Die sonst zu erwartenden Zweistufigkeit der Veröffentlichung ist unnötig und dem Zusammenwachsen von Rechts- und Wirtschaftskreisen in Zeiten der Globalisierung zudem nicht dienlich.

Bei einer gleichzeitigen länderübergreifenden Veröffentlichung ist das Ursprungsland folglich vom Bestimmungsrecht des Urhebers abhängig. Damit ist das Ursprungsland eindeutig und klar festzustellen und es bleibt auch in diesen Fällen bei der wünschenswerten Anwendbarkeit nur einer Rechtsordnung.

(2) Veröffentlichung im Internet

Auch bei Veröffentlichungen im Internet wird die Lokalisierung der Veröffentlichung in nur einem Land als unmöglich feststellbar bezeichnet[566]: Mit Einspeisung des Werks in das Internet seien die Inhalte weltweit abrufbar. Weil sie damit weltweit veröffentlicht seien, würde man nicht zu einem, sondern zu zahlreichen Ursprungsländern kommen müssen[567].

Zunächst sei wiederum klargestellt, dass es sich auch bei der Veröffentlichung im Internet um das erstmalige Zugänglichmachen handeln muss. Bereits veröffentlichte Werke, die nun auch ins Internet gestellt werden, haben bereits ein Ursprungsland. Dessen Unwandelbarkeit wird durch das Verfügbarmachen im Internet nicht beeinflusst.

In der Sache trifft zunächst zu, dass das Werk im Internet zeitgleich einem weltweiten Publikum präsentiert wird. Wirksame Beschränkungen stehen dem Veröffentlichenden nicht zur Hand. Wie bei den allgemeinen länderübergreifenden Veröffentlichungen können diese Bedenken jedoch zerstreut werden, wenn man sich an der entwickelten Lösung orientiert. Wie bereits dargestellt wurde, ist bei länderübergreifenden Veröffentlichungen das Land der Veröffentlichung vom Bestimmungsrecht des Urhebers abhän-

---

[566] *Thum*, GRUR Int. 2001, 9, 11

[567] *Bühler*, S. 398; *Klett*, S. 55

gig. Dieses Bestimmungsrecht obliegt dem Urheber auch bei Veröffentlichungen im Internet. So wird das Zugänglichmachen im Internet den anderen Veröffentlichungsarten gleichgestellt, digitale und herkömmliche Werke nicht unterschiedlich behandelt und der Rechtsinhaber behält auch im Online-Bereich seine kollisionsrechtlich prägende Stellung.

Auch bei der Ausübung des Bestimmungsrechts im Online-Bereich empfiehlt sich eine objektiv erkennbare Kenntlichmachung der Bestimmung etwa in Form eines Hinweises. Speichert der Rechtsinhaber zum Zwecke der Veröffentlichung sein Werk auf einem Server, übt er dadurch regelmäßig sein Bestimmungsrecht aus. Das Ursprungsland ist in diesen Fällen das Land, in dem der Server steht. Denn an diesem Ort tritt das Werk, wenn auch nur digital, in Kontakt mit der Öffentlichkeit. Hier wartet es auf Zugriffe. Kein geeignetes Kriterium ist der Ort des ersten tatsächlichen Abrufs, denn dieser hängt vom freien Zufall ab[568]. Der Serverstandpunkt dagegen ist vom Rechtsinhaber ohne großen Aufwand bestimm- und wählbar und von den Zugreifenden auch erkennbar. Ein nachträglicher Serverwechsel hat auf den Ort der Veröffentlichung keinen Einfluss mehr.

Für den Fall, dass ein Werk gleichzeitig von mehreren Servern aus der Öffentlichkeit zugänglich gemacht wird, steht dem Rechtsinhaber wie bei länderübergreifenden Veröffentlichungen im Offline-Bereich auch ein Bestimmungsrecht zu. Der Rechtsinhaber kann den Ort der Veröffentlichung an einen der involvierten Server legen. Andernfalls würde man den Rechtsinhaber auch im Internet zu einem zweistufigen Vorgehen nötigen: Erst die Veröffentlichung auf *einem* Server und in einem zweiten, zeitlich versetzten Schritt die Veröffentlichung auf mehreren Servern. Dies stellt eine nicht gebotene Komplikation für den Rechtsinhaber dar. Zusätzlich hemmt es unter Umständen für einen gewissen Zeitraum die Verfügbarkeit des Werks, was auch den Interessen der Informationsgesellschaft zuwider läuft, da der freie und schnelle Informationsfluss behindert wird.

e. Zusammenfassung

Das Ursprungsland unveröffentlichter Werke ist das Land, dessen Staatsangehörigkeit der Rechtsinhaber hat. Haben Miturheber verschiedener Nationalitäten ein Werk geschaffen, findet das Recht Anwendung, zu dem das Werk die engste Verbindung aufweist. Bei veröffentlichten Werken ist das Ursprungsland das Land der Veröffentlichung. Veröffentlicht ist ein Werk, das mit Zustimmung des Rechtsinhabers der Öffentlichkeit zugänglich gemacht und so in den Rechtsverkehr eingebracht worden ist.

---

568 *Muth*, S. 143

Bei länderübergreifenden Veröffentlichungen insbesondere im Internet hat der Rechtsinhaber ein Bestimmungsrecht über das Land der Veröffentlichung. Speichert ein Urheber ein Werk auf einem Server, um es so dem Publikum verfügbar zu machen, übt er dadurch sein Bestimmungsrecht aus.

Mit der Veröffentlichung wechselt das Urheberstatut. Dieser Wechsel der Anknüpfung liegt darin begründet, dass das Werk, das ursprünglich eng mit der Person des Schöpfers verbunden war, mit der Veröffentlichung aus dessen Privatsphäre entlassen wird und ein von der Person des Urheber getrenntes, selbständiges Gut des Rechtsverkehrs darstellt. Nach der Veröffentlichung ist das Urheberstatut unwandelbar.

2. Reichweite der Verweisung auf das Ursprungsland

Nachdem mit der Definition des Ursprungslandes das Anknüpfungsmoment des Urheberstatuts feststeht, muss man sich nun der Frage zuwenden, in welchem Umfang auf dieses Recht verwiesen wird. In Betracht kommen eine umfassende, einheitliche Verweisung auf das Ursprungsland und eine nur partielle Verweisung, bei der einzelne Merkmale einem anderen als dem Ursprungslandprinzip zugeordnet werden.

Eine solche Durchbrechung des Ursprungslandprinzips bei einzelnen Merkmalen wird überwiegend von den Anhängern des Ursprungslandprinzips vertreten. Teilweise wird eine gleichmäßige Aufspaltung zwischen Schutz- und Ursprungslandprinzip für sachgerecht gehalten[569], teilweise wird das Ursprungslandprinzip nur bei einzelnen Merkmalen angewendet[570]. Nur vereinzelt wird eine Aufspaltung aus sachlichen Gründen[571] abgelehnt und von einer einheitlichen Anknüpfung ausgegangen[572].

a. Grundsatz der einheitlichen Anknüpfung

Geht man von einem universellen Verständnis der Urheberrechtsordnungen aus, gelangt man zunächst zu einer einheitlichen Anknüpfung an das Ursprungsland. Der universelle Geltungsanspruch einer Urheberrechtsordnung

---

[569] Für Entstehen, erste Inhaberschaft, Übertragung und Übertragbarkeit: *Schack*, Urheberrecht, Rn. 904 ff., *ders.*, MMR 2000, 59, 64

[570] Für die erste Inhaberschaft: Soergel-*Kegel*, Anh. Art. 12 Rn. 29; *Regelin*, S. 183; *Drobnig*, RabelsZ 40 (1976), S. 197; *Knörzer*, S. 134

[571] *Muth*, S. 141 geht bei ihrer Darstellung von einer einheitlichen Anknüpfung aus, um die Eigenarten und Auswirkungen des Ursprungslandprinzips besser aufzeigen zu können.

[572] *Intveen*, S. 132; *Neuhaus*, RabelsZ 40 (1976), S. 193

bezieht sich nämlich nicht nur auf einzelne Aspekte des Urheberrechts, sondern grundsätzlich auf die gesamte Urheberrechtsordnung und den gesamten von ihr gewährten Schutz. Andere Rechtsordnungen anerkennen das Recht des Ursprungslandes deshalb nicht nur bezüglich einzelner Teile, sondern bezüglich der gesamten Urheberrechtsordnung.

Wenn man nun einzelne Aspekte des Urheberrechts von dieser Anerkennung ausnähme und sie etwa wieder dem Schutzlandprinzip unterstellen würde, gäbe man hinsichtlich dieser Aspekte sein universelles Verständnis auf. Dem materiellen Urheberrecht würde dann teilweise ein universelles, teilweise ein territoriales Verständnis zu Grunde gelegt. Da sich beide Verständnisse aber diametral gegenüberstehen, ist es wenig sinnvoll, beide gleichzeitig anzuwenden.

Die einheitliche Anknüpfung ist aus einem weiteren Grund geboten. Hinter dem Universalitätsprinzip steht der Gedanke, ein universelles Urheberrecht zu schaffen und damit die parallele Anwendbarkeit mehrerer Rechtsordnungen zu vermeiden. Dies wird mit der Durchbrechung des Ursprungslandprinzips in Teilbereichen indes gerade nicht erreicht: Mit der Durchbrechung bei einzelnen Merkmalen wird der Sachverhalt aufgespaltet und es finden im Ergebnis nicht nur eine, sondern möglicherweise mehrere Rechtsordnungen Anwendung. Dadurch wird aber die Gefahr geschaffen, dass ein Ergebnis erzielt werden kann, das nach keiner einzelnen Rechtsordnung erzielt worden wäre und das unter Umständen sogar zu den jeweiligen Rechtsordnungen in Widerspruch steht. Mit einer einheitlichen Anknüpfung ist dies nicht möglich. Vielmehr wird durch sie gewährleistet, dass ein Sachverhalt immer von einem homogenen Sachrecht entschieden wird, das im Prinzip auf einem in sich stimmigen, ausgeglichenen Konzept beruht und einen wohlabgewogenen Interessenausgleich enthält.

Die einheitliche Anknüpfung ist somit grundsätzlich zweckmäßig und sachgerecht.

b. Möglichkeit der Durchbrechung

Im Folgenden ist zu untersuchen, ob der einheitlichen Anknüpfung bei einzelnen wesentlichen Merkmalen des Urheberrechts (Entstehung, Inhaberschaft und Umfang) (aa.) oder bei Haftungsfragen (bb.) nicht doch überwiegende Bedenken entgegenstehen und somit trotz der grundsätzlichen Vorteile einer einheitlichen Anknüpfung eine Durchbrechung des Ursprungslandprinzips geboten ist.

aa. Das Urheberrecht betreffende Merkmale

(1) Entstehen

Die Entstehung eines Urheberrechts betrifft die Frage, ob und wann ein Werk im Sinne des Urheberrechts entstanden ist. Erfasst sind der Kreis der schützenswerten Werke, die Frage der Erforderlichkeit der körperlichen Festlegung und die Beachtung möglicher Formvorschriften. Die Frage, ob eine geistige Schöpfung von einem rechtlichen Schutz flankiert wird, ist für das Urheberrecht von elementarer Bedeutung.

Die Anknüpfung der Entstehung an das Ursprungsland ist aus mehreren Gründen geboten: Die Bedeutung des Urheberschutzes gebietet es, seine Existenz im Interesse des Rechtsinhabers und der Rechtssicherheit abstrakt und einzelfallunabhängig ein für allemal feststellen zu können. Dies würde mit dem Ursprungslandprinzip aber etwa dann nicht erreicht, wenn man, wie nach dem Schutzlandprinzip, jeder Rechtsordnung diese Entscheidung selbst überließe.

Die Anknüpfung an das Ursprungsland ergibt sich weiter aus einem allgemeinen Grundsatz: Das Entstehen eines Rechts wird im Internationalen Privatrecht regelmäßig dem Recht unterworfen, dem das entstandene Recht unterstehen würde (vgl. Art. 31 Abs. 1 und 43 EGBGB). Es sind keine Gründe ersichtlich, weshalb im Urheberrecht von der allgemeinen Regel und damit vom Ursprungslandprinzip abgewichen werden sollte.

Schließlich spricht auch das Universalitätsprinzip für eine einheitliche Anknüpfung an das Ursprungsland. Wenn man ein Recht universell anerkennt, kann vernünftigerweise keine andere Rechtsordnung über dessen Entstehen entscheiden als die universell anwendbare. Andernfalls könnte der Fall eintreten, dass sich ein Schutzrecht nach der Rechtsordnung des Ursprungslandes richtet, obwohl die Schutzhöhe im Ursprungsland noch gar nicht erreicht worden ist.

Dem wird nun entgegnet, die Werknutzer müssten darauf vertrauen können, dass das Werk nach den ihnen bekannten Vorschriften entstehe oder nicht entstehe, weil sie nicht zwischen ausländischen und inländischen Schutzrechten unterscheiden könnten[573]. Auch wird angeführt, die Souveränität des Schutzlandes verhindere eine Ausdehnung des Rechts des Ursprungslandes, wenn etwa die Schutzhöhe im Inland höher sei als die im Ursprungsland[574]. Daher müsse das Schutzland und nicht das Ursprungsland für die Entstehung maßgeblich sein.

---

[573] *Knörzer*, S. 129

[574] *Regelin*, S. 167

Diese Bedenken greifen indes nicht Platz. Es ist zwar richtig, dass ein allgemeines Interesse der Werknutzer daran besteht, immer das ihnen vertraute Ortsrecht zur Anwendung zur berufen. Der Verwerterschutz wird aber dem Ursprungslandprinzip insgesamt entgegengehalten und betrifft nicht ausschließlich die Entstehung eines Werks. Deshalb soll er an späterer Stelle gesondert gewürdigt werden[575]. Es sei hier jedoch schon angedeutet, dass sich auch nach dem Schutzlandprinzip dieses Interesse der Werknutzer nicht immer durchsetzt. Sofern ein Erwerb oder ein Eingriff in Rechte mehrerer Länder ansteht, ist es dem Werknutzer auch nach geltendem Recht zuzumuten, das jeweilige „Entstehungsstatut" zu ermitteln[576].

Auch die Bedenken wegen einer Souveränitätsverletzung sind nicht berechtigt. Es wurde bereits erläutert, dass nach dem Universalitätsprinzip die einzelnen Schutzrechte der anderen Rechtsordnungen von jedem Staat anerkannt werden. Diese Anerkennung erfolgt durch den souveränen Staat selbst und kann somit dessen Souveränität nicht verletzen. Für den Fall, dass das Schutzniveau im Inland höher ist, wird dies im Übrigen auch nach geltendem Recht anerkannt. Auch nach dem Schutzlandprinzip ist in manchen Fällen die Rechtslage im Ursprungsland mitbestimmend. Es wird etwa davon ausgegangen, dass der Schutz im Inland immer das Entstehen des Schutzes im Ursprungsland voraussetzt[577]. Auch bei der Schutzdauer ist die Rechtslage im Ursprungsland zu berücksichtigen (Art. 7 Abs. 8 RBÜ). Dass hierin eine Souveränitätsverletzung liegt, wird zu Recht nicht erwogen. Es muss dann aber auch für den umgekehrten Fall gelten, in dem die Messlatte für den Schutz im Ursprungsland niedriger als die im Inland ist. Es ist keine Bedingung für die Anerkennung im Rahmen des Universalitätsprinzips, dass die Rechtsordnung des Inlands das Schutzniveau des Ursprungslandes erreicht. Vielmehr ist bereits durch die wirksame Anerkennung eine Verletzung der Souveränität ausgeschlossen.

Es bleibt somit sachgerecht, die Entstehung des Urheberrechts nach dem Ursprungslandprinzip zu beurteilen.

(2) Inhaberschaft

Bei der Inhaberschaft geht es um die Frage, wem ein Recht an einem Werk zusteht. Sie hängt von der ersten Inhaberschaft, der Übertragbarkeit des Rechts und von der Wirksamkeit einer erfolgten Übertragung ab.

---

575 Siehe in diesem Kapitel unten III., 9.

576 *Knörzer*, S. 129

577 *Regelin*, S. 169, der die Regelungen der RBÜ heranzieht.

(a) Die erste Inhaberschaft betrifft die Frage, wer originärer Rechtsinhaber eines Urheberrechts ist. Unter den Ursprungslandanhängern herrscht weitgehend Einigkeit, dass sich die erste Inhaberschaft nach dem Recht des Ursprungslandes richtet[578].

(b) Die Übertragbarkeit des Urheberrechts entscheidet die Frage, ob die Urheberschaft als Ganze von einem Rechtsinhaber auf eine andere Person übertragen werden kann und welche Nutzungsrechte der Rechtsinhaber anderen Personen einräumen kann.

Sie wird teilweise dem Urheberstatut, teilweise dem Vertragsstatut zugeordnet. Für das Vertragsstatut wird vor allem angeführt, es sei schon auf die Übertragungsvereinbarung anwendbar und müsse deshalb auch die Zulässigkeit der Übertragung bestimmen[579]. Selbst wenn, was noch zu prüfen ist, die Übertragung unter das Vertragsstatut zu qualifizieren wäre, könnte das für die Übertragbarkeit nicht herangezogen werden: Übertragbarkeit und Übertragung sind j sachrechtlich wie kollisionsrechtlich grundsätzlich voneinander zu trennen. Zum einen setzt die Übertragung die Übertragbarkeit zwingend voraus. Erst wenn sie zulässig ist, stellt sich die Frage, wie ein Rechtsübergang vonstatten gehen kann. Zum anderen obliegt die Übertragbarkeit der Entscheidung des Gesetzgebers und ist der Parteidisposition entzogen, die Übertragung hingegen ist ein rechtsgeschäftlicher Akt. Nach deutschem Recht etwa kann eine Urheberschaft nicht übertragen werden, gleich wie sehr die Parteien dies wollen (§ 29 UrhG). Die Anknüpfung der Übertragung hat auf die Anknüpfung der Übertragbarkeit grundsätzlich keine Auswirkungen.

Gegen die Bezugnahme auf das Ursprungsland wird weiter vorgebracht, es habe für die Übertragung und für die beabsichtigte Nutzung keinerlei Bedeutung[580], weshalb dessen Recht nicht über die Zulässigkeit eines solchen Übertragungsakts entscheiden könne. Zutreffend ist zwar, dass das Ursprungsland nicht mit dem Vertragsstatut oder dem Land der beabsichtigten Nutzung identisch sein muss. Ihm deshalb jegliche Relevanz abzusprechen, geht jedoch fehl. Die Frage, ob ein Recht als Ganzes übertragen werden kann, ist eine wesentliche Eigenschaft des Rechts[581]. Sie gehört zum Kern

---

[578] *Schack*, Anknüpfung, Nr. 107; *ders.*, MMR 2000, 59, 63 f.; *Drobnig*, RabelsZ 40 (1976), S. 197; *Neuhaus*, RabelsZ 40 (1976), S. 193; *Regelin*, S. 183; Soergel-*Kegel*, Anh. Art. 12 Rn. 29; *Intveen*, S. 132

[579] *Regelin*, S. 197; *Cigoj*, FS-Firsching, S. 66

[580] *Regelin*, S. 197

[581] *Schack*, Anknüpfung, Nr. 114

des Rechts[582]. Die Übertragbarkeit begrenzt etwa die Verfügungsbefugnis des Rechtsinhabers und die Verkehrsfähigkeit des Rechts. Elementare Merkmale eines Rechts sollten stets der Rechtsordnung unterstellt werden, die das Recht beherrscht. Dies gilt auch im Urheberrecht. Auch eine fehlende Bedeutung kann der Geeignetheit des Ursprungslandprinzips bezüglich der Übertragbarkeit nicht entgegengehalten werden.

(c) Die Übertragung erfolgt durch urheberrechtliche Verfügungen. Das auf Verfügungen anwendbare Recht bestimmt die Frage, wie eine Rechtsübertragung vollzogen werden kann, welche Voraussetzungen zu erfüllen sind und somit insgesamt ob ein konkreter Übertragungsakt einen wirksamen Rechtsübergang nach sich zieht.

Nach geltendem Recht bestimmt die herrschende Meinung die Übertragung nach dem Vertragsstatut (Einheitstheorie). Dies liegt allerdings daran und wird auch damit begründet, dass es nach dieser Ansicht im materiellen deutschen Urheberrecht das Abstraktionsprinzip nicht gebe. Es wird hier die kollisionsrechtliche Qualifikation von der Rechtslage im eigenen Sachrecht abhängig gemacht. Dass dies den internationalen Entscheidungseinklang gefährdet und abzulehnen ist, wurde bereits erläutert[583]. Es kann für die internationalprivatrechtliche Fragestellung folglich keine Rolle spielen, ob der Forumstaat das Abstraktionsprinzip kennt oder nicht. Die Qualifikation der Verfügungen muss daher abstrakt, d.h. insbesondere unabhängig vom Streit um § 9 VerlG, entweder unter das Urheber- oder unter das Vertragsstatut vorgenommen werden.

Die proklamierte Durchbrechung des Abstraktionsprinzips im deutschen materiellen Urheberrecht steht folglich der Anknüpfung an das Ursprungsland nicht entgegen.

(d) Es stehen somit keine gewichtigen Gründe entgegen, die Urheberschaft (erste Inhaberschaft, Übertragbarkeit und Übertragung) an das Ursprungsland anzuknüpfen. Hingegen gibt es gleich mehrere Gründe, die für eine solche Anknüpfung sprechen:

Nach dem geltenden Recht besteht die Gefahr, dass mehrere Rechtsordnungen dasselbe Werk verschiedenen Urhebern zuordnen (Nebenschöpferschaft)[584]. Dies kann sowohl durch die unterschiedliche Zuordnung der ers-

---

[582] *Drobnig*, RabelsZ 40 (1976), S. 204; *Knörzer*, S. 121

[583] Siehe oben in Kapitel 2, C., IV., 2.

[584] Siehe dazu oben Kapitel 2, C, V., 2.

ten Inhaberschaft als auch durch die differenziert geregelte Zulässigkeit der Übertragbarkeit auftreten. Diese Bündelung von Inhaberschaften wird vermieden, wenn man die Inhaberschaft nach dem einen Recht des Ursprungslandes entscheidet und so das diesbezügliche Nebeneinander diverser Rechtsordnungen verhindert. Schon allein wegen dieser positiven Konsequenz ist die Anknüpfung der Inhaberschaft an das Ursprungsland geboten.

Die Anknüpfung an das Recht des Ursprungslands liegt aber weiter auch im Interesse der Rechtsinhaber, für welche die Inhaberschaft ein für allemal feststehen muss[585]. Neben der Frage, ob ein Rechtsschutz besteht, ist die Frage, zu wessen Gunsten der Schutz besteht, im nationalen und Internationalen Urheberrecht für die möglichen Inhaber von entscheidender Bedeutung. Hiervon hängt etwa ihre Verfügungsbefugnis und die Verkehrsfähigkeit des Rechts ab. Auch im Interesse des allgemeinen Rechtsverkehrs muss die Inhaberschaft eindeutig bestimmbar sein, entscheidet sie doch zum Beispiel über die Wirksamkeit einer Lizenzvergabe, über die Beurteilung eines Übertragungsakts oder über die Aktivlegitimation einer Rechtsverfolgung. Diese klare abstrakte Feststellbarkeit wird mit der Anknüpfung an das Ursprungsland erreicht.

Dagegen besteht kein berechtigtes Interesse der Werknutzer oder –vermittler, die Inhaberschaft immer nach ihrem Ortsrecht zu entscheiden: Ist die beabsichtigte Werknutzung erlaubnisfrei, so ist die Inhaberschaft unbeachtlich. Muss dagegen eine Lizenz erworben werden, ist dem Nutzer die Erkundigung über den Rechtsinhaber wie bei jedem anderen Rechtserwerb[586] zumutbar.

(3) Umfang

Der Umfang des Urheberrechts ergibt sich aus dem Inhalt und den Schranken dieses Rechts. Der Inhalt besteht aus der Summe aller dem Rechtsinhaber gewährten Einzelbefugnisse und ist im deutschen Recht im Vierten Abschnitt des Ersten Teils geregelt (§§ 11-27 UrhG). Die Schranken sind die zugunsten der Allgemeinheit oder anderer Interessengruppen gezogenen Beschränkungen der Befugnisse. Sie finden sich im deutschen Recht im Sechsten Abschnitt des Ersten Teils (§§ 45-63 UrhG). Inhalt und Schranken ergeben im Wesentlichen die Rechtsposition des Rechtsinhabers und definieren dessen gesamte rechtlich geschützte Stellung.

Obwohl eine Trennung beider Merkmale systematisch möglich ist, überzeugt eine kollisionsrechtliche Aufspaltung von Inhalt und Schranken nicht.

---

[585] *Schack*, MMR 2000, 59, 64

[586] *Schack*, Anknüpfung, Nr. 107

Die gewährten Befugnisse und deren Schranken stellen eine aufeinander abgestimmte Einheit dar[587], die auseinandergerissen würde, wenn man Inhalt und Schranken verschiedenen Rechtsordnungen unterstellen würde. Inhalt und Schranken und damit der Umfang des Urheberrechtsschutzes sind daher einheitlich anzuknüpfen.

Der Umfang des Urheberrechts bestimmt sich nahezu einhellig nach dem Schutzlandprinzip. Sogar die Anhänger des Ursprungslandes weichen hier überwiegend vom Ursprungslandprinzip ab[588].

In erster Linie wird argumentiert, es sei den Verwertern nicht zumutbar, eine andere als die eigene Rechtsordnung kennen zu müssen und ihr Verhalten an ihnen auszurichten[589]. Ob die Interessen der Verwerter aber tatsächlich einer Anknüpfung am Ursprungsland entgegenstehen, wird später in einem eigenen Abschnitt untersucht werden[590].

Entlässt man diesen Verwerterschutz zunächst einmal aus dem Blickfeld, so ergeben sich keine weiteren Gründe gegen das Ursprungslandprinzip. Im Gegenteil sprechen sowohl die Interessen der Rechtsinhaber als auch die des internationalen Rechtsverkehrs für eine Anknüpfung an das Ursprungsland. Der Umfang legt den Kern des Rechtsschutzes fest und macht dessen wirtschaftlichen und gesellschaftlichen Wert aus. Der Rechtsinhaber muss abstrakt und einzelfallunabhängig wissen können, nicht nur ob, sondern gerade wie weit sein Schutz besteht und welche Rechtsposition er inne hat. Auch für den internationalen Rechtsverkehr muss eindeutig feststehen, innerhalb welcher rechtlichen Grenzen ein Werk zur Verfügung steht. Beides wird mit dem Ursprungslandprinzip erreicht.

Für eine Anknüpfung des Umfangs des Rechtschutzes am Ursprungsland spricht weiter, dass das Universalitätsprinzip zu einer (fast) leeren Worthülse verkäme, wenn man diesen elementaren Teil des Urheberrechts nicht universell ausgestalten würde. Schließlich steht der Umfang des Rechtschutzes in einem so engen Zusammenhang mit dem geschützten Recht, dass eine abweichende Anknüpfung unsachgerecht wäre.

Eine andere Anknüpfung als die am Ursprungsland ist damit für den Umfang abzulehnen.

---

[587] Statt vieler: *Knörzer*, S. 138. Heute auch *Schack*, Urheberrecht, Rn. 920, der seine ursprüngliche Ansicht (*ders.*, Anknüpfung, Nr. 108 ff.) somit zu Recht aufgegeben hat. A.A. lediglich *Braun*, S. 180 ff.

[588] *Schack*, Anknüpfung, Nr. 108 ff.; *ders.* MMR 2000, 59, 64 „unstreitig"; *Knörzer*, S. 138; a.A. nur *Neuhaus*, RabelsZ 40 (1976), S. 193 und *Intveen*, S. 132

[589] Statt vieler: *Junker*, S. 328

[590] Siehe in diesem Kapitel unten III., 9.

bb. Haftungsfragen

Außer bei den den Kern des Urheberrechts betreffenden Elementen kommt auch eine Durchbrechung des Ursprungslandprinzips bei Haftungsfragen in Betracht[591]. Mit Haftungsfragen werden hier die Haftungsvoraussetzungen und der Umfang der Haftung bezeichnet. Weil Rechtsverletzungen im Internationalen Urheberrecht eine gewichtige Rolle einnehmen, ist auch das auf Haftungsfragen anwendbare Recht von erheblicher Bedeutung.

Gegen eine Durchbrechung und für eine einheitliche Anknüpfung an das Ursprungsland spricht zunächst, dass alle anderen Elemente des Urheberrechtsschutzes dem Ursprungslandprinzip unterstehen, so dass sich dann das anwendbare Recht nach einer einzigen Rechtsordnung richten würde.

Allerdings steht der Anknüpfung von Haftungsfragen an das Ursprungsland entscheidend entgegen, dass die Verletzungshandlung, die den deliktischen Lebenssachverhalt prägt, dann kollisionsrechtlich bedeutungslos wäre. Die Bestimmung des Ursprungslandes erfolgt stets unabhängig von der Verletzungshandlung. Ist etwa ein deutsches Urheberrecht verletzt worden, wäre bei Anwendung des Ursprungslandprinzips deutsches Recht anwendbar, gleichgültig wer eine Rechtsverletzung wo begeht. Die kollisionsrechtliche Bedeutungslosigkeit der Verletzungshandlung widerspricht aber der prägenden Rolle, die das Delikt in einem Lebenssachverhalt spielt. Es muss auch im Kollisionsrecht Berücksichtigung finden, dass bei einem deliktischen Sachverhalt stets die Tat im Mittelpunkt steht.

Deshalb wird auch das Tatortprinzip im internationalen Deliktsrecht (Art. 40 ff. EGBGB) und im internationalen Zuständigkeitsrecht (Art. 5 Nr. 3 EuGVO; § 32 ZPO) anerkannt. Das Tatortprinzip macht das Delikt zum zentralen Anknüpfungsmoment und stellt so eine enge Verbindung von Sachverhalt und anwendbarer Rechtsordnung her. Im deutschen Recht sorgen zudem die Auflockerungen des gemeinsamen gewöhnlichen Aufenthalts (Art. 40 Abs. 2) und der wesentlich engeren Verbindung (41 EGBGB) sowie die Möglichkeit der Rechtswahl (Art. 42 EGBGB) dafür, dass andere Umstände der jeweiligen Rechtsverletzung mit in das Internationale Privatrecht einfließen und so immer das Recht mit der engsten Verbindung zum Sachverhalt zur Anwendung berufen wird. Gleichzeitig ist das Recht des Tatorts für den Täter stets vorhersehbar, wodurch vermieden wird, dass der Täter sich Sanktionsmechanismen ausgesetzt sieht und nach Vorschriften haftet, die ihm unbekannt und nicht erkennbar sind. Zudem wird dadurch gewähr-

---

[591] Ähnlich Staudinger-*von Hoffmann*, Art. 40 Rn. 392, nach dem die Haftungsfolgen „nach einem beliebigen" Recht beurteilt werden können.

leistet, dass Haftungsfragen immer unabhängig davon angeknüpft werden, ob sie in einem deliktischen oder einem nicht deliktischen Kontext auftreten.

Da auch im Urheberrecht die Verletzungshandlung den Sachverhalt prägt, muss sie grundsätzlich bei der Anknüpfung im Kollisionsrecht Berücksichtigung finden und somit das Tatortprinzip bei Urheberrechtsverletzungen angewendet werden.

Gleichwohl richtet sich nicht der gesamte deliktische Sachverhalt nach dem Tatortprinzip. Eine besonders enge Verbindung zum Sachverhalt ist nur insoweit gegeben, als die Verletzungshandlung im Vordergrund steht. Bei den Kernfragen des Urheberrechts (Entstehung, Urheberschaft, Umfang) bietet das Ursprungsland eine überzeugende und sachgerechtere Anknüpfung.

Bei dem auf Rechtsverletzungen anwendbaren Recht ist somit zu unterscheiden[592]: Ob eine Handlung in fremde Rechte eingreift, wessen Rechte dies sind und somit insgesamt ob eine Rechtsverletzung gegeben ist, entscheidet das Urheberstatut. Anspruchsgrundlagen, deliktische Tatbestandsvoraussetzungen und Anspruchsziele bestimmen sich hingegen nach dem Deliktsstatut. Diese Aufspaltung verbindet erstens die Vorteile beider Statuten, Urheberrechtsverletzungen werden zweitens nicht anders als allgemeine Rechtsverletzungen behandelt und es wird drittens erreicht, dass auf jeden Teil des Sachverhaltes die Rechtsordnung angewendet wird, die jeweils die engste Verbindung aufweist.

c. Beachtung inländischer Eingriffsnormen

Eine umfassende Verweisung auf das Recht im Ursprungsland bedeutet aber nicht, dass unabhängig von Haftungsfragen, die Anwendung von Normen anderer Rechtsordnungen völlig ausgeschlossen ist. Auch im Urheberrecht sind inländische Eingriffsnormen zu beachten[593].

Die Berücksichtigung staatlicher Interessen bei länderübergreifenden Sachverhalten ist im Internationalen Privatrecht anerkannt. Zahlreiche Eingriffsnormen und Vorbehaltsklauseln[594] sind unabhängig vom anwendbaren Statut anzuwenden. Sie sind auf spezielle Eigenheiten eines Landes zuge-

---

[592] Auch Art. 11 des Abkommens von Montevideo (oben FN 221) richtet die „Verantwortlichkeit“ nach dem Tatortprinzip, alle anderen Frage nach dem Ursprungsland (Art. 2).

[593] Dies sieht auch Art. 4 des Zusatzprotokolls des Abkommens von Montevideo (oben FN 221) vor.

[594] Zum Beispiel Art. 34 EGBGB, dazu *Kropholler*, IPR, S. 490 ff.; auch Art 19 IPRG (CH); zur Frage, ob §§ 32, 32 a, b UrhG zwingenden Charakter haben: *Jakobs*, NJW 2002, 1905, 1908; *von Welser*, IPRax 2002, 364

schnitten und haben rechtspolitische Interessen des gesetzgebenden Staates[595] im Visier. Ihre Geltung rechtfertigt sich dadurch, dass sie nicht nur im Interesse der Beteiligten liegen, sondern überwiegend im öffentlichen Interesse stehen[596].

Im Urheberrecht werden in erster Linie die Interessen der Beteiligten (Schöpfer, Werkvermittler, -nutzer, Allgemeinheit) gegen- und miteinander abgewogen, es gilt teilweise aber auch, hoheitlichen Interessen des inländischen Staates Geltung zu verschaffen. Dies sei an zwei Beispielen des Urhebergesetzes verdeutlicht: § 61 UrhG ordnet eine Zwangslizenz zur Herstellung von Tonträgern an. Erteilt ein Rechtsinhaber einem Hersteller von Tonträgern ein Nutzungsrecht von bestimmtem Umfang, muss er dies auch jedem anderen Hersteller von Tonträgern einräumen. Ziel des § 61 UrhG ist nicht der Ausgleich privater Interessen, sondern die Durchsetzung öffentlicher Belange, denn es soll in erster Linie eine Monopolbildung bei der Tonträgeraufnahme verhindert werden[597]. Noch deutlicher mag das hoheitliche Interesse indes bei § 45 UrhG sein. Zum Zwecke der Rechtspflege oder der öffentlichen Sicherheit dürfen unter bestimmten Voraussetzungen Werke vervielfältigt oder öffentlich wiedergegeben werden. Dadurch soll der Ablauf der Gerichts- oder Verwaltungsverfahren von urheberrechtlichen Verbotsansprüchen freigehalten werden[598]. Ratio ist auch hier nicht der Ausgleich von Privatinteressen, sondern die Vermeidung von Störungen staatlicher Verfahren und Abläufe.

Sind nun in einem Land solche staatlichen Interessen betroffen, kann es keinen Unterschied machen, ob es sich bei dem Urheberrecht um ein inländisches Schutzrecht oder um ein universell anzuerkennendes ausländisches Schutzrecht handelt. Die Eingriffsnorm ist anzuwenden, wenn und solange ihre Voraussetzungen vorliegen. Umgekehrt ist sie aber so eng mit dem Inland und den dort ansässigen Institutionen und Abläufen verbunden, dass es nicht ihrem Sinn entspricht, sie auf ausländische Institutionen und Abläufe anzuwenden. Inländische Eingriffsnormen haben keinen universellen Geltungsanspruch. Beispielsweise kann die Zulässigkeit einer Vervielfältigung eines nach deutschem Recht geschützten Werks im Rahmen eines argentinischen Verwaltungsverfahrens nicht mit § 45 UrhG und somit nicht mit deutschen hoheitlichen Interessen begründet werden.

---

595 *Kropholler*, IPR, S. 19

596 *Kropholler*, IPR, S. 490 zu Art. 34 EGBGB

597 Fromm/Nordemann-*Nordemann*, § 61 Rn. 2

598 Fromm/Nordemann-*Nordemann*, § 45 Rn. 1

Es gilt somit auch bei einer einheitlichen Anknüpfung am Ursprungsland im Internationalen Urheberrecht die inländischen Eingriffsnormen zu beachten.

d. Zusammenfassung

Es bestehen bei keinem den Kern des Urheberrechts betreffenden Merkmal durchgreifende Bedenken gegen die Anknüpfung an das Ursprungsland. Vielmehr ist das Ursprungsland insbesondere bei Entstehung, Inhaberschaft, Inhalt und Schranken des Urheberrechts ein geeignetes Anknüpfungsmoment.

Auch bei Urheberrechtsverletzungen bestimmen sich die den Kern des Urheberrechts betreffenden Elemente nach dem Ursprungsland. Die Haftungsfragen hingegen sind wegen der besonderen Sachnähe des Tatortprinzips dem Deliktstatut unterworfen.

Eingriffsnormen, die international zwingend sind, weil sie staatliche Interessen durchsetzen, gilt es auch im Urheberrecht zu beachten.

Grundsätzlich und abgesehen von den Haftungsfragen ist mithin unter diesen Voraussetzungen im Internationalen Urheberrecht eine umfassende Verweisung auf das Ursprungslandprinzip vorzunehmen.

3. Abgrenzung zum Deliktsstatut

Klargestellt werden soll an dieser Stelle nochmals das Verhältnis von Urheberstatut und Deliktsstatut. Das Deliktsstatut (Art. 40 ff. EGBGB) ist grundsätzlich auch auf Urheberrechtsverletzungen anwendbar. Es regelt, welche Möglichkeiten und Maßnahmen bei einer Rechtsverletzung offen stehen, welche Anspruchsziele begehrt werden können, von wem, gegen wen und vor allem in welcher Höhe sie geltend gemacht werden können. Diese Fragen sind nicht urheberrechtsspezifisch, sondern betreffen den deliktischen Charakter des Sachverhalts. Das aufgelockerte Tatortprinzip ist hier ein geeignetes und sachgerechtes Kriterium der Anknüpfung.

Die Frage, ob tatsächlich ein Urheberrecht verletzt worden ist, ist aber so eng mit der Ausgestaltung des Rechts und mit dessen Kern verbunden, dass sie nur von der universell anwendbaren Rechtsordnung des Ursprungslandes beantwortet werden kann. Denn wenn das von der Rechtsordnung im Ursprungsland gewährte Schutzrecht weltweit anerkannt wird, kann auch nur diese Rechtsordnung über eine Verletzung des Schutzrechts befinden.

Urheberstatut und Deliktsstatut bestehen somit nebeneinander. Rechtstechnisch findet dabei das Urheberstatut durch die selbständige Anknüpfung von Vorfragen[599] Anwendung.

4. Abgrenzung zum Vertragsstatut

Auch das Verhältnis von Urheberstatut und Vertragsstatut soll nochmals klarstellend abgegrenzt werden. Das Vertragsstatut findet auf Urheberrechtsverträge Anwendung. Es erfasst den gesamten obligatorischen Teil (Verpflichtungsgeschäft), weil sich insoweit die Urheberrechtsverträge nicht von anderen Verträgen unterscheiden.

Ob aber urheberrechtliche Befugnisse den Rechtsinhaber gewechselt haben (Verfügungsgeschäft), betrifft das urheberrechtliche Rechtsverhältnis und unterliegt damit dem Urheberstatut. Eine vertragliche Verpflichtung, eine Verfügung vorzunehmen, kann nichts daran ändern, die Wirksamkeit einer Verfügung einheitlich von der universell anwendbaren Rechtsordnung entscheiden zu lassen.

Vertragsstatut und Urheberstatut bestehen grundsätzlich nebeneinander. Ihre Anwendungsbereiche berühren sich nicht.

5. Auswirkungen auf das internationale Verfahrensrecht

Das Urheberstatut, das umfassend auf das Ursprungsland verweist und das wie gerade dargestellt vom Delikts- und vom Vertragsstatut abzugrenzen ist, wirkt nicht auf das Internationale Verfahrensrecht ein. Hier bleibt es bei den allgemeinen Regelungen:

Einen ausschließlichen Gerichtsstand gibt es nicht. Der allgemeine Gerichtsstand weist keinerlei Sachbezug zum Streitgegenstand auf, weshalb er auch bei urheberrechtlichen Klagen ohne weiteres am Wohnsitz oder der Niederlassung eröffnet ist.

Beim besonderen Gerichtsstand des Erfüllungsorts ergeben sich keine Besonderheiten, die sich aus dem urheberrechtlichen Bezug des Vertrages ergeben. Für die Lokalisierung des Erfüllungsorts ist es etwa unbeachtlich, welche Art von Rechtsübertragung geschuldet ist.

Beim besonderen Gerichtsstand der unerlaubten Handlung ist der Tatort maßgebend. Der prozessuale Tatortbegriff besteht zwar wie der kollisionsrechtliche aus Handlungs- und Erfolgsort. Da es einen Erfolgsort im Urhe-

---

[599] Diese werden teilweise auch als Erstfragen bezeichnet. Zur unterschiedlichen Verwendung dieser Begriffe *von Hoffmann*, IPR, S. 221 ff. und *Kropholler*, IPR, S. 129 ff.

berrecht aber nicht gibt, reduziert sich der Tatort im Ergebnis bei Urheberrechtsverletzungen auf den Handlungsort.

III. Kritische Würdigung

In der folgenden Würdigung steht die sachliche Eignung des beschriebenen Urheberstatuts, das auf das Ursprungsland verweist, auf dem Prüfstand. Es wurde bisher bereits an mehreren Stellen aufgezeigt, dass mit dem territorialen Verständnis nationaler Urheberrechte keine sachgerechten Ergebnisse erzielt werden können. Teilweise wurde dort dann bereits der Ausweg über das Ursprungslandprinzip angedeutet. Um Wiederholungen zu vermeiden, wird bei der nachfolgenden Würdigung auf diese Vorarbeit verwiesen.

1. Einheitlichkeit statt Rechtszersplitterung

Geht man im Internationalen Urheberrecht von der Universalität der nationalen Rechtsordnungen aus, stellt sich die Rechtslage bezüglich eines Rechtsverhältnisses auch international einheitlich dar.

Nach geltendem Recht wird ein Rechtsverhältnis zwischen Schöpfer, Werk und Nutzern von jeder nationalen Rechtsordnung autonom bestimmt. Das Internationale Urheberrecht besteht somit aus zahlreichen nationalen Rechtsordnungen. Mit dem Ursprungslandprinzip ist hingegen nur eine Rechtsordnung anwendbar. Über ein Rechtsverhältnis bestimmt folglich international, wie im nationalen Urheberrecht auch, nur eine einzige Rechtsordnung. Statt Rechtszersplitterung erhält man eine international einheitliche Rechtslage.

Nach geltendem Recht muss sich der Rechtsinhaber mit der Bündeltheorie begnügen. Da die einzelnen nationalen Schutzrechte grundsätzlich unabhängig voneinander existieren und damit inhaltlich differieren können, gibt es nach geltendem Recht keine international homogene Rechtsposition des Urhebers. Mit dem Ursprungslandprinzip dagegen erübrigt sich die Bündeltheorie. Der Urheber erhält eine Rechtsposition, die national wie international Geltung beansprucht. Auch bei internationalen Rechtsverhältnissen oder Sachverhalten ist eine homogene einheitliche Position des Rechtsinhabers gegeben.

Schließlich entfällt nach dem Ursprungslandprinzip die Möglichkeit der Bündelung von Inhaberschaften, da sich die Urheberschaft auch international nur nach einer Rechtsordnung richtet. Es kann damit nicht länger mehrere, voneinander unabhängige Inhaber desselben Rechts geben. Dadurch wird vermieden, dass sich auf internationaler Ebene eine Rechtsfigur etablieren kann, die den nationalen Urheberrechtsordnungen unbekannt ist.

Auch wird der bisher bestehende Unterschied der nationalen zur internationalen Perspektive dadurch aufgehoben, dass auf internationaler Ebene eine homogene Betrachtung die territorial aufgespaltete ersetzt.

Durch das Ursprungslandprinzip wird die Rechtszersplitterung, die Bündelwirkung und die Möglichkeit unabhängiger doppelter Inhaberschaften (Nebenschöpferschaft) vermieden und damit insgesamt der bisherige Flickenteppich[600] des Internationalen Urheberrechts durch eine universell anwendbare Rechtsordnung ersetzt.

2. Universalität als Ausdruck der faktischen Einmaligkeit im Urheberrecht

Durch die Anwendbarkeit nur einer Rechtsordnung wird auch bei internationalen Sachverhalten erreicht, dass sich die natürlichen Gegebenheiten des Urheberrechts in der rechtlichen Konzeption wiederspiegeln[601].

Durch den Schöpfungsakt eines Schöpfers entsteht ein Werk. Der nationale rechtliche Schutz berücksichtigt die Einmaligkeit der Schöpfung dadurch, dass er die Rechtsinhaberschaft an einem urheberrechtlichen Werk nur einer Person oder Personenmehrheit zuordnet.

Mit dem Ursprungslandprinzip wird der natürlichen Gegebenheit des Urheberrechts auch auf internationaler Ebene entsprochen, weil wie bei einem nationalen Sachverhalt auch hier nur eine Rechtsordnung das Urheberrechtsverhältnis bestimmt und nicht, wie nach bisherigem Recht, zahlreiche Rechtsordnungen parallel und jeweils räumlich begrenzt anwendbar sind.

3. Gesteigerte Rechtsklarheit und -sicherheit

Die durch das Ursprungslandprinzip erreichte Anwendbarkeit nur einer Rechtsordnung ermöglicht es, die Rechtslage eines Sachverhaltes festzustellen, ohne dass es auf territoriale Elemente oder ein konkretes Schutzbegehren ankommt. Diese abstrakte Bewertungsmöglichkeit macht die internationale Rechtslage vorhersehbar, was der Klarheit dient und die Rechtssicherheit steigert.

---

[600] BVerfG GRUR 1990, 438, 441 *Bob Dylan*

[601] *Muth*, S. 152

Nach bisherigem Recht ist die Lokalisierung des begehrten Schutzes zwingende Voraussetzung für die rechtliche Wertung. Dies macht es unmöglich, zukünftige oder fiktive Sachverhalte abstrakt und einheitlich zu entscheiden.

Mit dem Ursprungslandprinzip bedarf es außer der Lokalisierung des Ursprungslandes keiner weiteren territorialen Feststellung einzelner Sachverhaltskomplexe oder -abschnitte[602], um über die Rechtslage entscheiden zu können. Sie kann abstrakt gewürdigt werden, ohne dass man Verletzungshandlungen in einem bestimmten Gebiet oder ein konkretes territoriales Schutzbegehren unterstellen muss. Die von räumlichen Gesichtspunkten unabhängige, universell mögliche rechtliche Würdigung eines Rechtsverhältnisses bringt allen Beteiligten Vorteile. So weiß beispielsweise der Inhaber eines deutschen Urheberrechts stets, welche Handlungen er unter Umständen dulden muss und welche er untersagen kann. Bedeutungslos ist dagegen, wo diese Handlungen vorgenommen werden. Seine Rechtsposition ist für ihn damit klar bestimmbar und vorhersehbar. Letzteres gilt gleichermaßen auch für Werkvermittler und -nutzer. Denn auch sie können sich darauf einstellen, welche Rechte sie bezüglich des einen Urheberrechts weltweit zu beachten haben und welche Befugnisse ihnen zustehen.

Das Internationale Urheberrecht wird so mit dem Ursprungslandprinzip transparenter, was zu erhöhter Rechtsklarheit und Rechtssicherheit führt.

4. Praktikabilität länderübergreifender Lizenzen

Die Einräumung von länderübergreifenden Lizenzen und damit die Abwicklung von Welturheberrechtsverträgen wird durch das Ursprungsland- und das Universalitätsprinzip stark vereinfacht. Durch die Universalität steht dem Rechtsinhaber weltweit *ein* Recht zu. Dieses kann mit einem Akt übertragen werden. Da Nutzungsrechte ohne weiteres räumlich begrenzt erteilt werden können (§ 31 Abs. 1 S. 2 UrhG[603]), steht dem Inhaber auch international diese territoriale Aufspaltungsmöglichkeit zu. Dies ändert aber nichts daran, dass auch die Übertragung einer länderübergreifenden Lizenz in einem Akt erfolgt[604]. Zum Beispiel besteht eine europaweite Lizenz nicht wie

---

602 Dies bezieht sich auf den das Urheberrecht betreffenden Teil. Für das Deliktstatut ist der Tatort und dessen Lokalisierung weiterhin maßgeblich.

603 Der deutschen Regelung entspricht etwa § 26 UrhG (AUT)

604 A.A. *Luckey*, Internationale Urheberrechtsverletzungen, S. 120, der aber insoweit unzutreffend auch beim Universalitätsprinzip von einer Vielzahl anwendbarer Rechtsordnungen ausgeht.

bisher aus vielen Einzellizenzen, sondern stellt tatsächlich *eine* einheitliche Lizenz dar. Es ist für die Einräumung somit nur ein einzelner Übertragungsakt erforderlich.

Weil die Einräumung auch länderübergreifender Lizenzen durch einen einzelnen Übertragungsakt möglich ist, unterscheidet sich die Erfüllung von Welturheberrechtsverträgen nicht von der Erfüllung eines jeden anderen Urheberrechtsvertrags. Bei beiden bereitet die Abwicklung keine besonderen Schwierigkeiten. Das Ursprungslandprinzip entspricht damit dem in der Praxis bestehenden urheberrechtlichen Bedürfnis, länderübergreifende Verträge einheitlich zu behandeln und damit deren Handhabung und Abwicklung praktikabel zu ermöglichen.

5. Eingliederung der Besonderheiten des Internet

Mit dem Universalitäts- und dem Ursprungslandprinzip kann weiter den Besonderheiten des Internet besser begegnet werden, weil der Globalität des Internet nicht wie nach geltendem Recht eine rechtliche Territorialität entgegengestellt wird.

a. Entbehrlichkeit der Lokalisierung von einzelnen Handlungen

Während nach geltendem Recht auch bei Rechtsverletzungen im Internet die jeweils anwendbare Rechtsordnung von der Lokalisierung der Verletzungshandlung abhängt und damit ein Kriterium der Territorialität in den Mittelpunkt rückt, das im Internet ungeeignet ist, ist die Lokalisierung der Verletzungshandlung nach dem Ursprungslandprinzip für die Bestimmung der einen universell anwendbaren Rechtsordnung entbehrlich. Die Lokalisierung bleibt zwar für die Bestimmung des Tatorts weiter beachtlich, betrifft aber wegen des Verhältnisses von Delikts- und Urheberstatut nicht die den Bestand des Urheberrechts betreffenden Fragen.

Die Suche nach dem anwendbaren Recht und die Klärung der Rechtsfragen insgesamt wird dadurch erheblich erleichtert. Es muss nur festgestellt werden, ob nach dem Recht des Ursprungslandes eine Verletzungshandlung vorgenommen worden ist, nicht aber mehr wo diese erfolgte. Dies entspricht der deterritorialen Struktur des Internet. Erfreulich ist weiter, dass deswegen auch die technisch bedingte Mehrstufigkeit von Datenübertragungen im Internet beim Ursprungslandprinzip ihre kollisionsrechtliche Bedeutung verliert, weil von diesen technischen Besonderheiten das anwendbare Recht nicht abhängt.

Daraus folgt auch im Sachrecht eine Vereinfachung: Beim Rechtschutz wird der Urheber regelmäßig nicht auf diese Zwischenstufen, sondern auf die

Haupthandlung (zum Beispiel Upload oder Download) abstellen können, da die möglicherweise unterschiedliche Lokalisierung weder im Sachrecht noch im Kollisionsrecht relevant wird.

b. Keine Ausnutzung von Schutzlücken

Eine Flucht in Haftungsoasen, die vor allem bei Internetanbietern befürchtet worden ist, ist nach dem Ursprungslandprinzip nicht möglich. Schutzlücken in einzelnen nationalen Urheberrechten können nicht mehr ausgenutzt werden, weil nicht mehr mehrere nationale Urheberrechte nebeneinander zur Anwendung gelangen können. Es gibt vielmehr nur eine universell anwendbare Rechtsordnung.

Die gezielte Verlegung von Servern oder die Steuerung von Datentransfers durch Werknutzer oder Werkvermittler bewirkt keine Änderung des anwendbaren Rechts. Sie sind vielmehr für das Urheberkollisionsrecht unbeachtlich.

c. Keine Einflussnahmemöglichkeit der Werknutzer auf das Kollisionsrecht

Die urheberrechtliche Irrelevanz der Lokalisierung einzelner Verwertungshandlungen führt des Weiteren dazu, dass Werknutzer und Werkvermittler keine Möglichkeit mehr haben, Einfluss auf das anwendbare Recht zu nehmen. Nach geltendem Recht bestand diese Möglichkeit etwa durch die Wahl des Servers als Ausgangs- oder Zielort von Datenübertragungen. Zwar besteht auch nach dem hier gewürdigten Urheberstatut die Möglichkeit, dadurch den Tatort zu beeinflussen. Das auf das Urheberrecht anwendbare Recht ist davon aber wegen der Abgrenzung zum Deliktstatut nicht berührt.

Hingegen steht dem Rechtsinhaber bei der Wahl des Ursprungslandes unter Umständen ein Bestimmungsrecht zu. Zumindest bei veröffentlichten Werken hat er die Möglichkeit, das Ursprungsland durch den Ort der Veröffentlichung zu wählen. Dies entspricht der prägenden Stellung, die dem Urheber bei der Werkschaffung zukommt und welche er auch im Sachrecht innehat (vgl. etwa § 6 UrhG).

d. Keine stärkste Beschränkung bei Internetangeboten

Auf Inhalte, die auf einer Internetseite verfügbar und daher weltweit abrufbar sind, sind nicht mehr wie nach bisherigem Recht alle Rechtsordnungen partiell anwendbar, sondern jeweils nur diejenige des Ursprungslandes. Betreiber einer Internetseite müssen ihr Angebot daher nicht mehr an der jeweils strengsten Urheberrechtsordnung ausrichten, sondern sie müssen für jedes Werk nur dessen Ursprungsland berücksichtigen. Dies reduziert ihren Prüfungsumfang auf jeweils eine Rechtsordnung. Sie sparen dadurch Zeit und Arbeit und erhalten überdies Sicherheit. Zusätzlich ist auch der Erwerb von Lizenzen vereinfacht.

Neben den Inhalteanbietern profitiert davon mittelbar auch der Rechtsverkehr und die Informationsgesellschaft: Denn es ist zu erwarten, dass sowohl die Verkehrsfähigkeit wie auch die Erhältlichkeit von Werken zumindest tendenziell gesteigert wird, wenn Werk- und Informationsvermittler nicht an die ihnen ungünstigste Rechtsordnung gebunden werden.

6. Ökonomischer Ansatz: Kein *race to the bottom*

Durch ein Urheberstatut, das auf das Ursprungsland verweist, wird die Erhaltung des bestehenden Schutzniveaus gewährleistet. Mit dem Bestimmungsrecht des Rechtsinhabers lässt sich vielleicht sogar ein Anheben des Schutzlevels erzielen. Ein *race to the bottom* ist jedenfalls nicht zu befürchten.

a. Begriff des race

Race to the bottom ist ein Begriff aus dem Systemwettbewerb. Eine Bedeutungsvariante dessen ist der Wettstreit der Kodifikationen[605]. Die einzelnen Rechtsordnungen stehen untereinander in einem Wettbewerb. Dieser hat einerseits das Ziel, eine Rechtsordnung in einem Rechtsgebiet durchzusetzen; insbesondere in der Europäischen Union besteht ein diesbezüglicher Wettstreit. Andererseits besteht das Ziel, die „beste" Rechtsordnung herauszuarbeiten.

Dem Systemwettbewerb haftet aber auch stets der Aspekt des Standortwettbewerbs an, in welchem die Gesetzgeber mit der Rechtsordnung als mobilem Faktor um die Attraktivität und Wettbewerbsfähigkeit ihres inländischen Standorts kämpfen[606]. Hier besteht regelmäßig die Gefahr eines *race to the bottom*, das heißt des Wettlaufs um eine Deregulierung, die den ökonomischen Interessen entgegenkommt und so den Standort im Inland aufwertet. Je weniger streng eine Rechtsordnung ist, desto attraktiver wird der Standort.

Im Urheberrecht besteht nach dem heutigen Modell etwa die Gefahr, dass einzelne Rechtsordnungen der wirtschaftlich starken Industrie der Werkvermittler durch ein niedriges Schutzniveau entgegenkommen[607]. Dieser Wettlauf um die laxeste Rechtsordnung (*race to the bottom)* erfolgt einseitig zu

---

[605] *Müller*, S. 23

[606] *Müller*, S. 23

[607] So ausdrücklich für das Folgrecht, *Müller*, S. 279

Lasten der Rechtsinhaber. Kämpfen nun die Gesetzgeber um ihre Standorte, ist zudem ein Absinken des Schutzniveaus in allen Staatsgebieten zu befürchten.

b. Kein race to the bottom nach dem Ursprungslandprinzip

Das Absinken des Schutzniveaus ist mit dem Ursprungslandprinzip und vor allem mit dem Abstellen auf das Land der Veröffentlichung nicht zu befürchten. Denn weder die Werkvermittler mit einer Standortverlegung noch die Gesetzgeber durch die Ausgestaltung des inländischen Rechts können bestimmen, welches Recht anwendbar ist. Vielmehr steht nur dem Rechtsinhaber ein Bestimmungsrecht zu, das er nicht zu seinen Lasten ausüben wird. Es steht in seinem Interesse, eine möglichst rechtsinhaberfreundliche Rechtsordnung zur Anwendung zu berufen, das heißt ein Recht mit möglichst hohem Schutzniveau.

Für den Standortwettbewerb ergibt das Ursprungslandprinzip vielmehr Folgendes: Senkt ein Gesetzgeber das Schutzniveau, wird die Zahl der ersten Veröffentlichungen in seinem Land zurückgehen. Sie steigt dagegen an, wenn er das Schutzniveau anhebt.

Das Land der Veröffentlichung ist auch durchaus für den Standortwettbewerb interessant. Zwar hat das Land der Veröffentlichung theoretisch keine große wirtschaftliche Bedeutung, weil das erstmalige In-den-Verkehr-Bringen nicht mit der wirtschaftlichen Verwertung zusammenhängen muss. Praktisch aber ist es dennoch von Gewicht. Die Veröffentlichung erfolgt nur selten in Eigenarbeit des Urhebers. Regelmäßig sind die Werkvermittler hier beteiligt: Bei einem Buch etwa das Verlagswesen, bei einem Musikstück die Musikindustrie und bei einem Filmwerk die Filmindustrie. Auch bei Veröffentlichungen im Internet bestehen diese Verbindungen, da sich ein reines *Web-Publishing*, bei dem auf eine Veröffentlichung in körperlicher Form verzichtet und die nur digital vollzogen wird, noch nicht durchgesetzt hat.

c. Zusammenfassung

Wegen des dem Rechtsinhaber zustehenden Bestimmungsrechts und wegen der wirtschaftlichen Bedeutung des Landes der Veröffentlichung ist in der Tendenz ein Anstieg des Schutzniveaus durch den Systemwettbewerb zu erwarten. Zumindest ist die Erhaltung des Status quo gewährleistet. Ein Absinken des Schutzniveaus infolge eines *race to the bottom* wird jedenfalls mit dem Ursprungslandprinzip vermieden.

7. Reaktion auf internationale Tendenzen

Das Internationale Urheberrecht, das auf das Ursprungsland verweist, kann flexibel und damit besser auf die internationalen und internationalisierenden Tendenzen reagieren als das heutige Modell. Beim Ursprungslandprinzip treten die einzelnen Rechtsordnungen unmittelbar in Kontakt, weil sie nebeneinander im materiellen Rechtsverkehr zu berücksichtigen sind. Während beim Schutzlandprinzip die rechtliche Reaktion von außen kommen muss, ist die Reaktion auf die Globalisierung im Ursprungslandprinzip bereits angelegt.

a. Systemwettbewerb

Auf die Möglichkeit eines Systemwettbewerbs wurde bereits eingegangen. Hier ist insbesondere kein *race to the bottom* zu erwarten.

b. Harmonisierung

Vom Ursprungslandprinzip geht zudem ein Druck zur Harmonisierung aus: Eine Konsequenz des Ursprungslandprinzips ist es, dass in einem Rechtskreis mehrere Rechtsordnungen miteinander in Berührung kommen. So müsste sich auch der deutsche Rechtsverkehr mit ausländischen Schutzrechten auseinandersetzen. Nicht zuletzt durch die Globalisierung ist diese Internationalisierung auch zu erwarten. Unterschiede der einzelnen Rechtsordnungen können hier aufeinanderprallen und Anwendungsschwierigkeiten oder Wertungswidersprüche nach sich ziehen. Um auch weiterhin einen reibungslosen und harmonischen Rechtsverkehr aufrecht zu erhalten, müssen die gravierenden entgegengesetzten Differenzen abgeschafft oder zumindest angeglichen werden. Dieser Impuls geht mit dem Ursprungslandprinzip unmittelbar vom Kollisionsrecht aus. Durch den Druck zur Harmonisierung fördert das Ursprungslandprinzip die Integration.

c. Zusammenfassung

Mit dem Ursprungslandprinzip wird ein Systemwettbewerb ermöglicht, in dem ein Wettlauf zu „schlechtem" Recht nicht zu befürchten ist. Gleichzeitig geht ein Impuls von diesem Prinzip aus, sich mit ausländischen Urheberrechtsordnungen und ausländischen Schutzrechten auseinander zu setzen. Damit sind die Voraussetzungen geschaffen, eine angemessene Reaktion auf die internationalen ökonomischen und sozialen Tendenzen zu geben.

Diese kann sowohl in einem Systemwettbewerb als auch in der Harmonisierung liegen. Beide stehen sich als Alternativen gegenüber und schließen gegenseitig regelmäßig aus[608].

Welche Alternative mehr Erfolg verspricht, ist nicht Gegenstand dieser Arbeit. Für die hier zu beantwortende Frage ist vielmehr bereits das Ergebnis wichtig, dass das Ursprungslandprinzip besser auf die internationalisierenden Tendenzen reagieren kann als das herrschende Schutzlandprinzip.

8. Kein entgegenstehendes Völkerrecht

Als gewichtiges Argument gegen das Ursprungslandprinzip wird von den Anhängern des Schutzlandprinzips vor allem die mangelnde Vereinbarkeit mit dem geltenden Völkerrecht angeführt. Dieser Vorwurf trifft indes nicht zu.

Zu Beginn der Arbeit wurde bereits herausgearbeitet, dass es keinen völkerrechtlich bedingten Zwang gibt, Schutzland- und Territorialitätsprinzip anzuwenden. Es gibt somit auch keinen Zwang, in der Zukunft an diesen Prinzipien festzuhalten. Vielmehr stellt das heutige Modell nur eine Variante im Internationalen Urheberrecht dar. Eine andere ist das Ursprungslandprinzip. Auch dieses ist durchaus völkerrechtskonform.

Insbesondere ist der Grundsatz territorialer Souveränität nicht verletzt, wenn ein ausländisches Schutzrecht auch für das Inland Geltung beansprucht. Denn das Ursprungslandprinzip ist in einer Kollisionsnorm verankert, die der inländische Gesetzgeber verabschieden muss. Dadurch anerkennt er die Geltung ausländischer Schutzrechte innerhalb seiner Staatsgrenzen. Der grenzüberschreitende Geltungsanspruch erfolgt somit nicht gegen den Willen des Souveräns, sondern mit dessen Zustimmung. Eine Verletzung der Souveränität ist dadurch ausgeschlossen.

9. Kein entgegenstehender Verbraucher- oder Vertrauensschutz

Nach dem Schutzlandprinzip können sich die Werknutzer darauf verlassen, dass bei Verletzungshandlungen das heimische Urheberrecht einschlägig ist. Diese Gewissheit haben sie beim Ursprungslandprinzip nicht. Hier muss ein Werknutzer zuerst das Ursprungsland herausfinden, dann die dort geltende Rechtslage feststellen und schließlich sein Verhalten an dieser Rechtsordnung ausrichten. Dies sei, so wird gegen das Ursprungslandprinzip

---

[608] *Müller*, S. 121

argumentiert, den Werknutzern nicht zumutbar[609]. Denn zum einen sei das Ursprungsland regelmäßig nicht erkennbar und insbesondere auch bei Werken im Internet nicht feststellbar. Zum anderen sei es den Werknutzern nicht zumutbar, sich mit fremden Rechtsordnungen auseinander zu setzen und ihr Verhalten an diesen auszurichten. Das Ursprungslandprinzip lasse dadurch die Verkehrsinteressen im Inland völlig außer acht[610]. Unabdingbare Gründe des Verkehrsschutzes sprächen für das Schutzlandprinzip[611].

Auf den ersten Blick scheint diese Argumentation tatsächlich überzeugend. Denn es ist in der Tat im Interesse der Werknutzer, ihr Verhalten an ihrem eigenen Recht[612] messen zu lassen. Dieses ist ihnen bekannt und vertraut, zumindest aber ist es leichter bestimmbar. Die Rechtsordnung am Ursprungsland ist ihnen dagegen möglicherweise fremd und die Feststellung der dortigen Rechtslage mag mitunter in der Tat beschwerlich sein.

Auf den zweiten Blick wird aber deutlich, dass die Interessen der Werknutzer nicht allein maßgebend sind, sondern dass ihnen die Interessen der Rechtsinhaber grundsätzlich gleichberechtigt entgegenstehen. Es ist die Aufgabe des Internationalen Urheberrechts, diese Interessen in Einklang zu bringen. Dies erfolgt anhand einer Interessenabwägung. Um diesen Interessenausgleich vornehmen zu können, muss zunächst analysiert werden, ob das Vertrauen der Werknutzer auf die Anwendung des heimischen Rechts berechtigt ist und inwieweit es schutzwürdig ist.

a. Kein Bestandsschutz

Zunächst ist festzustellen, dass es einen Vertrauensschutz im Sinne eines Bestandsschutzes nicht gibt. Das Vertrauen der Werknutzer, die seit langem bestehende und ihnen entgegenkommende Rechtsregelung des Schutzlandprinzips werde auch in Zukunft fortbestehen, ist eine bloße Hoffung und als solche nicht schutzwürdig. Die Legislative hat grundsätzlich einen Ermessens- und Entscheidungsspielraum und kann ohne weiteres Kollisionsnormen

---

609 *Spindler*, IPRax 2003, 412, 414; *Thum*, in: Bartsch/Lutterbeck (Hrsg.), Neue Medien, S. 139

610 *Schack*, Urheberrecht, Rn. 893

611 *Von Bar*, IPR, Bd. 2, Rn. 702

612 Mit diesem „eigenen Recht", bzw. dem „Recht der Verwerter" ist in erster Linie das Ortsrecht gemeint, das an deren Wohnsitz, gewöhnlichem Aufenthalt oder deren Niederlassung gilt. Nur wenn sie dieses Gebiet verlassen, ist das Recht am Handlungsort gemeint. Das „eigene Recht" soll also die Rechtsordnung beschreiben, innerhalb derer sich der Verwerter während des relevanten Verhaltens aufhält.

ändern. Dies ist sogar geboten, wenn veränderte äußere Umstände es verlangen.

Das Vertrauen, die Rechtslage werde sich nicht ändern, steht der Änderung einer Kollisionsnorm auch im Internationalen Urheberrecht grundsätzlich nicht entgegen.

b. Keine absolute Berücksichtigung des Vertrauensschutzes

Im Kollisionsrecht hat grundsätzlich jede Partei und jede Person das Bestreben, zur Anwendbarkeit des ihr bekannten und vor allem vorhersehbaren eigenen Rechts zu gelangen. Der so bestehende und gegen das Ursprungslandprinzip geltend gemachte Vertrauensschutz kann aber grundsätzlich keine absolute Berücksichtigung finden. Wenn etwa zwei Personen an einem Rechtstreit beteiligt sind, kann das Interesse der einen Person nicht berücksichtigt werden, ohne gleichzeitig das gleich gelagerte Interesse der anderen Person zu vernachlässigen. Dies gilt nicht nur für den Streit zwischen Rechtsinhaber und Werknutzer sondern auch in einem solchen zwischen zwei Werknutzern. Streiten etwa ein deutscher und ein französischer Unternehmer um ein ausschließliches europaweites Verwertungsrecht, kann man mit einem absoluten Verwerterschutz sowohl für deutsches als auch für das französische Recht argumentieren. In jedem Fall aber bleibt der Verwerterschutz der anderen Partei dahinter zurück.

Der Verwerterschutz muss in eine Interessenabwägung einbezogen werden, er ist dort aber nur ein zu berücksichtigendes Merkmal. Es kann folglich weder allgemein noch im Urheberrecht das Interesse jedes einzelnen Rechtsanwenders oder Werknutzers an der Anwendung des eigenen Rechts uneingeschränkt durchgesetzt werden. Diese Interessen sind wie alle anderen Interessen in Einklang zu bringen, was auch die Möglichkeit der (teilweisen) Vernachlässigung mit einschließt. Die Verkehrsinteressen sind also nicht a priori unabdingbar.

c. Begrenzter Verwerterschutz im Urheberrecht

Der Verwerterschutz kann nicht generell gegen die Anknüpfung an das Ursprungsland eingewendet werden, denn die Verkehrsinteressen betreffen nicht das gesamte Urheberrecht, sondern nur einzelne Punkte.

Ein Interesse am eigenen Recht existiert etwa bei der Entstehung und beim Umfang eines Schutzrechts, denn hier geht es um die Zustimmungspflichtigkeit einer Verwertungshandlung, die über die Rechtswidrigkeit eines Verhaltens bestimmt.

Keine Bedeutung hat der Verwerterschutz aber bei der Frage der Urheberschaft (erste Inhaberschaft, Übertragbarkeit, Übertragung). Wie schon kurz angedeutet worden ist[613], besteht kein begründetes Interesse, auch die Inhaberschaft nach dem vertrauten eigenen Recht zu bestimmen. Denn wer Rechtsinhaber ist, ist für die Rechtmäßigkeit des Verhaltens eines Werknutzers ohne Bedeutung[614]. Ist eine Verwertungshandlung zustimmungslos möglich, ist die Person des Urhebers für den Werknutzer irrelevant. Ist dagegen eine Zustimmung erforderlich, muss der Werknutzer in jedem Fall die Inhaberschaft feststellen. Nach geltendem Recht wird ihm das zu Recht ohne weiteres zugemutet: Denn auch nach dem Schutzlandprinzip kann Inhaber eines deutschen Urheberrechts durchaus ein ausländischer Urheber sein, von dem die jeweilige Lizenz erworben werden muss. Die gesteigerte Internationalität infolge des Ursprungslandprinzips ändert daran im Grunde nichts. Der Erwerber eines ausländischen Urheberrechts steht dann so, wie der Erwerber eines jeden anderen ausländischen Rechts oder gar wie jeder Rechtserwerber[615], denn auch diesen wird die Feststellung der Rechtsinhaberschaft zugemutet.

Für das generell geltend gemachte, dem Ursprungslandprinzip als solchem entgegenstehende Verkehrsinteresse bleibt festzuhalten, dass es einer Anknüpfung der Inhaberschaft am Ursprungsland nicht entgegnet werden kann. Erste Inhaberschaft, Übertragbarkeit und Übertragung können durchaus an das Ursprungsland angeknüpft werden, ohne das die Interessen von Werknutzern, Werkverwertern oder des inländischen Verkehrs verletzt werden.

Das Verkehrsinteresse steht folglich nicht der Anknüpfung am Ursprungsland insgesamt, sondern höchstens der Anknüpfung einzelner urheberrechtlicher Aspekte am Ursprungsland entgegen. Auch diesbezüglich kann aber, wie sich zeigen wird, nicht von einer Interessenverletzung gesprochen werden.

d. Urheberschutz auch bei Fehlen der subjektiven Vorwerfbarkeit

Die überwiegende Meinung sieht die Verwerterinteressen dadurch verletzt, dass das anwendbare Recht nicht feststellbar und die geltende Rechtslage dadurch für den Anwender nicht erkennbar ist. Infolgedessen sei er über die Rechtmäßigkeit einer Handlung im unklaren. Diese Rechtsunsicherheit sei ihm unzumutbar[616].

---

613 Siehe in diesem Kapitel oben A, II., 2., b., bb., (4)

614 *Knörzer*, S. 133

615 *Schack*, Anknüpfung, Nr. 107

616 *Thum*, in: Bartsch/Lutterbeck (Hrsg.), Neue Medien, S. 139

Diese Ansicht übersieht jedoch, dass nach deutschem materiellen Urheberrecht dem Handelnden unter Umständen auch dann Konsequenzen drohen, wenn er die Rechtswidrigkeit seines Verhaltens nicht kannte oder kennen konnte. Vorhersehbarkeit und Kenntnis sind Bausteine des Verschuldens. Verschulden ist jedoch lediglich bei Schadensersatzansprüchen erforderlich (vgl. § 97 Abs. 1 UrhG)[617]. Bei Unterlassungs-, Auskunfts- oder Beseitigungsansprüchen ist es kein anspruchsbegründendes Merkmal.

Es ist deswegen nicht verständlich, wenn man im Internationalen Urheberrecht die Vorhersehbarkeit der Rechtslage für die Werknutzer als unabdingbar ansieht, während sie im materiellen Recht dem Rechtsschutz des Urhebers grundsätzlich nicht entgegensteht. Wenn man auf nationaler Ebene andere Interessen über die Vorhersehbarkeit und das Kennenmüssen stellt, kann man international nicht mehr von der Unabdingbarkeit dieser beiden Kriterien sprechen[618].

Das Abstellen auf Kennen, Kennenkönnen, Kennenmüssen oder die Vorhersehbarkeit der Rechtslage liegt sicherlich im Interesse der Rechtsanwender. Es kann aber durchaus von anderen Interessen überlagert werden. Da dies nach geltendem Recht auch im Sachrecht so ist, kann im Kollisionsrecht nichts anderes gelten.

Der Verwerterschutz ist somit nicht unabdingbar, sondern nur ein in der Interessenabwägung zu berücksichtigendes Kriterium.

e. Ursprungslandprinzip nicht ausschließlich zu Lasten der Rechtsanwender

Die Anwendbarkeit ausländischen Rechts anstelle des eigenen Rechts stellt nicht ausschließlich eine Beeinträchtigung der Rechtsanwenderinteressen dar, sondern kann ihnen auch zugute kommen. Auch deshalb kann dem Ursprungslandprinzip der Verwerterschutz nicht pauschal entgegengehalten werden.

Das Ursprungslandprinzip dient den Rechtsanwendern immer dann, wenn ihnen die lex causae (Urheberstatut) mehr Befugnisse einräumt als das jeweils eigene Recht: Nach deutschem Sachrecht ist etwa eine Kopie zum privaten Gebrauch zulässig (§ 53 UrhG). Rechtsanwender können nach dem Ursprungslandprinzip deutsche Werke in Rahmen des § 53 UrhG stets rechtmäßig vervielfältigen, auch wenn sie selbst aus einem Land kommen oder sich in einem Land aufhalten, dem diese Schranke des Urheberrechts fremd ist. In diesem Fall bringt das Ursprungslandprinzip den Rechtsanwen-

---

617 Fromm/Nordemann-*Nordemann*, § 97 Rn. 31

618 So auch *Intveen*, S. 124

dem Vorteile. Dasselbe gilt, wenn das Ursprungsland beim Werkbegriff strengere Anforderung stellt oder die Schutzdauer kürzer bemisst als das Recht des Werknutzers.

Es kann folglich nicht allgemein gesagt werden, das Ursprungslandprinzip verletze und beeinträchtige stets die Interessen des Werknutzer und Rechtsanwender. Vielmehr muss berücksichtigt werden, dass es durchaus auch im Interesse dieser Personen liegen kann, die Rechtsordnung des Ursprungslandes anzuwenden.

f. Interessenabwägung zugunsten der Rechtsinhaber

Die allgemeine Behauptung, dass der Verwerterschutz dem Ursprungslandprinzip stets unweigerlich entgegenstehe, ist nach alledem als ungenau abzuweisen. Sie übersieht, dass der Verwerterschutz keine absolute Geltung beanspruchen kann, dass er nicht für alle Bereiche des Urheberrechts berechtigt ist, dass er auch in den nationalen Rechtsordnungen teilweise überlagert ist und dass das Ursprungslandprinzip dem Verwerterschutz in manchen Konstellationen auch entgegenkommt.

Es bleibt allein die Tatsache, dass das Ursprungsland den Rechtsanwendern und Werknutzern insbesondere im Internetbereich einen unter Umständen höheren Aufwand bei der Feststellung der Rechtslage zumutet.

Dies aber ist angesichts der überwiegenden Interessen der Rechtsinhaber und der Rechtssicherheit an einer eindeutigen, einzelfallunabhängigen und international einheitlichen Bewertung der Rechtslage hinzunehmen. Gleichwohl soll an dieser Stelle der Hinweis nicht fehlen, dass zentrale Clearingstellen, insbesondere wenn sie international organisiert sind oder länderübergreifend zusammenarbeiten, in der Praxis eine große Hilfe für den Rechtsanwender darstellen können. Sie würden den Lizenzerwerb vereinfachen, die Verkehrsfähigkeit der Werke dadurch steigern und somit insgesamt auch dem Rechtsverkehr zugute kommen.

Dieses Abwägungsergebnis zu Lasten der Werknutzer ist auch für den Rechtsverkehr im Internet angebracht. Auch hier müssen sich die Internetnutzer über bestehende Rechte informieren. Dass sie nicht auf ihr eigenes Recht vertrauen können, liegt hier schon deswegen auf der Hand, weil sie oft wissen werden, dass sie auf ausländische Seiten oder Inhalte zugreifen. Insbesondere kann man nicht fordern, alle tatsächlich verfügbaren Inhalte auch rechtlich frei verfügbar zu machen, denn dies würde die Existenz eines jeden (Immaterialgüter-) Rechts in Frage stellen[619].

---

[619] Zutreffen insoweit *Intveen*, S. 124

Das Internet ist eine Informationsquelle, ein Medium, und muss daher entsprechend behandelt werden. Auf die Interessenabwägung zwischen Rechtsinhaber und Rechtsverwerter hat die Wahl des Mediums grundsätzlich keinen Einfluss. Auch im Internet geht daher die Abwägung zugunsten des Rechtsinhabers aus, ohne dass darin eine Verletzung des Verwerterschutzes zu sehen ist.

Das Interesse der Verwerter, die Feststellung der Rechtslage durch das Ursprungslandprinzip nicht zu erschweren, ist zwar in eine Interessenabwägung mit einzubeziehen. Es wird aber im Ergebnis von den Interessen der Rechtsinhaber überlagert und steht damit einem Urheberstatut, das auf das Ursprungsland verweist, nicht entgegen.

10. Keine Überstrapazierung des Rechts- und Justizverkehrs

Wenn der Forumstaat das Recht des Ursprungslandes zu beachten hat, wird er vielfach mit fremden Rechtsordnungen konfrontiert werden. Ist nämlich ein ausländisches Schutzrecht betroffen, muss das Gericht des Forumstaats über die Rechtslage nach dem jeweiligen ausländischen Urheberrecht befinden.

Der im deutschen Recht geltende Grundsatz, dass das Gericht das Recht zu kennen hat (iura novit curia), gilt auch für ausländisches Recht. Zwar wird dessen Kenntnis vom Gericht nicht erwartet, doch verpflichtet § 293 ZPO den Richter, ausländisches Recht von Amts wegen zu ermitteln[620]. Der Richter kann hierbei nur bedingt auf den übereinstimmenden Parteivortrag abstellen, sondern muss sich das ausländische Recht entweder selbst aneignen[621], sich Auskunft erteilen lassen[622] oder, und dies ist die am häufigsten gewählte Ermittlungsform[623], die Rechtslage durch ein fachkundiges Gutachten feststellen lassen. Da beides, die Einarbeitung in fremdes Recht und die

---

620 Siehe nur: BGHZ 36, 348, 353; zu teilweise abweichenden Regelungen im internationalen Vergleich, *Kegel/Schurig*, S. 500; *Küster*, S. 5-29; zur Ermittlung ausländischen Rechts ausführlich und m.w.N. *von Bar/Mankowski*, IPR, Bd. 1, S. 414 ff.

621 *Kegel/Schurig*, S. 501; insbesondere zu den möglichen Hilfsmitteln *Schack*, IZVR, Rn. 629 ff.

622 Siehe hierzu das Europäische Übereinkommen vom 7.6.1968 betreffend Auskünfte über ausländisches Recht, Ausführungsgesetz in BGBl. 1974 Teil 1, S. 1433, abgedruckt in Baumbach-*Hartmann*, § 293 Rn. 14.

623 *Küster*, S. 52

Erstellung eines Gutachtens, Zeit und Kosten[624] verbraucht, könnte dies zu einer Verlängerung und Verteuerung der Rechtsstreite und letztlich zu einer Überlastung der Justiz führen.

Die Befürchtung, dass solch nachteilige Konsequenzen eintreten, ist jedoch nicht berechtigt. Einerseits wird durch jede Kollisionsnorm, die nicht auf die Rechtsordnung des Forumstaats verweist, gleichermaßen die Möglichkeit geschaffen, ausländisches Recht im Prozess anwenden zu müssen. Auch nach geltendem Recht muss der deutsche Richter bei einem ausländischen Schutzrecht ausländisches Recht anwenden[625]. Die Gefahr, von ausländischem Recht überflutet zu werden, haftet also nicht nur dem Ursprungslandprinzip an, sondern theoretisch jeder Kollisionsnorm, die im Ergebnis von der lex fori abweicht. Trotzdem wird der geltende Grundsatz der Anwendbarkeit ausländischen Rechts im deutschen Prozess und dessen Konsequenzen für einen konkreten Rechtsstreit generell für jede Kollisionsnorm und damit auch für das Ursprungslandprinzip anerkannt. Er gilt auch für alle Rechtgebiete gleichermaßen und unabhängig davon, wie stark ein internationaler Bezug zu erwarten ist. An der prinzipiellen Anerkennung des § 293 ZPO kann es daher nichts ändern, dass in der Tat der Forumstaat beim Ursprungslandprinzip stärker als beim Schutzlandprinzip[626] mit ausländischem Recht konfrontiert wird.

Andererseits ist nicht zu erwarten, dass die Anwendung ausländischen Rechts im Urheberrecht zu einer Überlastung der Gerichte führt. Es gibt auch andere Rechtsgebiete, in denen regelmäßig ausländisches Recht zu berücksichtigen ist, und in welchen dies nicht zur Überschreitung der Leistungsgrenze der Parteien oder der Gerichte geführt hat. Dies ist etwa im Familienrecht der Fall, in welchem sich die Gerichte wegen der steigenden Zahl gemischt-nationaler Ehen und der Verweisung auf das Heimatrecht (vgl. Art. 13 EGBGB) zunehmend mit ausländischem Recht konfrontiert sehen, oder im Vertragstatut wegen des Anstiegs grenzüberschreitenden Leistungsaustauschs. Es ist auch nicht ersichtlich, dass sich dies im Urheberrecht anders darstellen wird. Auch wird es nicht so kommen, dass die Gerichte täglich mit exotischen Urheberrechtsordnungen zu tun haben werden. Insbe-

---

[624] Die Kosten eines vom Gericht angeordneten Gutachtens sind als Prozesskosten (§ 91 ZPO) von der unterliegenden Partei zu tragen, Baumbach-*Hartmann*, § 91 Rn. 102 ff.; a.A. *Küster*, S. 154 ff., der sich gegen eine Abwälzung der Kosten auf die Parteien ausspricht.

[625] Staudinger-*von Hoffmann*, Art. 40 Rn. 391

[626] Ein Beispiel für ein erforderliches Gutachten ausländischen Rechts nach dem Schutzlandprinzip ist OLG München, MMR 2002, 312, 214 *Spielbankaffaire.*

sondere bei Werken, die massenhaft vervielfältigt werden und die so eine gewisse Marktrelevanz besitzen, wird das Land der Veröffentlichung in einem der führenden Kulturnationen liegen.

Auch wenn mit dem Ursprungslandprinzip die Ermittlung ausländischen Rechts in Urheberprozesses eine gesteigerte praktische Relevanz erfährt, kann von einer so verursachten Überlastung der Justiz nicht gesprochen werden.

B. Zusammenfassung

Die eingehende kritische Analyse hat gezeigt, dass mit einem Urheberstatut, das - abgesehen von der Behandlung von Haftungsfragen und der Beachtung inländischer Eingriffsnormen - umfassend auf das Recht am Ursprung des Werks verweist, die Schwierigkeiten des Internationalen Urheberrechts im Allgemeinen und die internetbezogenen Anwendungsschwierigkeiten im Besonderen zufriedenstellend und sachgerecht bewältigt werden können. Die Vorteile dieses Urheberstatuts überwiegen dessen Nachteile bei weitem!

Als Nachteil mag angesehen werden, dass der inländische Rechtsverkehr sich vermehrt mit ausländischem Recht beschäftigen muss. Dies trifft zunächst die Gerichte, die das ausländische Urheberrecht ermitteln müssen und weiter die Verwerter, die bezüglich des Urheberrechts nicht mehr wie bisher auf das inländische Recht vertrauen können, sondern in ihr Verhalten auch ausländische Rechtsordnungen miteinbeziehen müssen.

Durchgreifend sind die daraus ableitbaren Bedenken indes nicht, denn ihnen stehen überwiegende positive Konsequenzen entgegen:

Das mit dem Ursprungslandprinzip korrelierende Universalitätsprinzip führt dazu, dass auf ein Rechtsverhältnis an einem urheberrechtlichen Werk immer nur eine Rechtsordnung zur Anwendung berufen ist. Das Internationale Urheberrecht zeichnet sich so nicht mehr länger durch eine als Bündelwirkung bezeichnete Rechtszersplitterung aus, sondern stellt sich universell einheitlich dar. Es spiegelt somit die natürlichen Gegebenheiten des Urheberrechts (Einmaligkeit von Werk, Schöpfung und Urheber) auch bei einer länderübergreifenden Betrachtung der Rechtslage wider.

Die Universalität der berufenen Rechtsordnung ermöglicht zudem eine internationale, von der Lokalisierung einzelner Verwertungshandlungen unabhängige Bewertung eines Sachverhaltes, was allen Beteiligten Klarheit und dem Rechtsverkehr insgesamt erhöhte Rechtssicherheit bringt.

Der Internationalität des Rechtsverkehrs trägt das Ursprungslandprinzip dadurch Rechnung, dass die Abwicklung länderübergreifender Verträge nicht von der Abwicklung rein nationaler Verträge abweicht und dass auch Lizenzen für mehrere Länder in einem Akt übertragen werden können.

Mit dem so konzipierten Urheberstatut können auch die Anwendungsschwierigkeiten im Online-Bereich besser rechtlich gefasst werden. Das Universalitätsprinzip entspricht nämlich der transnationalen und deterritorialen Struktur länderübergreifender Datennetze und insbesondere der des Internet.

Die internettypischen, technisch bedingten Gegebenheiten und insbesondere die Lokalisierung einzelner Zwischenakte rücken mit dem Ursprungslandprinzip im Internationalen Urheberrecht in den Hintergrund, da sie ihre derzeit bestehende kollisionsrechtliche Schlüsselstellung verlieren.

Schließlich entspricht die Perspektive, die durch das Ursprungslandprinzip im Internationalen Urheberrecht entsteht, der zunehmenden grenzüberschreitenden Verflechtung und Vernetzung sozialer, wirtschaftlicher und gesellschaftlicher Strukturen. Das Internationale Urheberrecht wird nicht mehr nur als Summe aller nationalen Schutzrechte gesehen, sondern es gibt dem Urheber durch die Universalität einen Schutz an die Hand, der grundsätzlich grenzüberschreitende und damit weltweite Geltung beansprucht.

Universalitätsprinzip und Ursprungslandprinzip und ein Urheberstatut, das diese Grundsätze enthält, sind damit besser als das geltende Recht geeignet, die Probleme länderübergreifender Sachverhalte sachgerecht zu lösen.

5. KAPITEL - AUSBLICK

Das Ursprungslandprinzip ist nicht geltendes Recht, weder in Deutschland noch international. Um ihm Geltung zu verschaffen, muss das Recht geändert werden. Das Ursprungslandprinzip ist also eine Lösungsvariante de lege ferenda.

Die Umsetzung erfolgt im deutschen Recht durch die Änderung des EGBGB im Rahmen eines ordnungsgemäßen Gesetzgebungsverfahrens.

Ein nationaler Alleingang ist aber nicht wünschenswert, weil er nicht geeignet ist, die Lage im Internationalen Urheberrecht maßgeblich zu verbessern. Wenn nämlich international weiterhin überwiegend am Schutzlandprinzip festgehalten würde, könnte die mit dem Ursprungslandprinzip mögliche einheitliche Beurteilung nicht flächendeckend erreicht werden. Um die Vorteile des Ursprungslandprinzips ganz auszuspielen, ist eine Vereinheitlichung des internationalen Urheberkollisionsrechts erforderlich. Dies könnte mit einem multinationalen Staatsvertrag erreicht werden. Dafür ist freilich ein breiter internationaler Konsens Voraussetzung.

Da ein solcher Konsens offenbar momentan für unmöglich gehalten wird, wird abseits sachlicher Kritik gegen das Ursprungslandprinzip angeführt, es sei schlichtweg nicht durchsetzbar. Das Schutzlandprinzip sei reformfest[627] und die Vorstellung, das Ursprungslandprinzip könne national oder gar international geltendes Recht werden, sei ferne Utopie[628].

Bei dieser Kritik muss zunächst deutlich gemacht werden, dass sie nicht die Qualität der vorgeschlagenen Rechtsregelung betrifft, sondern dass sie bei den Schwierigkeiten ansetzt, die sich bei der Transformation in innerstaatliches Recht stellen. Es darf aber nicht übersehen werden, dass auch eine nicht durchsetzbare Norm theoretisch die qualitativ beste sein. Allerdings ist sie dann für konkrete, zeitnah umzusetzende Reformvorschläge nicht geeignet.

Obwohl der Schwerpunkt dieser Arbeit auf der sachlichen Würdigung des Internationalen Urheberrechts liegt, soll an dieser Stelle auch auf die

---

627 *Katzenberger*, FS-Schricker, S. 242

628 *Schricker*, Verlagsrecht, Einl. Rn. 37

mögliche Umsetzung des hier präferierten Urheberstatuts und somit auf die Durchsetzbarkeit des Ursprungslandprinzips eingegangen werden, um diese Arbeit nicht dem Vorwurf auszusetzen, sie bewege sich lediglich im Reich ferner Theorie.

Es mag in der Tat bezweifelt werden können, dass in absehbarer Zeit ein internationaler Konsens über das hier favorisierte Urheberstatut erreicht wird. Denn in Deutschland vertritt heute die breite Mehrheit im Schrifttum und eine langjährige Rechtsprechung das Schutzlandprinzip, während das Ursprungslandprinzip genauso einhellig abgelehnt wird. Auch international[629] herrscht in den Mitgliedstaaten der Berner Übereinkunft und des Welturheberrechtsabkommens das territoriale Verständnis vor, das beiden Abkommen zu Grunde liegt. Obwohl in keiner Konvention das Schutzlandprinzip verankert ist, stellt dieses überwiegend die korrelierende Kollisionsnorm zum Territorialitätsprinzip dar. Gegenwärtig scheint ein mehrheitlicher Konsens über das Ursprungslandprinzip national wie international in der Tat fernliegend.

Gleichwohl bedeutet dies nicht, dass das Ursprungslandprinzip überhaupt nicht realisierbar ist. Denn es hat sich einerseits im Laufe dieser Arbeit als sachgerechteste Kollisionsregel herausgestellt, die am besten geeignet ist, die aktuellen und vor allem multimedial bedingten Probleme zu lösen. Das kann mit dem Schutzlandprinzip nicht erreicht werden, da das diesem zugrundeliegende Territorialitätsprinzip der globalen Struktur des Internet diametral gegenübersteht. Andererseits gibt es durchaus Stimmen, die das Territorialitätsprinzip in Zeiten der globalen Vernetzung als nicht mehr haltbar ansehen[630], auch wenn dies nicht zwangsläufig eine Zustimmung zum Ursprungslandprinzip bedeutet.

Es ist zudem auch zu beachten, dass eine breite internationale Abstimmung bei einzelnen Sachproblemen in gewissem Umfang bereits mehrfach erzielt werden konnte. Diese Ergebnisse zeigen etwa RBÜ, WUA und WPT. Grundvoraussetzung für diese Regelungen war jeweils, dass sich bei den

---

[629] *Von Bar*, IPR, Bd. 2, Rn. 702; Staudinger-*von Hoffmann*, Art. 40 Rn. 389 jeweils mit zahlreichen rechtsvergleichenden Nachweisen.

[630] *Hoeren*, in: Hoeren/Sieber (Hrsg.), Handbuch MMR, Rn. 51 „Territorialitätsprinzip (wird) (...) immer mehr erschüttert"; *Regelin*, S. 81: „lässt sich (...) kaum mehr mit der Rechtswirklichkeit vereinen"; ähnlich: *Lurger*, in: Gruber (Hrsg.), Internet, S. 95 ff.; *Kropholler*, S. 518.

Ländern die Erkenntnis durchgesetzt hatte, dass für einen effektiven Urheberschutz in den konkreten Fragen eine internationale Übereinstimmung erforderlich sei. Unter dieser Prämisse ist dann auch eine tatsächliche Einigung zu erwarten.

In das Internationale Urheberrecht übertragen bedeutet dies, dass sich zuerst die Erkenntnis durchsetzen muss, dass sich aktuelle und zukünftige Probleme mit dem Schutzlandprinzip nicht mehr, mit dem Ursprungslandprinzip dagegen interessengerecht lösen lassen. Hierzu möge diese Arbeit ihren Beitrag leisten. Gelingt ihr das, steht auch der Verabschiedung einer entsprechenden Norm in einem breiten internationalen Konsens grundsätzlich nichts mehr im Wege.

Literaturverzeichnis

Andermann, Jürgen, Territorialitätsprinzip im Patentrecht und Gemeinsamer Markt, Berlin, 1975

Bachmann, Birgit, Der Gerichtstand der unerlaubten Handlung im Internet, IPRax 1998, 179-187

Badura, Peter, Territorialitätsprinzip und Grundrechtsschutz, in: Isensee (Hrsg.), Freiheit und Eigentum, Festschrift für Hans Leisner, Berlin, 1999, S. 403-412 (zitiert: FS-Leisner)

Bar, Christian von (Hrsg.), Sachenrecht in Europa, Band 4, Osnabrück, 2001 (zitiert: von Bar-*Bearbeiter*)

Bar, Christian von, Internationales Privatrecht, Band II, Besonderer Teil, München, 2003

Bar, Christian von, Kollisionsrecht, Fremdenrecht und Sachrecht für internationale Sachverhalte im Internationalen Urheberrecht, UFITA 108 (1988), S. 27-49

Bar, Christian von; Mankowski, Peter, Internationales Privatrecht, Band I, Allgemeiner Teil, 2. Auflage, München, 1991

Bartin, Emile, Localisation territoriale des monopoles intellectuels, Journal du droit international (Clunet) 1934, 781-833

Bartsch, Michael; Lutterbeck, Bernd (Hrsg.), Neues Recht für neue Medien, Köln, 1998

Basedow, Jürgen (Hrsg.), Aufbruch nach Europa, 75 Jahre Max-Planck-Institut für Privatrecht, Tübingen, 2001

Basedow, Jürgen, Das Internationale Privatrecht in den Zeiten der Globalisierung, in: Hohloch/Frank/Schlechtriem (Hrsg.), Festschrift für Hans Stoll zum 75. Geburtstag, Tübingen, 2001, S. 405-416 (zitiert: FS-Stoll)

Baumbach, Adolf; Lauterbach, Wolfgang; Albers, Jan; Hartmann, Peter, Zivilprozessordnung, 62. Auflage, München, 2004 (zitiert: Baumbach-*Bearbeiter*)

Baylis, John; Smith, Steve, The globalization of world politics, Oxford, 1997

Bechtold, Stefan, Multimedia und Urheberrecht, GRUR 1998, 18-27

Bechtold, Stefan, Schutz und Identifizierung durch technische Maßnahmen, in: Hoeren/Sieber (Hrsg.), Handbuch Multimediarecht, Teil 7.11

Bechtold, Stefan, Vom Urheber- zum Informationsrecht – Implikationen des Digital Rights Management, 2002 (zitiert: DRM)

Beck, Ulrich, Was ist Globalisierung, 6. Auflage, Frankfurt a.M., 1999

Behrens, Peter, Die Bedeutung des Kollisionsrechts für die „Globalisierung" der Wirtschaft, in: Basedow (Hrsg.), Aufbruch, S. 381-397

Beier, Friedrich-Karl, Anmerkung, GRUR Int. 1964, 205-208

Beier, Friedrich-Karl, Das auf internationale Markenlizenzverträge anwendbare Recht, GRUR Int. 1981, 299-307

Beier, Friedrich-Karl; Schricker, Gerhard; Ulmer, Eugen, Stellungnahme des Max-Planck-Instituts für ausländisches und internationales Patent-, Urheber- und Wettbewerbsrecht, GRUR Int. 1985, 104-108 (zitiert: Stellungnahme des MPI)

Berger, Christian, Rechtliche Rahmenbedingungen anwaltlicher Dienstleistungen über das Internet, NJW 2001, 1530-1536

Bierkoven, Christiane, Der Vertragsschluss via Internet im internationalen Wirtschaftsverkehr, München, 2001

Bing, Jon, Regulation and Self-Regulation in Data Networks: The Role or Rule of Law in the Information Society, in: Wiebe (Hrsg.) Regulierung, S. 75-86

Birk, Rolf, Der angestellte Urheber im Kollisionsrecht, UFITA 108 (1988), S. 101-115

Bock, Matthias; Wöbke, Jörn, Selbstregulierung im Internet – Grundzüge des Neuen Medienrechts, BB 1997, Beilage Nr. 18, S. 11-17

Boehme-Neßler, Volker, Cyberlaw, München, 2001

Boele-Woelki, Katharina, Internet und IPR- Wo geht jemand ins Netz, in: Dicke (Hrsg.), Völkerrecht und Internationales Privatrecht, S. 307-353

Boytha, György, Die historischen Wurzeln der Vielfältigkeit des Schutzes von Rechten an Urheberwerken, in: Dittrich (Hrsg.), Urheberrechtsschutz, S. 69-90

Bühler, Lukas, Schweizerisches und internationales Urheberrecht im Internet, Freiburg/ CH, 1999

Caemmerer, Ernst von (Hrsg.), Vorschläge und Gutachten zur Reform des Internationalen Privatrechts der außervertraglichen Schuldverhältnisse, Tübingen, 1983

Castendyk, Oliver, Rechtswahl bei Filmlizenzverträgen – Statement aus der Praxis, ZUM 1999, 934-937

Christiansen, Per, Selbstregulierung, regulatorischer Wettbewerb und staatliche Eingriffe im Internet, MMR 2000, 123-129

Cigoj, Stojan, Internationalprivatrechtliche Aspekte der Urheberrechte, in: Henrich/Hoffmann (Hrsg.), Festschrift für Karl Firsching, München, 1985, S. 53-76 (zitiert: FS-Firsching)

Clark, Charles, Collective Administration of Electronic Rights, in: Hugenholtz (Hrsg.), Copyright, S. 138-156

Cornils, Karin, Der Begehungsort von Äußerungsdelikten im Internet, JZ 1999, 394-398

Cornish, William R., Intellectual Property: Patents, Copyrights, Trade Marks and Allied Rights, 4. Auflage, London, 1999

Czychowski, Christian, Das Gesetz zur Regelung des Urheberrechts in der Informationsgesellschaft, NJW 2003, 2409-2412

Decker, Ute, Haftung für Urheberrechtsverletzungen im Internet, MMR 1999, 7-14

Decker, Ute, Urheberpersönlichkeitsrecht im Internet, in: Hoeren/ Sieber, Handbuch MMR, Teil 7.6

Dessemontet, François, Internet, le droit d´auteur et le droit international privé, SJZ 92 (1996), 285-294

Dicke, Klaus, u.a., (Hrsg.), Völkerrecht und Internationales Privatrecht in einem sich globalisierenden internationalen System- Auswirkung der Entstaatlichung transnationaler Rechtsbeziehungen, Heidelberg, 2000

Dieselhorst, Jochen, Anwendbares Recht bei internationalen Online-Diensten, ZUM 1998, 293-300

Dittrich, Robert (Hrsg.), Beiträge zum Urheberrecht V, Wien, 1997

Dittrich, Robert (Hrsg.), Die Notwendigkeit des Urheberrechtsschutzes im Lichte seiner Geschichte, Wien, 1991

Dittrich, Robert, Österreichisches und Internationales Urheberrecht, 2. Auflage, Wien, 1988

Dreier, Thomas; Schulze, Gernot (Hrsg.), Urheberrechtsgesetz, München 2004 (zitiert: Dreier/Schulze-*Bearbeiter*)

Drexl, Joseph, Lex americana ante portas – Zur extraterritorialen Anwendung nationalen Urheberrechts, in: Loewenheim (Hrsg.), Urheberrecht im Informationszeitalter, Festschrift für Wilhelm Nordemann, München, 2004, S. 429-446 (zitiert: FS-Nordemann)

Drobnig, Ulrich, Originärer Erwerb und Übertragung von Immaterialgüterrechten im Kollisionsrecht, RabelsZ 40 (1976), S. 195-208

Duggal, Raoul, TRIPs-Übereinkommen und internationales Urheberrecht, Köln, Berlin, Bonn, 2001

Dunning, John H., Governments, globalization and international business, Oxford, 1997

Ebke, Werner F., Wirtschaft und Recht im Zeichen der Globalisierung, in: Schweizer/Burkert/Gasser (Hrsg.), Festschrift für Jean Nicolas Druey zum 65. Geburtstag, Zürich, 2002, S. 99-114 (zitiert: FS-Druey)

Eggersberger, Michael, Die Übertragbarkeit des Urheberrechts in historischer und rechtsvergleichender Sicht, München, 1992

Eggert, Astrid, Der Rechtsschutz des Urhebers in der römischen Antike, UFITA 138 (1999), S. 183-217

Ensthaler, Jürgen; Bosch, Wolfgang; Völker, Stefan (Hrsg.), Handbuch Internet und Urheberrecht, Heidelberg, 2002 (zitiert: *Bearbeiter*, in: Ensthaler/Bosch/Völker)

Erman, Bürgerliches Gesetzbuch, Band 2, 10. Auflage, München, 2000 (zitiert: Erman-*Bearbeiter*)

Firsching, Karl; Hoffmann, Bernd von, Internationales Privatrecht, 5. Auflage, München, 1997

Flechsig, Norbert P.; Klett, Alexander, Diskriminierungsverbot und Europäisches Urheberrecht: Unmöglichkeit absoluter Gerechtigkeit, ZUM 2002, 733-738

Freitag, Andreas, Urheberrecht und verwandte Schutzrechte im Internet, in: Kröger/Gimmy (Hrsg.), Internetrecht, S. 331-380

Frey, Dieter, Peer-to-Peer File-Sharing, das Urheberrecht und die Verantwortlichkeit von Dienstanbietern am Beispiel Napster Inc. im Lichte US-amerikanischen und EG-Rechts, ZUM 2001, 466-477

Fröhlich, Michael, Zentrale Institutionen des deutschen Urheberrechts und des französischen Droit d'auteur auf dem Prüfstand der elektronischen Netzwerke, Berlin, 2000

Frohne, Renate, Wider die papierene Weisheit, oder: das Gespür für so etwas wie „geistiges Eigentum", UFITA 129 (1995), S. 53-68

Fromm, Friedrich Karl; Nordemann, Wilhelm, Urheberrecht, 9. Auflage, Berlin, 1998 (zitiert: Fromm/Nordemann-*Bearbeiter*)

Gamm, Otto-Friedrich Freiherr von, Urheberrechtsgesetz, München, 1968

Gampp, Markus, Die Beurteilung von „Musik-Tauschbörsen" im Internet nach US-amerikanischem Urheberrecht - Der Präzedenzfall Napster und seine Nachfolger, GRUR Int. 2003, 991-1002

Geiger, Rudolf, Grundgesetz und Völkerrecht, 3. Auflage, München 2002

Geimer, Reinhold, Internationales Zivilprozessrecht, 5. Auflage, 2004

Geller, Paul Edward, Internationales Immaterialgüterrecht, Kollisionsrecht und gerichtliche Sanktionen im Internet, GRUR Int. 2000, 659-665

Gercke, Marko, Die Entwicklung der Rechtsprechung zum Internetstrafrecht in den Jahren 2000 und 2001, ZUM 2002, 283-288

Gieseke, Ludwig, Vom Privileg zum Urheberrecht, Baden-Baden, 1995

Ginsburg, Jane, Die Rolle des nationalen Urheberrechts im Zeitalter internationaler Urheberrechtsnormen, GRUR Int. 2000, 97-110

Ginsburg, Jane, Global Use, Territorial Rights: Private International Law Questions of the Global Information Infrastructure (zitiert: Global Use), Journal of the Copyright Society of the U.S. A, S. 319-338

Ginsburg, Jane, Private international law aspects of the protection of Works and objects of related rights transmitted through digital networks (2000 update), in: WIPO Forum on Private International Law and Intellectual Property, S. 1-12, URL: http://wipo.org/pil-forum/en/documents/pdf/ pil_01_2.pdf, (zitiert: Law aspects)

Ginsburg, Jane, Putting cars on the "Information Superhighway", in: Hugenholtz (Hrsg.), Future of copyright, S. 189-219

Glarner, Andreas, Musikpiraterie im Internet – Urheberstrafrechtliche Betrachtungen, Bern, 2002

Glatt, Christoph, Vertragsschluss im Internet, Baden-Baden, 2002

Godenhielm, Berndt, Fragen des internationalen Privatrechts auf dem Gebiete des Patentrechts, GRUR Int. 1957, 149-159

Götting, Horst-Peter (Hrsg.), Multimedia, Internet und Urheberrecht, Dresden, 1998

Grosheide, Willem, Durchsetzung von Urheberrechten im Wege einstweiliger Maßnahmen, GRUR Int. 2000, 310-324

Habermas, Jürgen, Faktizität und Geltung, Beiträge zur Diskurstheorie des Rechts und des demokratischen Rechtsstaats, 4. Auflage, Darmstadt, 1994

Haberstumpf, Helmut, Handbuch des Urheberrechts, 2. Auflage, Neuwied, 2000

Haedicke, Maximilian, „Lex informatica" oder allgemeines Deliktsrecht, CR 1999, 309-313

Haft, Frithjof, Eisele, Jörg, Zur Einführung: Rechtsfragen des Datenverkehrs im Internet, JuS 2001, 112-120

Hamann, Jan-Robert, Territoriale Begrenzung und Ausschließlichkeit von Lizenzen, Baden-Baden, 1999

Hausmann, Rainer, Möglichkeiten und Grenzen der Rechtswahl in internationalen Urheberrechtsverträgen, in: Rehbinder (Hrsg.), Beiträge zum Film- und Medienrecht, Festschrift für Wolf Schwarz zum 70. Geburtstag, Baden-Baden, 1988, S. 47-74 (zitiert: FS-Schwarz)

Henrich, Dieter, Vorschläge und Gutachten zur Reform des deutschen Internationalen Sachen- und Immaterialgüterrechts, Tübingen, 1991

Herkner, Wolf Richard, Die Grenzen der Rechtswahl im internationalen Deliktsrecht, Frankfurt am Main, 2003

Hilty, Reto M. (Hrsg.), Information Highway: Beiträge zu rechtlichen und tatsächlichen Fragen, Bern, 1996

Hilty, Reto M., Die Rechtsbeziehungen rund um den Information Highway, in: Hilty (Hrsg.), Information Highway, S. 437-488

Hilty, Reto M.; Berger Mathis (Hrsg.), Urheberrecht am Scheideweg?, Bern, 2002

Hinden, Michael von, Persönlichkeitsverletzungen im Internet, Hamburg, 1999

Hoeren, Thomas, Die Reichweite gesetzlicher Schranken und Lizenzen, in: Lehmann (Hrsg.), Cyberlaw, S. 95-110

Hoeren, Thomas, Et in Arcadia ego – Einige Überlegungen zum Verhältnis von Zivilrecht und Internet, in: Stern/Prütting (Hrsg.), Zukunft der Medien, S. 57-74

Hoeren, Thomas, Internet und Recht – neue Paradigmen des Informationsrechts, NJW 1998, 2849-2854

Hoeren, Thomas, Kollisionsrechtliche Anknüpfungen in internationalen Datenbanken, in: Hoeren/Sieber (Hrsg.), Handbuch MMR, Teil 7.10

Hoeren, Thomas, Rechtsoasen im Internet, MMR 1998, 297-298

Hoeren, Thomas; Sieber, Ulrich (Hrsg.), Handbuch Multimedia Recht, Loseblatt, 6. Ergänzungslieferung Stand August 2003, München, 2003 (zitiert: *Bearbeiter*, in: Hoeren/Sieber, Handbuch MMR)

Hoeren, Thomas; Thum, Dorothee, Internet und IPR – Kollisionsrechtliche Anknüpfung in internationalen Datennetzen, in: Dittrich (Hrsg.), Beiträge zum Urheberrecht V, Wien 1997, S. 78-97

Hoffmann, Bernd von, Internationales Privatrecht, 7. Auflage, München, 2002

Hohloch, Gerhard, Anknüpfungsregeln im Internationalen Privatrecht bei grenzüberschreitenden Medien, in: Schwarze (Hrsg.), Rechtsschutz, S. 93-107

Hohloch, Gerhard, Frank, Rainer, Schlechtriem, Peter (Hrsg.), Festschrift für Hans Stoll zum 75. Geburtstag, Tübingen, 2001

Holl, Wolfgang, Klinke Ulrich (Hrsg.), Internationales Privatrecht, internationales Wirtschaftsrecht: Referate eines Symposiums der Alexander-von-Humboldt-Stiftung vom 26.-30. September 1983 in Ludwigsburg, Köln, 1985

Honsell, Heinrich; Vogt, Nedim Peter; Schnyder, Anton K. (Hrsg.), Internationales Privatrecht, Kommentar zum schweizerischen Privatrecht, Basel, 1995 (zitiert: IPRG-*Bearbeiter*)

Hugenholtz, Bernt (Hrsg.), The Future of Copyright in a digital Environment, Amsterdam, 1996

Intveen, Carsten, Internationales Urheberrecht und Internet, Baden-Baden, 1999

Ipsen, Knut, Völkerrecht, 4. Auflage, München 1999

Jakobs, Rainer, Das neue Urhebervertragsrecht, NJW 2002, 1905-1909

Johnson, David R.; Post, David, Law and borders – The rise of law in Cyberspace, [1996] 48 Stanford Law Review, p. 1367-1401

Junker, Markus, Anwendbares Recht und internationale Zuständigkeit bei Urheberrechtsverletzungen im Internet, Saarbrücken, 2002

Katzenberger, Paul, Urheberrechtsverträge im Internationalen Privatrecht und Konventionsrecht, in: Beier/Götting/Lehmann/Moufang (Hrsg.), Urhebervertragsrecht, Festgabe für Schricker, München, 1995, 225-259 (zitiert: FS-Schricker)

Kegel, Gerhard; Schurig, Klaus, Internationales Privatrecht, 9. Auflage, München, 2004

Kegel, Gerhard; Seidl-Hohenveldern, Ignaz, Zum Territorialitätsprinzip im internationalen öffentlichen Recht, in: Heldrich/Henrich/Sonnenberger (Hrsg.), Konflikt und Ordnung, Festschrift für Murad Ferid zum 70. Geburtstag, München, 1978 S. 233-277 (zitiert: FS-Ferid)

Kerpen, Ursula, Das Internationale Privatrecht der Persönlichkeitsrechtsverletzungen, Frankfurt am Main, 2003

Kisch, Wilhelm, Der Staat und die Entstehung von Schutzrechten an Geistesschöpfungen, GRUR 1951, 175-177

Kleine, Nikola, Urheberrechtsverträge im internationalen Privatrecht, Frankfurt am Main, 1986

Kleinwächter, Wolfgang, ICANN als United Nations der Informationsgesellschaft? - Der lange Weg zur Selbstregulierung des Internet, MMR 1999, 452-459

Klett, Alexander, Urheberrecht im Internet aus deutscher und amerikanischer Sicht, Baden-Baden, 1998

Knörzer, Thomas, Das Urheberrecht im deutschen Internationalen Privatrecht, Mannheim, 1992

Kobrin, Stephen J., The Architecture of Globalization: State Sovereignty in a Networked Global Economy, in: Dunning, John H. (Ed.), Governments, Globalization, and International Business, S. 146-171

Koch, Frank A., Rechte an Webseiten: Hinweise zu Urheberrechtsvermerken, Schutzfähigkeit, Links und Haftung für die Praxis, NJW-CoR 1997, 298-301

Kohler, Josef, Urheberrecht an Schriftwerken und Verlagsrecht, Stuttgart, 1907

Köhler, Markus; Arndt, Hans Wolfgang, Rechts des Internet, 4. Auflage, Heidelberg, 2004

Köster, Thomas, Urheberkollisionsrecht im Internet – Aufweichung des „Territorialitätsprinzips“ durch das europäische „Ursprungslandprinzip“?, in: Götting (Hrsg.), Multimedia, S. 153-168

Kreile, Reinhold; Becker, Jürgen, Multimedia und die Praxis der Lizenzierung von Urheberrechten, GRUR Int. 1996, 677-692

Kreuzer, Karl, Gutachtliche Stellungnahme zum Referentenentwurf zur Ergänzung des Internationalen Privatrechts, in: Henrich (Hrsg.), Vorschläge und Gutachten, S. 37-180

Kröger, Detlef, Informationsfreiheit und Urheberrecht, Chemnitz, 2002

Kröger, Detlef; Gimmy, Marc A. (Hrsg.), Handbuch zum Internetrecht, 2. Auflage, Berlin, 2002

Kropholler, Jan, Europäisches Zivilprozessrecht, 7. Auflage, Heidelberg, 2002

Kropholler, Jan, Internationales Privatrecht, 5. Auflage, Tübingen, 2004

Kubis, Sebastian, Internationale Zuständigkeit bei Persönlichkeits- und Immaterialgüterrechtsverletzungen, Bielefeld, 1999

Kur, Annette, Internet und Kennzeichenrecht, Loewenheim (Hsrg.), Praxis des Online-Rechts, Weinheim, 1998, 325-380

Kur, Annette, Territorialität versus Globalität – Kennzeichenkonflikte im Internet, WRP 2000, 935-940

Küster, Utz, Die Ermittlung ausländischen Rechts im deutschen Zivilprozess und ihre Kostenfragen: eine rechtsvergleichende Untersuchung, Hannover, 1995

Lagodny, Otto, Die Herausforderungen des Internet an das Strafrecht, in: Gruber (Hrsg.), Die rechtliche Dimension des Internet: Antrittsvorlesungen an der Rechtswissenschaftlichen Fakultät der Universität Salzburg, Wien, 2001, S. 51-68

Lehmann, Michael (Hrsg.), Internet- und Multimediarecht (Cyberlaw), Stuttgart, 1997

Lehmann, Michael, Cyberlaw: Rechtsevolution durch Globalisierung, Festschrift für Fikentscher, S. 942-957

Lehmann, Michael, Digitalisierung und Urheberrecht, in: Lehmann (Hrsg.), Cyberlaw, S. 25-34

Leipold, Dieter (Hrsg.), Rechtsfragen des Internet und der Informationsgesellschaft, Heidelberg, 2002

Leonhard, Marc, Persönlichkeitsrechtsverletzungen im Internet – Internationale Zuständigkeit und anwendbares Recht, in: Leipold (Hrsg.), Rechtsfragen, S. 233-248

Lewinski, Silke von, Das europäische Grünbuch über da Urheberrecht und neue Technologien, GRUR Int. 1995, 831-837

Liechtenstein, Erich, Der gewerbliche Rechtsschutz im Internationalen Privatrecht, NJW 1964, 1208-1213

Locher, Felix, Das Internationale Privat- und Prozessrecht des Immaterialgüterrechts aus urheberrechtlicher Sicht, Zürich, 1993

Loewenheim, Ulrich, Rechtswahl bei Filmlizenzverträgen, ZUM 1999, 923-927

Loewenheim, Ulrich; Koch Frank A. (Hrsg.), Praxis des Online-Rechts, Weinheim, 1998

Loock-Wagner, Oliver, Das Internet und sein Recht, Berlin, 2000

Luckey, Jan, Das Schiedsgerichtsverfahren der ICANN - Lösung der Domain Disputes?, NJW 2001, 2527-2528

Luckey, Jan, Internationale Urheber- und Persönlichkeitsverletzungen im Internet, Bonn, 2002

Lurger, Brigitta, Internationale Deliktsrecht und Internet – ein Ausgangspunkt für grundlegende Umwälzungen im Internationalen Privatrecht?, in: Basedow (Hrsg.), Aufbruch, S. 479-501

Lurger, Brigitta, Internet, Internationales Privatrecht und europäische Rechtsangleichung, in: Gruber (Hrsg.), Die rechtliche Dimension des Internet: Antrittsvorlesungen an der Rechtswissenschaftlichen Fakultät der Universität Salzburg, Wien, 2001, S. 69-102

Lütje, Stefan; Paul, Jörg-Alexander, Rechteerwerb durch Lizenzverträge und Haftungsfragen, in: Hoeren/Sieber (Hrsg.), Handbuch MMR, Teil 7.2

Lutz, Martin, Parallelimport und Urheberrecht in der Schweiz, GRUR Int. 2000, 496-506

Mäger, Stefan, Die stillschweigende Einräumung urheberrechtlicher Nutzungsrechte in Architektenverträgen, FS-Nordemann, S. 123-136

Mankowski, Peter, Herkunftslandprinzip und deutsches Umsetzungsgesetz zur e-Commerce-Richtlinie, IPRax 2002, 258-266

Mankowski, Peter, Internet und Internationales Wettbewerbsrecht, GRUR Int. 1999, 909-921

Mankowski, Peter, Wider ein transnationales Cyberlaw, AfP 1999, 138-143

Mansel, Hans Peter, Kollisions- und zuständigkeitsrechtlicher Gleichlauf der vertraglichen und deliktischen Haftung, ZVglRWiss 1986, 1-24

Manz, Friederike, Die Haftung für Urheberrechtsverletzungen im Internet nach deutschem und amerikanischem Recht, München, 2000

Mayer, Franz C., Recht und Cyberspace, NJW 1996, 1782-1791

Melichar, Ferdinand, Verwertungsgesellschaften und Multimedia, in: Lehmann (Hrsg.), Cyberlaw, S. 205-218

Mestmäcker, Ernst-Joachim; Schulze, Erich, Kommentar zum deutschen Urherberrecht, Band III, (Loseblatt), 35. Aktualisierungslieferung, München, 2003

Metzger, Axel; Jaeger, Till, Open Source Software und deutsches Urheberrecht, GRUR Int. 1999, 839-848

Metzger, Axel; Kreutzer, Till, Richtlinie zum Urheberrecht in der „Informationsgesellschaft"- Privatkopie trotz technischer Schutzmaßnahmen?, MMR 2002, 139-142

Michel, Eva-Maria, Rechtsfragen von Rundfunk und Printmedien im Internet, ZUM 2000, 425-432

Möhring, Philipp; Nicolini, Käte, Urheberrechtsgesetz, 2. Auflage, München, 2000 (zitiert: Möhring/Nicolini-*Bearbeiter*)

Moos, Flemming, Entwicklung eines supra- und internationalen Rechtsrahmen für das Internet, in: Kröger/Gimmy (Hrsg.), Internetrecht, S. 757-798

Moritz, Hans-Werner; Dreier, Thomas, Rechts-Handbuch zum e-Commerce, München, 2002 (zitiert: Moritz/Dreier-*Bearbeiter*)

Möschel, Wernhard, Die rechtliche Behandlung der Paralleleinfuhr von Markenware innerhalb der EWG, 1968

Müller, Markus, Systemwettbewerb, Harmonisierung und Wettbewerbsverzerrung – Europa zwischen einem Wettbewerb der Gesetzgeber und vollständiger Harmonisierung, Frankfurt a.M., 2000

Münchner Kommentar, Bürgerliches Gesetzbuch, Band 10 Internationales Privatrecht, Art. 1-38 EGBGB, 3. Auflage, 1998 (zitiert: MüKo-*Bearbeiter*)

Muth, Susanne, Die Bestimmung des anwendbaren Rechts bei Urheberrechtsverletzungen im Internet, Frankfurt am Main, 2000

Naskret, Stefanie, Das Verhältnis zwischen Herkunftslandprinzip und Internationalem Privatrecht in der Richtlinie zum elektronischen Geschäftsverkehr, Münster, 2003

Neuhaus, Paul Heinrich, Freiheit und Gleichheit im internationalen Immaterialgüterrecht, RabelsZ 40 (1976), S. 191-195

Neumeyer, Karl, Internationales Privatrecht, 2. Auflage, 1930

Nussbaum, Arthur, Grundzüge des internationalen Privatrechts, München, 1952

Obergfell, Eva Inés, Deutscher Urheberschutz auf internationalem Kollisionskurs, K&R 2003, 118-125

Ohly, Ansgar, Herkunftslandprinzip und Kollisionsrecht, GRUR Int. 2001, 899-908

Olenhusen, Albrecht Götz von, Digitale Information- und Wissensgesellschaft und das Urheberrecht, ZRP 2003, 232-235

Palandt, Bürgerliches Gesetzbuch, 63. Auflage, München, 2004 (zitiert: Palandt-*Bearbeiter*)

Peinze, Alexander, Internationales Urheberrecht in Deutschland und England, Tübingen, 2002

Plate, John-Christian, Einführung: Multimedia- Begriffsnormen und praktische Erscheinungsformen, in: Götting (Hrsg.), Multimedia, S. 5-18

Regierungspräsidium Darmstadt, Speicherung von IP-Adressen durch Access Provider, MMR 2003, 213-216

Rehbinder, Manfred, Schweizerisches Urheberrecht, Bern, 1993

Rehbinder, Manfred, Urheberrecht, 13. Auflage, München, 2004

Ress, Georg; Stein, Torsten, Vorträge, Reden und Berichte aus dem Europa-Institut, Nr. 304, Saarbrücken, 1994

Rieder, Christian M., Copyrights im Cyberspace – Copyright Probleme im Internet aus U.S. -amerikanischer Sicht, WRP 1996, 859-866

Riezler, Erwin, Internationales Zivilprozessrecht und prozessuales Fremdenrecht, Berlin, 1949

Roßnagel, Alexander, Weltweites Internet – globale Rechtsordnung?, MMR 2002, 67-71

Sack, Rolf, Das Internationale Wettbewerbs- und Immaterialgüterrecht nach der EGBGB-Novelle, WRP 2000, 269-289

Salmony, Michael, Multimedia- Chancen und Illusionen, in: Lehmann (Hrsg.), Cyberlaw, S. 19-24

Sandrock, Otto, Die kollisionsrechtliche Behandlung der Deliktshaftung bei der Verletzung von gewerblichen Schutzrechten und Urheberrechten, in: Caemmerer (Hrsg.), Vorschläge und Gutachten zur Reform des Internationalen Privatrechts der außervertraglichen Schuldverhältnisse, Tübingen 1983, S. 382-439

Schack, Haimo, Grenzüberschreitende Verletzung allgemeiner und Urheberpersönlichkeitsrechte, UFITA 108 (1988), S. 51-72

Schack, Haimo, Internationale Urheber-, Marken- und Wettbewerbsrechtsverletzungen im Internet (Prozessrecht), MMR 2000, 135-140

Schack, Haimo, Internationale Urheber-, Marken- und Wettbewerbsrechtsverletzungen im Internet (IPR), MMR 2000, 59-65

Schack, Haimo, Internationales Zivilverfahrensrecht, 3. Auflage, München 2002, München, 2002

Schack, Haimo, Neue Techniken und Geistiges Eigentum, JZ 1998, 753-763

Schack, Haimo, Urheber- und Urhebervertragsrecht, 2. Auflage, Kiel, 2001

Schack, Haimo, Zur Anknüpfung des Urheberrechts im internationalen Privatrecht, Dormagen, 1979

Schikora, Lienhard, Der Begehungsort im gewerblichen Rechtsschutz und Urheberrecht, München, 1968

Schippan, Martin, Die Harmonisierung des Urheberrechts in Europa im Zeitalter von Internet und digitaler Technologie, Baden-Baden, 1999

Schlosser, Anmerkung, NJW 1980, 1226

Schmidt, Karsten, Gesellschaftsrecht, 4. Auflage, München, 2002

Schønning, Peter, Anwendbares Recht bei grenzüberschreitenden Direktübertragungen, ZUM 1997, 34-39

Schramm, Carl, Grundlagenforschung auf dem Gebiet des gewerblichen Rechtsschutzes und Urheberrechts, Berlin/Köln, 1954

Schricker, Gerhard (Hrsg.), Urheberrecht, 2. Auflage, München, 1999 (zitiert: Schricker-*Bearbeiter*)

Schricker, Gerhard, Anmerkung zur Spielbankaffaire, MMR 1998, 39

Schricker, Gerhard, Verlagsrecht, 3. Auflage, München, 2001

Schwarze, Jürgen (Hrsg.), Rechtsschutz gegen Urheberrechtsverletzungen und Wettbewerbsverstöße in grenzüberschreitenden Medien, Baden-Baden, 2000

Schwarze, Jürgen, Aktuelle Herausforderungen des Wettbewerbs- und Urheberrechts durch grenzüberschreitende Medien, in: Schwarze (Hrsg.), Rechtsschutz, S. 9-18

Seidl-Hohenveldern, Ignaz, Völkerrecht, 10. Auflage, Köln, 2000

Sieber, Ulrich, Strafrechtliche Verantwortlichkeit für den Datenverkehr in internationalen Computernetzen (1), JZ 1996, 429-442

Siehr, Kurt, Das Internationale Privatrecht der Schweiz, Zürich, 2002

Siehr, Kurt, Das Urheberrecht in neueren IPR-Kodifikationen, UFITA 108 (1988), S. 9-25

Soergel, Bürgerliches Gesetzbuch, Band 10, Einführungsgesetz, 12. Auflage, Stuttgart, 1996 (zitiert: Soergel-*Bearbeiter*)

Spickhoff, Andreas, Die Tatortregel im neuen Deliktsrecht, IPRax 2000, 1-8

Spindler, Gerald, Die kollisionsrechtliche Beurteilung von Urheberrechtsverletzungen im Internet, IPRax 2003, 412-421

Spindler, Gerald, Haftungsrecht, in: Hoeren/Sieber (Hrsg.), Handbuch MMR, Teil 29

Spindler, Gerald, Urheberrecht und Tauschplattformen im Internet, JZ 2002, 60-70

Spoendlin, Kaspar, Der internationale Schutz des Urhebers, UFITA 107 (1988), S. 11-54

Staudinger, Julius von, Kommentar zum Bürgerlichen Gesetzbuch, Einführungsgesetz zum Bürgerlichen Gesetzbuch/IPR, Art. 38-42 EGBGB, Berlin, 2001 (zitiert: Staudinger-*Bearbeiter*)

Stern, Klaus; Prütting, Hans, Die Zukunft der Medien hat schon begonnen – Rechtlicher Rahmen und neue Teledienste im Digitalzeitalter, München, 1998

Stickelbrock, Barbara, „Impressumspflicht" im Internet, GRUR 2004, 111-117

Teubner, Gunther, Recht als autopietistisches System, Kassel, 1989

Thum, Dorothee, Das Territorialitätsprinzip im Zeitalter des Internet – Zur Frage des auf Urheberrechtsverletzungen im Internet anwendbaren Rechts, in: Bartsch/Lutterbeck (Hrsg.), Neue Medien, S. 117-144

Thum, Dorothee, Internationalprivatrechtliche Aspekte der Verwertung urheberrechtlich geschützter Werke im Internet – Zugleich ein Bericht über eine WIPO-Expertensitzung in Genf, GRUR Int. 2001, 9-28

Tonninger, Bernhard, Copyright und Urheberrecht im Internet, Graz, 1998

Troller, Alois, Immaterialgüterrecht, Bd. I, 3. Auflage, Basel, 1983

Ubber, Thomas, Rechtsschutz bei Missbrauch von Internet-Domains, WRP 1997 497-513

Ulmer, Eugen, Anmerkung zu OLGZ Nr.8, in: Schulze (Hrsg.), Rechtssprechung zum Urheberrecht

Ulmer, Eugen, Die Immaterialgüterrechte im Internationalen Privatrecht, Köln, 1975

Ulmer, Eugen, Fremdenrecht und internationales Privatrecht im gewerblichen Rechtsschutz und Urheberrecht), in: Holl/Klinke (Hrsg.), IPR, S. 257-268

Ulmer, Eugen, Urheber- und Verlagesrecht, 3. Auflage, Berlin, 1980

Vogel, Martin, Deutsche Urheber- und Verlagsrechtsgeschichte zwischen 1450 und 1850, Frankfurt a.M., 1978

Vogel, Martin, Harmonisierung des Urheberrechts in Europa, in: Ress/Stein (Hrsg.), Vorträge, S. 3-23

Vorpeil, Klaus, Deutsches Folgerecht und Versteigerung eines Werkes im Ausland, Anmerkung zum Urteil des OLG Düsseldorf vom 21.1.1992, GRUR Int. 1992, 913-914

Welser, Markus von, Neue Eingriffsnormen im internationalen Urhebervertragsrecht, IPRax 2002, 364-366

Wadle, Elmar (Hrsg.*),* Historische Studien zum Urheberrecht in Europa, Berlin, 1993

Wadle, Elmar, Privilegienschutz gegen den Nachdruck um 1800 – Der Fall Artaria gegen Götz, in: Wadle (Hrsg.), Historische Studien, S. 33-55

Wadlow, Christopher, Enforcement of Intellectual Property in European and International Law, London, 1998

Waldenberger, Arthur, Zur zivilrechtlichen Verantwortlichkeit für Urheberrechtsverletzungen im Internet, ZUM 1997, 176-188

*Walter, Michael M. (*Hrsg.), Europäisches Urheberrecht, Wien, 2001

Wand, Peter, Dreifach genäht hält besser! - Technische Identifizierungs- und Schutzsysteme, GRUR Int. 1996, 897-905

Wand, Peter, Technische Schutzmaßnahmen und Urheberrecht, München, 2001

Wandtke, Artur-Axel, Anmerkung zur Spielbankaffaire, GRUR 1999, 305

Wandtke, Artur-Axel, Kurzkommentar zu OLG Hamburg, EWiR 2001, 643-644

Wandtke, Artur-Axel; Bullinger, Winfried (Hrsg.), Praxiskommentar zum Urheberrecht, München, 2002 (zitiert: Wandtke/ Bullinger-*Bearbeiter*)

Weber, Rolf H., E-Commerce und Recht, Zürich, 2001

Weber, Rolf H., Traditionelles Urheberrecht: Sprengstoff für die Informationsgesellschaft?, Hilty/Berger (Hrsg.), Urheberrecht am Scheideweg?, S. 69-86

Weber, Tilman, Die Behandlung von Patent-, Warenzeichen- und Urheberrechtsverletzungen im internationalen Privat- und Zivilprozessrecht, München, 1968

Weigel, Arnulf, Gerichtsbarkeit, internationale Zuständigkeit und Territorialitäts-Prinzip im deutschen gewerblichen Rechtsschutz, Bielefeld, 1973

Wiebe, Andreas (Hrsg.), Regulierung in Datennetzen, Darmstadt, 2000

Wolff, Martin, Private International Law, Second Edition, Oxford, 1950

www.ingramcontent.com/pod-product-compliance
Ingram Content Group UK Ltd.
Pitfield, Milton Keynes, MK11 3LW, UK
UKHW021934290926
8980IPUK00016B/1621

9 783631 534434